Título original: *The Path to Love*

Traducción: Edith Zilli

1.ª edición: junio 2008

© 1997 by Deepak Chopra, M.D.
© Ediciones B, S. A., 2008
  para el sello Zeta Bolsillo
  Bailén, 84 - 08009 Barcelona (España)
  www.edicionesb.com

Publicado por acuerdo con Harmony Books,
una división de Crown Publishers, Inc., New York

Printed in Spain
ISBN: 978-84-9872-054-9
Depósito legal: B. 22.205-2008

Impreso por LIBERDÚPLEX, S.L.U.
Ctra. BV 2249 Km 7,4 Polígono Torrentfondo
08791 - Sant Llorenç d'Hortons (Barcelona)

EL CAMINO HACIA EL AMOR

DEEPAK CHOPRA

*El autor agradece la autorización recibida
para citar cada uno de los textos
que aparecen a lo largo del libro*

Agradecimientos

Escribir un libro sobre el amor es un desafío inigualable, tanto para el corazón como para la mente; desde el principio supe que debía de nacer en una atmósfera de amor. Hubo otras personas que también lo vieron así; es a ellos, en especial, a quienes debo la más profunda gratitud.

A Peter Guzzardi, cuya sensibilidad y apoyo fueron mucho más allá de la obligación de un editor: él abrió el camino y lo mantuvo abierto contra viento y marea.

A Patty Eddy y Tina Constable, que hacen maravillas entre los bastidores de Harmony Books.

Al equipo del Centro Chopra para el Bienestar y de Infinite Possibilities International, especialmente a David Simon, Richard Perl, Deepak y Geeta Singh, Roger Gabriel y Arielle Ford; sin su lealtad e inmenso entusiasmo, yo no habría tenido la oportunidad de escribir este libro.

Y como siempre, a mi familia, que recorre conmigo el camino hacia el amor, sin importar la dirección.

Todo lo que hay en el universo
está en tu interior.
Búscalo allí.

RUMI

1

Revivir una historia de amor

Todos necesitamos creer que somos amados y dignos de amor. Iniciamos la vida confiados en ambas cosas, bañados en el amor de una madre y arropados en nuestra propia inocencia. El amor nunca fue puesto en duda pero, con el tiempo, nuestra certeza se fue empañando. Al mirarte ahora, ¿puedes decir las dos cosas que todo bebé podría expresar, si dominara la palabra?

Soy completamente amado.
Soy completamente digno de amor.

Pocas personas pueden hacerlo porque, al mirarse con franqueza, uno detecta defectos que lo hacen menos amable y menos amado. En muchos sentidos, eso te parecerá normal, ya que el amor perfecto es una utopía. Sin embargo, en un sentido más profundo, lo que consideras defectos son, en realidad, las cicatrices de penas y heridas acumuladas a lo largo de toda una vida. Cuando te miras al espejo, crees estar viéndote de un modo realista; sin embargo, el espejo no revela la verdad que perdura pese a todas las heridas:

Fuiste creado para ser completamente amado y completamente digno de amor, por toda tu vida.

En cierto sentido, es asombroso que no caigas en ello, pues bajo todo lo que piensas y sientes la inocencia sigue intacta. El tiempo no puede manchar tu esencia, tu porción de espíritu. Pero si pierdes de vista esta esencia, confundirás tu yo con tus experiencias, y no cabe duda de que las experiencias pueden contribuir en gran medida a destruir el amor. En un mundo a veces hostil y brutal, conservar la inocencia parece imposible. Así descubres que sólo experimentas una limitada cantidad de amor, que eres digno de amor sólo hasta cierto punto.

Esto puede cambiar.

Aunque te veas a ti mismo en términos limitados, como una mente y un cuerpo confinados en tiempo y espacio, existe una tradición de enseñanzas espirituales que afirma lo contrario. En espíritu, eres infinito para el tiempo y el espacio, intocable para la experiencia. En espíritu eres amor puro.

Si no te sientes completamente amado ni completamente digno de amor es porque no te identificas con tu naturaleza espiritual. Tu sentido del amor ha perdido lo único de lo que no puede prescindir: su dimensión superior. ¿Cómo sería restaurar esa parte perdida de ti?

Mente, cuerpo y espíritu se unirían; esta unión crea el amor que tienes para dar.

Tú y tu ser amado os uniríais; esto crea el amor que tienes para compartir.

En lo más profundo de nuestra naturaleza, cada persona está destinada a ser el héroe o la heroína de una eterna historia de amor. La historia se inicia en la inocencia, con el nacimiento de un bebé en el cariñoso abrazo de su madre. Continúa a través de etapas de crecimiento, a medida que el niño se familiariza con el mundo. El círculo de amor se amplía con más y más experiencias: incluye primero a familiares y amigos, al compañero íntimo después; pero también incorpora el amor por cosas abstractas, como el saber y la verdad. El viaje hacia la madurez nos lleva al amor de dar y al florecimiento de valores más elevados, como la compasión, el perdón y el altruismo. Finalmente existe la experiencia directa del espíritu mismo, que es amor puro. El viaje termina en el mismo conocimiento con que el bebé comenzó, aunque no pudiera expresarlo: yo soy amor.

Sabes que has experimentado plenamente el amor cuando te conviertes en amor; tal es el objetivo espiritual de la vida.

No son muchas las personas que descubren el objetivo espiritual de la vida. La dolorosa necesidad creada por la falta de amor sólo se puede satisfacer aprendiendo de nuevo a amar y a ser amado. Cada uno de nosotros debe descubrir por sí mismo que el amor es una fuerza tan real como la gravedad y que ser sostenido por él todos los días, a cada hora, a cada minuto, no es una fantasía: debería ser nuestro estado natural.

El objetivo de este libro es revivir historias de amor que nunca debieron haberse marchitado. La unión del yo y el espíritu no sólo es posible, sino inevitable. El significado espiritual del amor se mide sobre todo por lo que es capaz de hacer, que es mucho.

El amor puede curar.
El amor puede renovar.
El amor puede protegernos.
El amor puede inspirarnos con su poder.
El amor puede acercarnos a Dios.

Todo lo que el amor se propone hacer es posible. Sin embargo, saberlo sólo ha servido para que la brecha entre el amor y la falta de amor resulte más dolorosa. Incontables personas han experimentado el amor (como placer, sexo, seguridad, disponer de alguien que satisficiera sus necesidades cotidianas) sin que se les abriera un sendero especial. Para la sociedad, el ciclo «normal» del amor consiste, simplemente, en hallar un compañero adecuado, casarse y criar a los hijos. Pero este patrón social no es el camino, pues la experiencia de casarse y tener familia no es automáticamente espiritual. Aunque sea triste decirlo, muchas personas entablan relaciones de por vida en las que el amor se marchita con el tiempo o proporciona un compañerismo duradero sin crecer en su dimensión interior. Un sendero espiritual tiene una sola razón de ser: mostrar el camino para que el alma crezca. Porque a medida que crece, se revela la verdad espiritual, se redime la promesa del alma.

Cuando halles tu sendero hallarás también tu historia de amor. En la actualidad, la gente vive consumida por dudas respecto a sus relaciones: «¿He encontrado al compañero adecuado? ¿Soy fiel a mí mismo? ¿He renunciado a la mejor parte de mí mismo?» Como resultado, existe una incansable especie de consumidores a la búsqueda de un compañero que comprar, como si se pudiera hallar al «adecuado» sumando los pros y los contras de la posible pareja, hasta que el número de pros iguale alguna medida mítica. Sin embargo, el camino hacia el amor nunca se refiere a lo externo. Al margen de lo buena o mala que te parezca tu relación, la persona con la que estás en estos momentos es la «adecuada» porque es un espejo de lo que eres por dentro. Esto es algo que nuestra cultura no nos ha enseñado (como tampoco ha sabido enseñarnos otras tantas cosas sobre las realidades espirituales). Cuando discutes con tu compañero estás discutiendo contigo mismo. Cada defecto que le ves toca una debilidad negada en tu interior. Cada conflicto que plantees es una excusa para no enfrentar un conflicto interior. Por lo tanto, el camino hacia el amor aclara un error monumental, que cometen millones de personas: el error de creer que alguien, «allá fuera» va a dar (o a tomar) algo que aún no tienes. Cuando realmente encuentras el amor, te encuentras a ti mismo.

Por ende, el camino hacia el amor no es una elección, pues todos debemos descubrir quiénes somos. Tal es nuestro destino espiritual. El camino se puede posponer; puedes perder la fe en él y hasta desesperar de que el amor exista siquiera. Nada de eso es permanente; sólo el camino lo es. La duda refleja el ego, que está limitado en el tiempo y el espacio; el amor refleja a Dios, eterna esencia divina. La promesa última, en el camino hacia el amor, es que caminarás a la luz de una verdad que se extiende más allá de cualquier verdad que tu mente conozca ahora.

He estructurado los capítulos siguientes para reconducir al lector por el camino hacia el amor, desde los primeros síntomas de idilio hasta las etapas finales del éxtasis. Para muchas personas, el hecho de enamorarse puede parecer algo accidental, pero en términos espirituales no lo es: constituye el punto de entrada al eterno viaje del amor. El idilio tiene varias fases distintas que podemos explorar, cada una de las cuales participa de un sentido espiritual especial: atracción, encaprichamiento, cortejo e intimidad.

En los albores de la etapa siguiente, el idilio se convierte en una relación comprometida (matrimonio, por lo general) y el camino cambia. El encaprichamiento ha terminado; se inicia el *estar* enamorado. Espiritualmente, la palabra «estar» implica un estado del alma; es ese estado que la pareja aprende a sustentar mediante la entrega, palabra clave en toda relación espiritual. A través de la entrega, las necesidades del ego, que pueden llegar a ser sumamente egoístas y poco amantes, se transforman en la verdadera necesidad del espíritu, que es siempre la misma: la necesidad de crecer. A medida que creces, cambias los sentimientos falsos y superficiales por emociones profundas y verdaderas; de ese modo, la compasión, la confianza, la devoción y el servicio se convierten en realidades. Un matrimonio así es sagrado: no puede tambalearse nunca, porque está basado en la esencia divina. Un matrimonio así es también inocente, porque la única finalidad es amar y servir al otro.

La entrega es la puerta que debemos cruzar a fin de hallar la pasión. Sin entrega, la pasión se concentra en las ansias de placer y estimulación. Con entrega, la pasión se dirige hacia la vida misma; en términos espirituales, pasión es dejarse llevar por el río de la vida, eterno e infinito en su fluir.

El fruto final de la entrega es el éxtasis: cuando puedes desprenderte de todo apego egoísta, cuando tienes la certeza de que el amor ocupa realmente el núcleo de tu naturaleza, experimentas la paz total. En esta paz una semilla de dulzura es percibida con el corazón; a partir de esa semilla, con paciencia y devoción, alimentas el estado supremo del gozo, conocido como éxtasis.

Tal es, pues, el camino hacia el amor que se esboza en las páginas siguientes; aunque no sea el único. Algunas personas no se enamoran ni entablan relaciones con un ser amado. Pero esto no significa que no exista camino para ellas, sólo que el camino ha sido interiorizado. Para esas personas, el Amado está por entero dentro de ellas mismas desde el comienzo mismo. Es su propia alma o su imagen de Dios; es una visión o una vocación; es una soledad que florece en amor por el Único. A su manera, esa historia de amor es también una relación, porque al final todos comprendemos lo mismo. Comprender que «uno es amor» no está reservado sólo para quienes se casan. Es una comprensión universal, atesorada por todas las tradiciones espirituales. Para decirlo más llanamente, todas las relaciones son, en última instancia, una relación con Dios.

Además de inspiradora, quise que esta obra también fuera práctica. Cada capítulo incluye ejercicios (titulados «Práctica de amor») que te permitirán consolidar los aspectos analizados en el texto. A continuación, figura una historia de amor (titulada «En nuestra vida») para ampliar el texto de una manera más personal. Yo participo en todos estos relatos, generalmente como oyente solidario de amigos, pacientes y otras personas en busca de amor. A veces voy más allá de ese papel para actuar como consejero o asesor, pero no como terapeuta profesional. Sólo quiero abrir el camino hacia el esclarecimiento, actuar como una partera: el acto mismo del alumbramiento corre por cuenta de cada uno.

No obstante, antes de embarcarme en las historias de amor de este libro, permítaseme contar algo de la propia. El espíritu siempre nos deja pistas sobre su existencia, aunque no las busquemos; recuerdo las primeras pistas que me proporcionó mi abuela cósmica. Era la madre de mi padre; estaba casada con un viejo sargento del Ejército Indio, que la mañana en que nací hizo sonar su corneta desde los tejados. A primera vista, esta diminuta mujer no parecía cósmica. Su idea de la satisfacción era amasar con harina panes perfectamente redondos para mi desayuno o caminar antes del alba hasta un penumbroso templo, donde se entonaban los mil nombres de Vishnú. Pero un día, mientras esperaba mi desayuno sentado junto a la cocina de carbón, ella compartió conmigo una parcela de sabiduría cósmica.

En esa misma calle del cantón de Poona vivía un vecino, el señor Dalal, a quien nadie quería. Era encorvado, canoso y muy flaco; saludaba a todos con una expresión agria y compungida. Lo curioso es que su esposa, una mujer pequeña y vivaz (su polo opuesto), lo adoraba. Estaban siempre juntos; si yo me cruzaba con ellos camino de la escuela, la señora Dalal me saludaba agitando la mano bajo el sari azul, sin apartar los ojos enamorados de su esposo, que iba golpeteando la acera con su bastón.

«Son como Rama y Sita», decía mi abuela con admiración, a espaldas de ellos. Eso me parecía discutible, puesto que Rama y Sita son encarnaciones divinas del hombre y la mujer, los amantes más perfectos de la mitología india. Cuando Rama tensaba su arco, provocaba truenos y relámpagos; Sita, por su parte, era la belleza personificada. A los once años, obsesionado como estaba con el críquet, yo no tenía mucho tiempo para pensar en Rama y Sita ni en los Dalal. Hasta que una sombra se cernió sobre nuestra casa: el señor Dalal agonizaba a pocas puertas de distancia.

Tras una visita a la casita de la pareja, mi abuela regresó pálida y sombría. «Le quedan sólo unas horas», dijo a mi madre. Los niños suelen ser insensibles a la muerte; además, yo estaba resentido contra el señor Dalal desde en día en que, azuzándome con el bastón, me había ordenado recoger un paquete que acababa de caérsele en la acera. Años después, ya estudiante de medicina, comprendí que el señor Dalal padecía de angina de pecho, por lo que su débil corazón no le permitía siquiera agacharse. Los agudos dolores de pecho explicaban su expresión contraída. Y ahora la enfermedad lo tenía a las puertas de la muerte.

Desde luego, la agonía del señor Dalal era tema de conversación en todo el vecindario. Ese día mi abuela nos informó que la señora Dalal había decidido morir en lugar de su esposo. Desde el alba hasta el anochecer, rezaba con fervor para que se cumpliera este deseo. En nuestra familia todos estaban atónitos, salvo mi padre, que era cardiólogo. Él guardaba silencio, pero nos aseguraba que el señor Dalal no tenía esperanzas de recuperarse de su infarto. Una semana después esta predicción fue desmentida por la reaparición de Dalal en la calle, muy frágil y acompañado por su esposa. La señora Dalal, llena de vida, saludaba agitando la mano bajo el sari azul, tan alegre como siempre, si bien algo cambiada.

Mi abuela esperaba. Unos pocos meses después, la señora Dalal cayó enferma. Un resfriado sin importancia se convirtió en neumonía; como entonces la penicilina no era tan fácil de conseguir ni gozaba de mucha fe entre el vulgo, la mujer murió súbitamente, en plena noche.

—Igual que Rama y Sita —murmuró mi abuela, con una expresión que se podía interpretar erróneamente como triunfal. Describió la última escena entre los esposos, cuando el señor Dalal se quitó las cuentas de oración para ponerlas tiernamente al cuello de su esposa, antes de que falleciera—. Ésa es una verdadera historia de amor —dijo—. Sólo el amor puede obrar tales milagros.

—No —protesté, irguiéndome con impaciencia junto a la cocina—. La señora Dalal ha muerto. Tú dices que eso es amor, pero ahora ninguno de los dos tiene nada.

Mi padre ya me había dicho, con su voz clínica y mesurada, que la supervivencia del señor Dalal no era un milagro, sino algo pasajero. Cabía esperar que muriera en el curso de un año.

—Tú no lo entiendes —me reprochó mi abuela—. ¿Quién crees que concedió a la señora Dalal su deseo? Al amar a su esposo, ella amaba a Dios; ahora está con él. Toda historia de amor auténtico es una historia de amor con Dios.

Una anciana dotada de mente cósmica es un buen punto para comenzar a hablar del amor. Pues este relato no trata de la señora Dalal. Cualquier occidental se mostraría escéptico y pensaría que ella no ganaba nada muriendo por su esposo, en el caso de que así hubiera sido. Lo importante de la narración reside en las más profundas creencias de mi abuela:

Un hombre y una mujer pueden reflejar el amor divino en su amor mutuo.
Amar a tu bienamado es tu modo de amar a Dios.
El amor humano sobrevive a la muerte.

Si pudieras albergar las mismas creencias, tu amor contendría profundo poder y significado. En realidad, no debo privar a la señora Dalal de darle un significado a su propia experiencia. Los vecinos susurraban que murió murmurando «Rama». Quien pueda pronunciar el nombre de Dios en ese momento bien podría estar cortejando a su amante. Ahora que lo pienso entiendo que, para ella, la muerte en sí era una cura. ¿Cuántos occidentales modernos pueden decir lo mismo?

Si bien el amor es importante para todos, pocos podemos negar que está en crisis; no existe crisis más profunda. O bien el amor no es una fuerza lo bastante poderosa para salvarnos de nuestra naturaleza más oscura, o bien algo nos ha apartado del amor. Tal vez el amor nunca fue la respuesta que estábamos buscando.

Cualquiera de estas cosas podría ser cierta. Si lo son, el hecho de nacer humano es una verdadera tragedia. En su última obra importante, *El malestar en la cultura*, Sigmund Freud pintó la naturaleza humana en un retrato lúgubremente falto de amor. El ser humano, afirmaba, está motivado por un instinto proclive a la gratificación sexual que la sociedad apenas puede mantener a raya. Nace para hallar una satisfacción sádica en los aprietos de los enemigos; es capaz de utilizar una violencia implacable contra el prójimo a fin de obtener dinero, poder y sexo, y sólo la amenaza de castigo por parte de alguien más poderoso pone freno a esta violencia. Según Freud, el mandato de Cristo, «Ama a tu prójimo como a ti mismo», es una imposibilidad psicológica.

Todo adulto ha visto de la vida lo suficiente para estar de acuerdo, cuanto menos en parte, con esta devastadora evaluación; en general, la psicología moderna se basa en ella. Los famosos experimentos de Milgram sobre el dolor, efectuados en Yale en la década de los cincuenta, demostraron que el individuo promedio, al dársele la orden de aplicar descargas eléctricas a desconocidos en un ambiente de laboratorio, lo hacía de buena gana, aun cuando los sujetos aullaban de dolor y les imploraban que cesaran. ¿Dónde está el amor en todo esto?

La única base duradera para el amor es la experiencia directa del espíritu.

Pese a todas las pruebas contrarias, de alguna manera profunda hemos sido creados para el amor, hasta lo más hondo del alma humana. Contra todo pronóstico, esta visión espiritual de la naturaleza humana ha prevalecido. Sus raíces se remontan a la India, hace más de dos mil años, hasta las escrituras védicas. *Veda* significa, en sánscrito, «verdad» o «conocimiento». Se considera que los himnos del Rig Veda son la expresión devota más antigua del hombre; y sin embargo, al expandirse en miles y miles de escrituras, los Vedas continuaron destacando lo mismo: que el hombre es un espejo de Dios. Nuestro ser y Su Ser son una misma cosa.

El punto de vista védico sostiene que no somos observadores pasivos de la realidad, sino creadores, al igual que Dios. La máscara de la materia disfraza nuestra verdadera naturaleza, que es conciencia pura, creatividad pura, espíritu puro. Al igual que la luz brota a raudales de una fogata, la realidad brota a raudales de nosotros; nuestra opción es emanar amor o no-amor. Contrariamente al punto de vista de Freud, los Vedas dicen que, para nosotros, es mucho más natural crear a partir del amor que del no-amor. Declaran que los seres humanos «nacen en la bienaventuranza, se sustentan en la bienaventuranza y retornan a la bienaventuranza después de la muerte». Es una percepción totalmente distinta de la propuesta por la psicología moderna; sin embargo, el estar realmente enamorado siempre brinda una nueva percepción: todos podemos constatar el súbito éxtasis, la bienaventuranza que hace del idilio algo tan dulce. Ahora bien, tener una visión completa del amor requiere estar dispuestos a sobrellevar un cambio de percepción mucho más radical.

Cuando te percibas como espíritu no te limitarás a sentir amor: serás amor.

En términos espirituales, ser amor es simplemente lo natural. Lo antinatural es nuestro alejamiento del amor. Las antiguas escrituras reconocían la violencia del hombre y la veían con claridad: una de las enseñanzas más importantes del Veda, «verdad», es el *Bhagavad-Gita*, ambientado en un campo de batalla, antes de una mortífera guerra. Sin embargo, en la tradición védica hay una ininterrumpida sucesión de santos, videntes, maestros y sabios que se han expresado con las siguientes palabras:

La vida es amor y el amor es vida. ¿Qué mantiene íntegro al cuerpo, sino el amor? ¿Qué es el deseo, sino amor al yo?... ¿Y qué es el conocimiento, sino amor a la verdad? Aunque los medios y las formas sean erróneos, el motivo oculto es siempre el amor, el amor al yo y a lo mío. El yo y lo mío pueden ser pequeños o pueden estallar y abarcar el Universo; pero el amor perdura.

Es la voz de un maestro del sur de la India, llamado Nisargadatta Maharaj, que habla a sus discípulos a finales de la década de los setenta. La expresión «la vida es amor y el amor es vida» tiene raíces tan antiguas que no hay idea más venerable. No obstante, en nuestra era hemos perdido contacto con ese amor, distraídos como estamos por la atracción sexual, las emociones inestables y los dogmas religiosos. El amor basado en la experiencia del espíritu nos brinda la posibilidad de volver a nuestra verdadera naturaleza, haciendo a un lado nuestra conducta carente de amor como si de una larga pesadilla se tratara.

Un amor basado en valores «superiores» patrocinados por las religiones del mundo parece, como lo señalaba Freud, una idea imposible. Las escrituras contienen innumerables mandatos de amar al Señor con todo el corazón, toda el alma y todo el poder. Sin embargo, hay una sobria verdad en el melancólico poema de Emily Dickinson:

> *A veces con el Corazón*
> *Rara vez con el Alma*
> *Apenas una vez con el Poder*
> *Pocos... aman nunca.*

Si todos nuestros intentos de hallar una base espiritual para el amor han resultado fallidos, ¿qué podemos hacer?

Al espíritu sólo se lo puede convocar cuando es real, y sólo puede serlo si es real para ti. En otras palabras, tiene que ser tú. Eso es exactamente lo que enseñan los Vedas. Ellos equiparan al espíritu con el «Yo», más que con el «Alma»; y no se trata del yo cotidiano, con sus pensamientos, deseos, necesidades e impulsos, sino de un Yo superior, silencioso y eterno. Hay una clásica metáfora védica que explica la diferencia: cada persona es como una pieza de oro. Si fueras un anillo de oro, un reloj, una cadena de oro, podrías decir: «Soy un anillo, un reloj, una cadena»; pero éstas son formas pasajeras. En verdad, eres simplemente oro: ésa es tu esencia, sin importar cómo cambie la forma.

De igual modo, cada uno tiene un yo, definido por la psicología moderna como una imagen desarrollada con el paso del tiempo. Es una misteriosa fusión de ego, personalidad y memoria que todos nosotros asimilamos entre la infancia y los primeros años de la niñez. Por ser completamente personal, tu yo está asimismo completamente aislado y aparte de cualquier otro yo. Sin embargo, si te vieras de verdad, ya no podrías identificarte con esa cosa aleatoria y desvencijada: tu yo. Eres un simple grano de oro, y en comparación con él. Dios es todo el oro del mundo; no obstante, puedes decir con justicia: «Soy oro.»

Todos buscamos en el Yo superior identidad, vida, conciencia, voluntad y amor.

El Yo que enseña Krishna en el *Bhagavad-Gita* es un aspecto eterno de la naturaleza humana que trasciende toda individualidad, todo cambio en tiempo y espacio. Sobre el inmortal «habitante del cuerpo», Krishna declara:

Las armas no lo cortan,
el fuego no lo quema,
el agua no lo moja,
el viento no puede arrastrarlo...
Es eterno y lo domina todo,
sutil, inquebrantable y siempre el mismo.

Lo importante, aquí, es que el Yo es una *experiencia real*. No se trata de un ideal, alejado de la realidad de cada día (que es lo que la mayoría de nosotros piensa del alma), sino que está tan próximo a ti como el aliento. El Yo es la fuente del amor y, por lo tanto, es más real que cuanto bloquea al amor: la ira, el miedo, el egoísmo, la inseguridad y la desconfianza. Esas cualidades, por muy extendidas que puedan estar en la sociedad, son pasajeras; crecen con el tiempo y tienen que ser aprendidas. El Yo, por el contrario, se mantiene estable en la paz y la seguridad; sólo conoce el amor, porque su experiencia es sólo de amor.

Cuando interactúas con otra persona eres libre de sentirlo todo, desde el odio más profundo hasta el más profundo amor. Puedes sentirte repelido o atraído; puedes expresar rechazo o aceptación. Pero en el plano del Yo siempre te encuentras con el prójimo en el amor.

La persona que amas refleja tu porción del amor universal. Si aprendes a mirar lo bastante a fondo, verás que tu realidad es sólo amor.

En un pasaje famoso, los Vedas declaran:

Igual que el microcosmos, así es el macrocosmos;
igual que el átomo, así es el universo.
Igual que el cuerpo humano, así es el cuerpo cósmico;
igual que la mente humana, así es la mente cósmica.

Este versículo se puede simplificar en pocas palabras: tú eres el universo. Lo que una persona ve a su alrededor, desde el más ínfimo de los detalles hasta el más amplio de los panoramas, es esa persona. La realidad es un espejo del alma.

La tradición védica divide el mundo en realidad e ilusión. La ilusión, o *Maya*, se compone de fuerzas y hechos transitorios. La realidad está hecha de espíritu. Por ende, la misión asignada a cada persona fue rasgar el velo de la ilusión para descubrir el espíritu en todo. Ésa es la misión que tenemos ahora por delante.

No hay lugar en el materialismo para ese tipo de aseveraciones. Tras haber escrito doce o trece libros sobre la conjunción de mente y cuerpo, que hace unos pocos años parecía revolucionaria, ahora me descubro testigo de la debilidad que presenta el materialismo en todos los frentes. ¿Qué es una plegaria curativa, sino un intento eficaz de neutralizar la diferencia entre la realidad interior y la exterior? ¿Qué es una remisión espontánea del cáncer, salvo la obediencia del cuerpo material a briznas de esperanza abrigadas por la mente? La física de Einstein nos dice que cuanto parece sólido a nuestros sentidos es, en realidad, un 99,999 % de espacio vacío. La clásica descripción metafísica oriental de una realidad espiritual que se esconde tras una ilusión material vacua, se torna de repente muy factible.

Mi abuela cósmica fue quien me enseñó que los ángeles luchan eternamente contra los demonios. En su visión del mundo, los ángeles ganaban siempre; el mundo del amor es, en último término, para el cual nacemos. Mi experiencia también me ha dado la esperanza de que así sea y, en base a esas esperanzas, decidí escribir este libro sobre el amor.

Por terribles que resulten, las tinieblas nunca extinguen por completo la chispa de luz. Una de las historias de amor más conmovedoras que he leído jamás sucedió entre dos enemigas durante el Holocausto. Una joven y devota católica estaba siendo sometida a un horrible «experimento médico» realizado en Auschwitz. Por casualidad, quien dirigía su tortura clínica era también una mujer; lo cual, de algún modo, hace aún más horripilante su sadismo. La muerte vino con lentitud, pero al fin llegó. La joven católica susurró algo ininteligible, ante lo cual la doctora retrocedió, suponiendo que se trataba de una maldición. La joven alargó la mano, esforzándose por quitarse algo del cuello, y en el último instante logró tenderlo a su torturadora. «Para usted», susurró al entregar su rosario a la doctora: una última bendición al abandonar el mundo.

Un relato así despierta un hálito de esperanza entre las lágrimas. A todos nos gustaría creer que un alma redimida puede ayudar a redimir a otra, aun en las profundidades de la temible oscuridad. Si esto es cierto, el poder del amor se nos revela tan grande como lo dictan las enseñanzas espirituales.

En este libro no pretendo proponer que retrocedamos en el tiempo y adoptemos la metafísica india; eso sería imposible, dados los profundos cambios culturales de los últimos milenios. Sin embargo, sugiero que los sabios védicos fueron los primeros en dibujar un mapa del camino hacia el amor, que denominaron *Sadhana*. Todo camino implica un principio y un final. En este caso, el principio es una realidad en la que el amor se presenta como algo anhelado, pero incierto, sofocado por el miedo y la ira, abrumado por la fuerza contraria del odio. El final es una realidad donde sólo hay amor.

Lo que queda ahora es la más profunda de todas las curas: la cura de amor.

PRÁCTICA DE AMOR

Un trato espiritual

La meta de este libro es sanar la división entre amor y espíritu, para cuyo fin daré periódicamente algunas sugerencias prácticas. Por lo general, estas «prácticas de amor» están dirigidas al lector, aunque recomiendo, en la medida de lo posible, efectuarlas junto con el ser amado.

La primera práctica de amor se aplica a las dudas que se puedan abrigar sobre el hecho de que el amor «superior» cuenta con algún tipo de realidad accesible. Si alguien no se ha enamorado nunca, es imposible demostrarle que la experiencia existe. No hay en las palabras poder capaz de evocar el apasionado amor romántico, como tampoco la fragancia de una rosa tiene sentido por muy bella que sea su descripción. ¿Cuánto más ajeno será, pues, el amor prometido por la unión con el espíritu? Fíjate en la siguiente lista de objetivos que el amor debe cumplir, supuestamente, como ampliación de la lista anterior:

El amor debe curar.
El amor debe renovar.
El amor debe protegernos.
El amor debe inspirarnos con su poder.
El amor debe darnos certeza, quitarnos las dudas.

El amor debe eliminar todos los miedos.

El amor debe revelarnos la inmortalidad.

El amor debe brindarnos paz.

El amor debe armonizar las diferencias.

El amor debe acercarnos a Dios.

Aunque esta lista te parezca poco realista o muy exagerada, quiero que hagas un trato con el amor, un trato espiritual: que veas cómo todas o alguna de estas cosas se cumplen.

Coge una hoja de papel y anota lo que deseas del amor. Si es una fuerza real, si está sintonizado con lo que tú eres, el amor responderá. Haz la lista lo más completa y específica que te sea posible. Te sugiero anotar cada punto de la lista anterior y, a continuación, tu deseo.

Por ejemplo:

El amor debe curar.

Quiero curar la ira que siento hacia mi padre. Quiero curar el amor que no pude dar a mis hijos cuando lo necesitaban. Quiero curar mi dolor por haber perdido a mi amigo X.

El amor debe renovar.

Quiero sentir un renovado entusiasmo por mi trabajo. Quiero renovar los sentimientos sexuales que me inspira mi esposa. Quiero renovar mi sensación de ser joven.

El amor debe protegernos.

Quiero sentirme protegido estando con otros. Quiero sentirme protegido cuando salgo por la mañana a correr. Quiero que X no me rechace si le digo que lo amo.

El amor debe inspirarnos con su poder.

Quiero que mi amor sea poderoso. Quiero utilizar todo mi poder con amor. Quiero expresar amor cuando lo siento y no ceder a emociones inferiores, como el miedo y la ira.

Una vez que hayas detallado todo lo que deseas (sin miedo a pedir demasiado), el trato queda cerrado. Guarda la hoja en lugar seguro. Has anunciado a tu alma lo que deseas y le toca al amor responder. El amor es inteligente y despierto; te conoce mejor de lo que tú mismo te conoces. Por lo tanto, tiene el poder de cumplir su parte del trato. Descansa tranquilo y permanece alerta en los meses siguientes. No reflexiones sobre tu lista ni trates de convertirla en realidad. Sólo tienes que hacer lo siguiente:

Cuando sientas amor, déjate guiar por él. Habla desde el corazón. Sé sincero. Mantente abierto.

Así es como te comprometes con el amor. Pasados unos meses, saca tu lista y léela. Pregúntate cuántos deseos se han hecho realidad. No digo que vayas a asombrarte por lo que el amor ha podido hacer (aunque para muchos es así), pero te llevarás una sorpresa, sin duda. En realidad, pedir amor es uno de los riesgos más difíciles de asumir; y, al arriesgarte primero con el corazón, abres una puerta que no volverá a cerrarse.

EN NUESTRA VIDA

Hay alguien ahí fuera

—Ya sé lo que estás pensando —dijo Delaney—. Crees que soy demasiado exigente, ¿verdad? Pero no creo estar pidiendo tanto. No exijo que ella tenga una despampanante belleza o un título de doctora.

—Sólo debe obedecer a un estándar —sugerí.

—Efectivamente. Yo lo veo como un paquete. Si todo el paquete está bien, los detalles no importan demasiado.

—Siempre que a ella, quienquiera que sea, le guste *tu* paquete —apunté.

Delaney asintió. Era asombrosamente inmune a la ironía y yo sabía que no era justo utilizarla con él. En realidad, él quería enamorarse (era su meta principal) y, como había alcanzado todos sus otros objetivos, lo frustraba ver que ése se le resistía tanto. Ambos habíamos cursado juntos el internado médico en Boston (donde él se había criado, en el seno de una familia de clase trabajadora); después nos pluriempleamos a las afueras para estirar el presupuesto, en la misma sala de urgencias. Quince años atrás, Delaney había iniciado su carrera de cardiólogo; sólo ahora, cuando ya rondaba los cuarenta y cinco años, creía disponer de tiempo para buscar compañera. Y le costaba disimular su confusión mental.

—Gracias a Dios, no soy uno de esos tipos que abandonan a la esposa, después de treinta años, por una atractiva muchacha de veinte —dijo—. Para mí, esto es el comienzo. Soy optimista, tengo paciencia, pero creo que...

—¿Qué? —pregunté.

Delaney apartó la vista, con una leve sombra de duda en el rostro.

—No sé. Tal vez soy demasiado viejo —murmuró.

—O demasiado exigente —observé—. Lo que estás buscando, ¿no será un atractivo paquete de veinte años? Sé sincero.

Se encogió tímidamente de hombros.

—Soñar no cuesta nada.

Súbitamente me sentí intranquilo con respecto a Delaney y su nuevo proyecto; a eso siguió, de inmediato, una oleada de tristeza. Estaba apreciando directamente lo poco que nuestra cultura nos enseña sobre el amor. Llevábamos una hora hablando de la «vida amorosa» del hombre, pero no habíamos tocado nada siquiera remotamente parecido al amor.

—¿Alguna vez te enamoraste? —pregunté—. Hablo de enamorarte de verdad.

Delaney pareció sobresaltado; al parecer, no esperaba que nuestra conversación se tornara tan personal. Vaciló.

—Bueno, no soy un advenedizo en estos asuntos. He tenido momentos realmente dulces y hay muchas mujeres que quieren salir conmigo.

Asentí con la cabeza.

—Escucha: no tenemos por qué ir a donde no quieras ir —dije, en voz baja—. Pero me parece que te sientes un poco perdido. —Se agarrotó y noté que retrocedía interiormente—. No te estoy acusando de nada. Es normal que te sientas perdido. Sobre todo si no andas buscando en los sitios adecuados.

—Detesto esos lugares a los que voy —reconoció, enfadado.

—¿Los bares? Todo el mundo detesta esos lugares —dije—. Pero no me refería a eso. No estás buscando dentro de ti mismo. Y ahí es donde está la persona que esperas encontrar, sea quien sea.

Delaney me miró como si yo me estuviera yendo por las ramas, pero insistí:

—En la vida has tenido muchos éxitos, básicamente utilizando siempre el mismo enfoque. Cuando te enfrentas a un desafío, reúnes tus recursos y, con suficiente seguridad en ti mismo, consigues lo que buscas. ¿No es así?

Él asintió.

—Lograr algo importante siempre implica un riesgo —le dije— y, por lo tanto, miedo. Pero si te dejaras dominar por el miedo jamás asumirías un riesgo y, por lo tanto, no lograrías nada.

—¿Estás insinuando que tengo miedo de enamorarme? —preguntó—. ¿Te parece que, si fuera así, me molestaría en buscar?

—No, no digo eso —repliqué—. Pero el amor y el miedo se rozan muy a menudo. Las personas como tú, que han emprendido cosas muy difíciles (como estudiar medicina con muy pocos medios, abrir tu propia consulta, reunir dinero para crecer y acometer nuevas empresas), tienen que aprender a dejar el miedo a un lado. Y no sólo el miedo, sino también las dudas, la confusión, la desesperanza; de hecho, casi todas las fragilidades comunes a los humanos. Ocultar las propias fragilidades cobra mucha importancia si quieres lograr algo en este mundo; pero eso es, exactamente, lo contrario de lo que exige el amor.

Delaney hizo una mueca. Caí en la cuenta de que no le gustaba la palabra exigir.

—Tengo mis debilidades, como todo el mundo —dijo, de mala gana—. ¿Qué quieres que haga? ¿Que vaya por ahí haciendo alarde de mi vulnerabilidad, para que alguna mujer se compadezca de mí?

—Estás exagerando, por lo mucho que detestas esa idea

—observé—. No, no es compasión lo que buscas. Lo que trato de decir es que en la vida «normal» todos debemos parecer tan fuertes como resulte posible; pero esa táctica, que puede funcionar bien en otros aspectos, fracasa miserablemente cuando se trata de amor.

Como la mayoría, Delaney nunca había analizado la construcción de su mundo interior; no obstante, todos creamos divisiones psicológicas como medio de supervivencia. Delimitamos compartimientos interiores para meter en ellos todo lo indeseable en nosotros: nuestros miedos secretos, debilidades y defectos, nuestras dudas existenciales, nuestra convicción de que somos feos o indignos de amor. Todo el mundo tiene en el alma estos rincones oscuros.

—¿Te crees digno de amor? —pregunté a Delaney.

—¡Dios mío, qué pregunta! —me espetó—. No es algo en lo que piense. Sólo quiero casarme, ¿entiendes? Como todo el mundo.

—Esa pregunta desconcertaría casi a cualquiera —dije—, pero ¿por qué? ¿Es bochornoso sentirse digno de amor? La incomodidad surge porque el amor puede parecernos demasiado personal, aun ante nosotros mismos; ahonda en esos compartimientos donde acumulamos las imágenes negativas del yo. Por desgracia, para enamorarse hay que entrar ahí; eso es lo que el amor exige.

El verdadero amor es más peligroso de lo que la mayoría está dispuesta a creer. Provoca el mismo bochorno que los sueños donde uno se encuentra desnudo en un sitio público. Si enamorarse significara entrar en todos los rincones oscuros del alma, nadie se arriesgaría. Por otra parte, amar a otra persona implica abrir todo nuestro ser. Lo que posibilita el riesgo es el ingrediente del espíritu.

El espíritu es el verdadero yo, más allá de todas las divisiones en bueno y malo, deseable e indeseable, digno o indigno de amor. El amor expone esta realidad; por eso enamorarse es una bendición. Muchas personas no conocerán otra bendición que ésta en toda su vida. Las notas espirituales del amor romántico son inconfundibles. Primero se produce una tremenda apertura emocional, una liberación. Todo tu ser fluye hacia el bienamado, como si los dos compartierais los mismos sentimientos, las mismas preferencias y aversiones, casi el mismo aliento. El efecto secundario de esta avalancha de placer es que desaparecen las preocupaciones y las ansiedades; la nube del enamoramiento se traga preocupaciones tan triviales como el dinero, la carrera y el destino de la humanidad. Aunque no tuvieras ninguna preparación espiritual, al enamorarte degustarías las dulzuras del alma. Como dice Rumi, el gran poeta persa:

Cuando el amor probó por vez primera los labios del
   ser humano,
empezó a cantar.

Esta bendición del enamoramiento proviene del espíritu, pero el ego puede bloquearla. El ego tiene bajo su responsabilidad proteger la imagen que tengas de ti mismo; él crea los compartimientos donde se oculta todo lo que tienes de indeseable. Lo que bloquea el amor no es la presencia de estas energías fantasmas, sino la división de la psiquis que se produjo cuando el ego comenzó a levantar los muros interiores. El amor es flujo; los muros mantienen ese flujo a raya.

En términos espirituales, ése es el problema de la dualidad. Al separar lo bueno de lo malo, lo acertado de lo erróneo, insistimos esencialmente en que ciertas partes de uno mismo son indignas de amor; ¿por qué otro motivo las mantenemos fuera de la vista? Nos convertimos en paquetes, exactamente como los que mencionaba Delaney. El paquete parece contener sólo cosas buenas y dignas; pero si otra persona se aventura a amarnos, el envoltorio se desparrama. Y gran parte de su contenido no es tan agradable.

La consecuencia más cruel de la dualidad es que creemos correcto dejar el amor fuera. Abrirse es ser débil. Permanecer cerrado es ser fuerte. Y la sociedad refuerza estas dualidades al recordarnos, día tras día, que en este mundo el amor no está libre de peligros.

Como la mayoría de la gente, no veo mucho amor si no es en mi propio hogar. Al despertar veo el rostro de mi esposa a mi lado; muchas mañanas me maravillo del inefable amor que eso me inspira, algo mucho más delicado y conmovedor de lo que podría expresar con palabras. Sin embargo, junto a mi cama veo también el periódico que leí antes de dormirme y que contiene todo el odio imaginable. Cada página me enfrenta al catastrófico fracaso del amor. Existe un fracaso personal en la abrumadora cantidad de divorcios, litigios y amargura social con los que hemos aprendido a convivir. Existe un fracaso público en la guerra, el crimen callejero y la opresión de los que, en nuestras oraciones, pedimos librarnos.

Aunque nadie puede decir adónde fue el amor, el hecho de que nos rodeen tantas imágenes que fingen ser amor es una señal peligrosa. Todos los días nos vemos saturados hasta la extenuación con imágenes románticas de libros y películas, bombardeados con el sexo publicitario; desde todos los flancos se nos insta a ser más atractivos, a fin de conquistar la atención del amante «perfecto». Delaney se debatía, como todos nosotros, en el pantano del desamor tratando de hallar algo para lo que, en realidad, no tenía nombre.

—¿Por qué no te sientas a imaginar que la mujer perfecta te está esperando ahí fuera? —le sugerí—. Probablemente lo has hecho muchas veces, sólo para darte por vencido. Pues bien, yo creo que vas a encontrar a esa mujer; pero sucederá en el preciso instante en que te desprendas de su imagen. Aunque parezca una paradoja, ese desprenderte debe ser el primer paso para hallar a quien te ame, porque el amor nunca es una imagen. El amor no depende en absoluto de los valores externos.

—Lo sé —dijo, con súbita y sorprendente suavidad—. Me pareció que era preciso tener algún tipo de imagen en la mente. De lo contrario, era como buscar en la oscuridad.

—Es una preocupación que afecta a la mayoría —reconocí—. Refleja el secreto convencimiento de que por nuestra parte no somos tan deseables, pero también el miedo a la soledad. Al menos uno tiene una imagen para que le haga compañía. Sin embargo, existe un problema más profundo. El amor, ¿llega alguna vez desde fuera de uno mismo?

—Por supuesto —dijo.

—Profundiza —urgí—. Todos creemos en la dualidad, lo cual genera la percepción de que las personas son seres aparte. Tú y yo, sentados en esta habitación, parecemos personas aparte. Tenemos cuerpos distintos, mentes distintas, recuerdos y antecedentes distintos. La separación es la base de toda nuestra existencia. Pero una parte de ti detesta vivir aparte; detesta el miedo, la soledad, la suspicacia y la alienación que acompañan a ese aislamiento total. Esa parte de ti clama por el amor para que resuelva su dolor. Si alguien te amara quizá la separación se curaría.

—Vista así, mi vida no parece muy bonita —se lamentó Delaney.

—No. Pero muy en el fondo, casi todos sentimos las punzadas del aislamiento; eso no es ningún secreto. Permíteme una pregunta: ¿crees, en verdad, que ahí fuera hay alguien perfecto esperándote? Por común que sea el mito, la realidad es diferente. Ese alguien que te espera es siempre un reflejo de ti mismo. Por pura soledad, todos buscamos una fuente de amor que colme nuestras carencias interiores. Y eso es exactamente lo que sucede, ni más ni menos.

—No sé qué responder a eso —dijo Delaney.

—Si te observas con suficiente atención —señalé—, verás los patrones. Por ejemplo: la mayoría de los hombres siente la falta de ternura y espera encontrarla en una mujer. La mayoría de las mujeres siente la falta de fuerza y espera encontrarla en un hombre. Cualquiera que sea nuestra necesidad, la persona que la cubre se convierte en fuente de amor.

»La cuestión es cómo hacer que esto siga funcionando. La persona que, por casualidad, satisface nuestras necesidades, ¿puede seguir haciéndonos sentir amados? No lo creo. Todos llevamos demasiadas cosas ocultas en nuestro interior; hay demasiado que curar. Por eso, con el tiempo, la fuente exterior del amor se marchita y deja de ser efectiva. Y entonces surgen ciertas verdades:

»No puedes recibir más amor del que estás dispuesto a recibir.

»No puedes dar más amor del que tienes para dar.

»El amor reflejado por otra persona tiene su fuente en tu propio corazón.»

»El motivo por el que el amor de una fuente exterior deja de funcionar es que no has superado el aislamiento. No has hecho más que empapelarlo.

—Y entonces, ¿qué? —preguntó él.

—Estás ante una encrucijada. Puedes salir otra vez en busca del amor de otra fuente; puedes arreglártelas con lo que tienes; puedes dedicarte a otras satisfacciones que no sean el amor, o puedes ser completamente sincero y abandonar por entero la búsqueda de cosas exteriores.

Habíamos llegado a un punto crítico. El camino hacia el amor se inicia cuando te percatas de que la separación, la soledad y el dolor del aislamiento son reales. No son muchos los que quieren enfrentarse a este hecho; por lo tanto, la mayoría se resigna a una cantidad de amor tristemente limitada. El amor, como cura, no tiene límites, pero debes estar dispuesto a entregarle todo tu ser. Sólo así fluye su bálsamo.

—Hay algo que realmente admiro en ti —le dije a Delaney—. Seguramente te sorprenderá saber el qué. No te has conformado con imitaciones. En algún rincón de tu ser esperas lo auténtico. —Él me miró a los ojos, asintiendo apenas—. Es muy difícil hablar de ese anhelo sin nombre que sólo el amor puede satisfacer. ¿Qué esperamos? ¿Qué es lo auténtico, sino el torrente de imágenes sobre romanticismo, sexo e infinito placer que, supuestamente, debe obsequiarnos el amante ideal? En verdad, cada uno es el don y el donante.

»La dualidad es y ha sido siempre una ilusión. Ahí fuera nadie te espera. Sólo estás tú y el amor que te brindas a ti mismo. En espíritu, estás unido a todas las otras almas; la única finalidad de la separación es reunirte con esa unidad.

—Lo cual hace del amor la única bendición —comentó Delaney, en voz baja.

Por un momento dejamos que las palabras cuajaran, pues era como si él también hubiera hablado desde mi propio corazón.

—Sí —dije—. El amor es la única bendición, y eso se aplica a todo tipo de amor. Si el amor es la realidad última, como dicen los grandes maestros, el más leve gesto de conexión es un gesto de amor. Franquear el muro de la separación, ya sea para acercarnos a un amigo, un amante, un familiar o un desconocido, es actuar en el nombre del amor, seamos conscientes o no de ello.

Habíamos llegado a un momento especial que ambos queríamos apreciar en silencio. Estábamos en la consulta de Delaney, a las afueras de Boston; era una habitación normal y corriente, aunque por un momento no lo pareció. El camino hacia el amor siempre se abre de manera inesperada. Nuestro mundo contiene tal caos y confusión que la sola existencia de un sendero es un milagro. No obstante, mientras haya separación habrá un puente.

—Creo que has descubierto uno de mis secretos —dijo Delaney, tras una pausa—. Había perdido la fe en que ahí fuera hubiera alguien capaz de amarme tanto como yo deseaba.

—El amor no requiere fe —dije—. Puesto que la separación resulta ilusoria, creer en él es lo que requiere fe. El amor es real. Se puede poseer, nutrir, sentir; se puede aprender y depender de él. Así que abandona tu fe. Deja de albergar deseos y esperanzas; vuelca tus esfuerzos hacia lo que es real. La dualidad es tan endeble que puede desmoronarse en cualquier momento. La imaginación nos hace creer que el amor es algo ajeno a nosotros. En realidad, sólo existe amor, una vez que estamos dispuestos a aceptarlo.

2

El camino

En general, lo que en Occidente llamamos amor no es un poder, sino un sentimiento o una sensación. Éstos pueden ser deliciosos y hasta extáticos, pero el amor está destinado a hacer muchas cosas que los sentimientos no pueden.

«Cuando amor y espíritu se unen, su poder conjunto puede lograr cualquier cosa. Entonces amor, poder y espíritu son una misma cosa.»

No ha habido un maestro espiritual (ya fuera Buda, Krishna, Cristo o Mahoma) que no fuera mensajero de amor. El poder del mensaje siempre ha sido sobrecogedor: ha cambiado el mundo. Tal vez la misma inmensidad de esos maestros haya creado reticencia en el resto de los seres humanos. No aceptamos el poder que el amor puede originar dentro de nosotros y, por lo tanto, volvemos la espalda a nuestra condición divina.

La India es una sociedad donde toda persona es divina, aunque sólo unos pocos se percaten de ello. Cosa extraña: lo mismo se puede decir de Occidente. La única diferencia es que, en la India, uno ve a los santones bañándose en los ríos sagrados; mientras que nuestros santones pasan inadvertidos, están ocultos en los monasterios o en el sepulcro. «Deja que en Occidente sean ricos —decía mi amigo Lakshman, en voz alta—. Allí los santos tienen que morir para ser reales. ¡Los nuestros se pasean por la calle!»

Por la calle, sí, pero no siempre son tan fáciles de encontrar. Son incontables los peregrinos que han viajado por toda la India sin dar con ningún santo auténtico. O tal vez no percibieron su santidad. Gracias a Lakshman, hombre que combina su jactanciosa exuberancia con una profunda reverencia, he tenido ocasión de sentir la presencia de yoguis y sabios en las cuevas del Himalaya o en desvencijados *ashrams* de madera junto al Ganges. Lakshman me contó cómo empezó a creer en los santos. Estábamos sentados en una cafetería de La Jolla, California, a infinita distancia de nuestros orígenes, contemplando los corcovos del azul Pacífico bajo el sol.

—Durante mucho tiempo, Deepak, no creí en los supuestos santos. La mitad de ellos son sinvergüenzas, mendigos holgazanes que van de puerta en puerta, aprovechándose de la inocente fe ajena para que les den limosna. Y uno sospecha que, probablemente, el resto son psicóticos. Al menos, eso pensaba yo. Mi familia, que vive en Bengala, está muy occidentalizada; instalamos una empresa de informática diez años antes de que la tecnología se disparara en el sur de la India. Todos los días rezamos nuestras oraciones ante el altar del comedor, pero es una mera formalidad.

»Yo vivo en la parte antigua de la ciudad. Desde mi ventana se ven los templos medievales consagrados a Shiva, ennegrecidos por el humo de motocicletas y camiones abollados. La India antigua y la moderna se encuentran en una zona de combate, en un chirriante ataque sensorial; eso es con lo que todos los días me despierto.

»Como no soportaba la idea de pelear con el tránsito, una mañana, decidí ir al trabajo caminando. La fábrica de mis padres no está lejos del centro. Ya sabes cómo son las aceras de la India: ¡imposibles! Diez minutos después de abandonar mi casa me sentía totalmente frustrado, abriéndome paso entre un mar de vendedores callejeros, mendigos, gandules y veinte mil trabajadores que, como yo, trataban de ir hacia el mismo lugar. Me vino a la mente la imagen de un Ganges seco por el que corriera un torrente de humanidad. Bueno, eso fue después; por aquel entonces sólo sentía irritación y agotamiento.

»Al doblar una esquina vi a un grupo de personas amontonadas alrededor de algo. Bloqueaban toda la acera, por supuesto, y como estábamos en la India, los conductores de taxis y camiones se apeaban a mirar y detenían así el tránsito. Algo se quebró en mi interior; me abrí paso a furiosos empellones, pidiendo a gritos que se apartaran de mi camino. Nadie me hizo caso. Cinco segundos después me hallaba incrustado en una madeja de cuerpos forcejeantes, sin poder escapar.

»No puedes imaginar lo que sentí. Claro que puedes, porque tú mismo has estado allí. Pero, cuando estaba a punto de gritar, sentí súbitamente que todo en mi mente se detenía. La ira, el frenesí, las preocupaciones, el flujo constante de asociaciones... todo desapareció, simplemente, dejando tras de sí una mente vacía. No soy tonto: había leído las escrituras y todo eso de que la mente vacía es el silencio de Dios. ¡Pero en las calles de Bengala! De algún modo me las compuse para avanzar. Allí, en medio del gentío, había una mujercita sentada con los ojos cerrados y vestida con un sari blanco. Parecía tener unos treinta años y algo en su aspecto me dijo que provenía de alguna aldea campesina.

»A día de hoy no tengo idea de por qué se había detenido así, en medio de la acera. Permanecía completamente inmóvil, sin que le importara la aglomeración de alrededor. En realidad, la multitud se comportaba con bastante respeto; la rodeaba un círculo de personas arrodilladas. Me acerqué un poco más. Y entonces sucedió lo increíble. Mi mente vacía comenzó a tener algo dentro; no era un pensamiento, sino una sensación. *Madre*. No tengo otra manera de describirla.

Era como si todos los sentimientos maternales que las mujeres brindan a su familia estuvieran dentro de mí, pero con mucha mayor pureza y claridad.

»No pensaba en mi propia madre. Sólo existía esta sensación, que se fue haciendo más fuerte. Vi, como una verdad revelada, que la mujer de la acera emanaba la energía de "madre" desde su misma fuente. También vi, con toda claridad, que mi propia madre había estado tratando de expresar esa misma energía. Aunque de manera imperfecta, estaba conectada a una realidad que no dependía de esta o de otra madre. Es simplemente "madre", el infinito amor de lo femenino hacia toda la creación.

»Un segundo después me encontré de rodillas, a un par de metros escasos de la santa. Ella había abierto los ojos y nos sonreía a todos. De algún modo, su sonrisa hizo que mi experiencia fuera mucho más intensa. Tuve una fugaz visión de miles y miles de almas deseosas de estar aquí, en la tierra, para experimentar lo precioso de ser madre.

»Lo que para mí vino después fue el perdón: comprendí que todos los imposibilitados de amar, hasta los criminales más perversos, tratan de expresar esa energía divina. Todos estamos en el camino y, pese a nuestras diferencias, el hecho de estar en él nos hace mucho más parecidos de lo que pensamos.

Se apagó la voz de Lakshman. Aunque su encuentro había durado sólo unos pocos minutos, el efecto fue permanente. Todavía lo sobrecoge pensar que la mera presencia de un santo pueda elevar la conciencia ordinaria (efecto que, en sánscrito, se denomina *darshan*). Más importante aún: quedó convencido de que el camino hacia lo divino es real, pues había conocido a alguien que estaba al final de ese camino.

Yo también puedo hablar por experiencia propia. Nunca tuve un descubrimiento tan asombroso como el de Lakshman, pero mis padres eran devotos y mi abuelo, ya retirado, solía pasarse las tardes en la galería, absorbiendo el *darshan* de los *swamis* y los santos. Los niños no captan mucho el significado más profundo de tales experiencias; eso lo logré sólo al alcanzar la edad adulta, después de haber tratado con extraños ermitaños místicos y de sentirme totalmente amado en su presencia.

A veces los rodeaba un ambiente horroroso; no tenían nada que comer ni que beber, salvo un cazo de agua verdosa. No acostumbraban a dar señales de saber que yo había entrado; no había sonrisa ni gesto de aliento. Sin embargo, en cuanto cerraba los ojos, me encontraba en un espacio notable. Era acogido en una danza, en el juego del universo, que no se desarrollaba como estrellas y galaxias arremolinadas, sino como silencio puro. Me invadía el cuerpo una bienaventurada frescura; dejaba de sentir la camisa pegada a la espalda y lo sofocante del aire encerrado. La sensación era de paz, pero contenía una vibración extraordinaria, como si me recorrieran escalofríos de energía invisible. A veces era casi insoportable. Mi espacio interior parecía estallar. Me encontraba suspendido en una vacuidad que no estaba vacía, pues en ella pululaba todo lo creado y por crear: el vientre de la madre cósmica. *Y todo eso estaba en mí.*

Estos recuerdos me dan la certeza de que nuestro actual concepto del amor no es adecuado. Todos usamos la palabra «amor» para referirnos a muchas cosas; estar enamorado suele ser un estado complejo, que confunde. No obstante, lo que yo experimentaba era increíblemente sencillo:

El amor es espíritu. El espíritu es el Yo.

Yo y espíritu son lo mismo. Preguntar «¿Qué es el espíritu?» es sólo una manera de preguntar «¿Quién soy?». No existe el espíritu fuera de ti; tú lo eres. ¿Por qué no tienes conciencia de serlo? La tienes, aunque sólo de manera limitada; como quien ha visto un vaso de agua, pero no el océano. Tus ojos ven porque, en espíritu, eres testigo de todo.

Tienes pensamientos porque, en espíritu, lo conoces todo. Sientes amor por otra persona porque, en espíritu, eres amor infinito.

Devolver al amor su dimensión espiritual requiere abandonar la idea de un yo limitado, con su limitada capacidad de amor, y recobrar el Yo, con su infinita capacidad de amor. El «Yo» que realmente eres está hecho de conciencia pura, creatividad pura, espíritu puro. Su versión del amor está libre de todos los recuerdos e imágenes del pasado. Más allá de toda ilusión está la fuente del amor, un campo de puro potencial.

Ese potencial eres tú.

¿QUÉ ES EL CAMINO?

Lo más valioso que puedes aportar a una relación dada es tu potencial espiritual. Esto es lo que tienes para ofrecer cuando comienzas a vivir tu historia de amor en su plano más profundo. Al igual que la semilla necesaria para iniciar la vida del árbol, tu potencial espiritual es la semilla para tu crecimiento en el amor. No existe nada más precioso. Al verte con los ojos del amor resulta natural ver también al prójimo de ese modo. Podrás decir de tu bienamado, como el poeta Rumi:

> *Eres el secreto del secreto de Dios.*
> *Eres el espejo de la belleza divina.*

El camino hacia el amor es algo que escoges deliberadamente; a todo el que se ha enamorado se le indica el primer paso en ese camino. El desarrollo del potencial espiritual ha sido el mayor interés de todos los grandes videntes, sabios, profetas, maestros y santos de la historia humana. La suya fue una búsqueda del Yo cuidadosamente trazada, muy lejos de la idea que tenemos del amor como desordenado asunto emocional.

En la India, como he mencionado, el sendero espiritual se denomina *Sadhana*; aunque una diminuta minoría de personas renuncia a la vida normal para vagar por el mundo en busca de iluminación (son los monjes o *sadhus*), desde los tiempos de la más antigua civilización de la India védica hasta la actualidad, todos consideramos que la vida es un *sadhana*, un sendero hacia el Yo. Aunque el Yo parezca ajeno a nosotros, en realidad está entretejido en todo lo que una persona piensa, siente o hace. Si te paras a pensarlo, resulta asombroso que no conozcas íntimamente tu Yo. Buscar tu Yo, declaran los sabios védicos, es como ser un pez sediento en busca de agua. Pero mientras que el Yo aún tiene que ser encontrado, el *sadhana* ya existe.

El objetivo del camino es transformar tu conciencia de separación en unidad. En la unidad sólo percibimos el amor, sólo expresamos el amor, sólo somos amor.

Mientras se produce la transformación interior, todo camino debe tener alguna forma exterior que lo sustente. En la India, las personas se dejan conducir por su naturaleza hacia el estilo de camino más adecuado para lograr la plenitud. Unos son intelectuales por naturaleza y, por lo tanto, tienen aptitud para el sendero del conocimiento o *Gyana*. Otros son más devotos, por lo que tienen aptitud para el camino de la veneración o *Bhakti*. Y otros tienen mayor motivación exterior, por lo que les conviene el camino de la acción o *Karma*.

Ninguno de los tres se excluye mutuamente; lo ideal es incluir en nuestro estilo de vida períodos diarios de estudio, veneración y servicio. Los tres enfoques se integrarán así en un solo camino. Sin embargo, es perfectamente posible sentirse tan cautivado por un solo enfoque, que toda tu existencia puede centrarse en la lectura de las escrituras, la contemplación y el debate erudito: la vida de *gyana*. O bien puedes pasarte la vida meditando, entonando cánticos y participando en los ritos del templo: la vida de *bhakti*. También podrías dedicarte al trabajo social, a la purificación mental y física, y a cumplir el mandato de Dios en la actividad cotidiana: la vida de *karma*. Aun en los sectores más tradicionales de la India actual, estos senderos se han descompuesto, y han dado paso a estilos de vida modernos en los que el estudio y el trabajo tienen poco o nada que ver con las aspiraciones espirituales.

¿Qué significa esto para el occidental nunca antes expuesto al *sadhana*? Postulo que el hecho de estar en el camino espiritual constituye un impulso tan natural y poderoso, que la vida de todos lo obedece, cualquiera que sea nuestra cultura. Un sendero es sólo una manera de abrirse al espíritu, a Dios, al amor. Éstas son metas que todos podemos codiciar, sin embargo nuestra cultura no nos ha brindado una manera establecida y organizada de alcanzarlas. Por cierto, nunca en la historia quienes buscan se han enfrentado a una escena espiritual tan desorganizada y caótica.

Sólo nos quedan las relaciones personales. El deseo de amar y ser amado es demasiado poderoso para extinguirse; por suerte, el sendero espiritual existe basado en ese insaciable apetito. La expresión «camino hacia el amor» no es una simple metáfora: reaparece a lo largo de toda la historia espiritual, con muchas formas distintas. La versión más antigua es el *bhakti* o tradición devota de la India védica, en la que todas las formas del amor sirven en último término a la búsqueda de Dios. Los sufís del Islam tienen su propia estirpe devota. Rumi, a quien cito con tanta frecuencia, fue más que un poeta: un gran maestro del camino. Para él, Dios era el más dulce y más deseable de los amantes, cuyo roce podía sentir en su piel:

Cuando llueve y hace frío,
eres más hermoso.

Y la nieve me acerca
aún más a Tus Labios.

El Secreto Interior, ese que nunca nació,
Tú eres esa frescura, y contigo estoy ahora.

Cristo inició otra versión del camino con su enseñanza suprema: «Ama al prójimo como a ti mismo.» Jesús siempre habló de Dios como de un padre amante. La versión cristiana del camino es, por lo tanto, una relación menos parecida a la que existe entre los amantes que a la relación entre padres e hijos o entre el pastor y su rebaño (no deberíamos olvidar, empero, la imagen que presenta a Cristo como el novio y al alma del adorador como su desposada).

Por ende, no es tradición lo que falta. Sería más justo decir que en la mayoría de las religiones parece haberse esfumado la enseñanza del amor, tal como se fue presentado en un principio, para convertirse más en un ideal que en una realidad práctica. No obstante, entre tanta confusión y desmoronamiento de enseñanzas tradicionales, aún queda la chispa del amor que une a dos personas. Y con ella puede hacerse un sendero.

Como la pavesa diminuta que consume todo un bosque, la chispa del amor es lo único que necesitas para experimentar el amor en todo su poder y su gloria, en todos sus aspectos, terrenales y divinos. El amor es espíritu, sí, y todas las experiencias del amor, por insignificantes que parezcan, son en realidad invitaciones a la danza cósmica. Tras cada relato de amor se esconde el cortejo de los dioses y las diosas.

En una era diferente, el más fugaz de los encaprichamientos tenía un sentido espiritual; se tomaba en serio la proximidad de Dios en el bienamado. Sin embargo, desde el advenimiento de Freud, los psicólogos nos aseguran que enamorarse es algo ilusorio; la sensación de éxtasis que forma parte del enamoramiento no es realista. Debemos aprender a aceptar el carácter pasajero del idilio y restar importancia a la «fantasía proyectada», según la cual podríamos ser tan inmortales e invulnerables como se sienten los amantes apasionados. Por ende, deberíamos mostrarnos escépticos acerca de lo que Walt Whitman dice, efusivo:

> *Soy pareja y compañero de las gentes, todas tan*
> *inmortales e insondables como yo mismo.*
> *(Cuán inmortales ellas no lo saben, yo sí.)*

Y sería preciso pensar que W. H. Auden se permitía una fantasía hiperbólica al decir, en el primer éxtasis de amor:

> *... en mis brazos encierro*
> *la flor de los siglos*
> *y el primer amor del mundo.*

La sensación de placer y bendición, de algo único e inigualable que experimentan los amantes tiene su propia realidad, pero debes buscarla hacia dentro. Idilio y espíritu son dos estados de la verdad interior. En este libro postulo que se pueden unir. El dramático cambio psicológico que se produce cuando nos enamoramos es, en realidad, un estado pasajero de liberación espiritual, un atisbo de lo que en verdad eres. Las sensaciones extáticas que fluyen entre dos amantes, su sensación de gozar de una protección inigualable, su fe en un estado atemporal del ser... todo eso es una realidad espiritual. Oriente ha tendido a retener la dimensión espiritual del enamoramiento, aun en su mayor pasión, como en este verso de Rumi:

El amor es el modo en que los mensajeros del
misterio nos dicen cosas.

En esta visión del amor, que se expande mucho más allá de dos personas y su encaprichamiento, los actos de amor nos unen a una realidad que ansiamos, pero que no sabemos cómo alcanzar: el «misterio».

En este libro utilizaré la frase «maestro espiritual» para designar a quien ha logrado el dominio de la realidad espiritual. Pese a las enormes diferencias culturales que existen entre un maestro sufí, un yogui, un santo cristiano y un gran experto en las artes marciales chinas, todos pueden percibir el espíritu con tanta claridad como tú y yo vemos la tierra y el cielo. Los maestros espirituales no nos proponían metas idealistas al enseñar el camino hacia el amor. En un sentido muy práctico, el camino permite que dos personas puedan escapar a la trampa de separación y sufrimiento y la reemplacen por paz y éxtasis. La frescura de la vida es amor y nada más. Cuando dos personas crecen hasta lograr ese conocimiento, la promesa de una felicidad duradera cobra realidad.

AMOR, PLACER Y FELICIDAD

Naturalmente surge la pregunta: «¿Por qué debo escoger algún camino?» Las relaciones han existido desde hace mucho tiempo, con amor romántico o sin él. Para enamorarse de alguien nunca hizo falta tomar decisiones espirituales conscientes, salvo, quizás, escoger una iglesia a la que asistir y, en caso de ser padres, qué religión inculcar a los hijos. Insistir sobre la dimensión espiritual del amor puede parecer incómodamente exaltado para quienes se contentan con entablar una relación por la felicidad y la seguridad que ofrece. Por lo tanto, vale la pena preguntarse cómo se logra realmente la felicidad y si es posible alcanzar la seguridad sin embarcarse en el viaje espiritual.

A primera vista, la ausencia de espiritualidad parece afectar muy poco a eso que la gente percibe como felicidad. Hace poco descubrí, para sorpresa mía, que la felicidad no es un bien escaso. En ciertas encuestas de opinión, al preguntar a los entrevistados si eran felices, aproximadamente el setenta por ciento dijo que sí. Esta respuesta asombra por su consistencia. Se mantiene el mismo porcentaje en todos los grupos de edad, desde los más jóvenes a los más ancianos. No hay grandes variaciones de un país o de un año a otro. La única excepción llamativa se presenta entre los desfavorecidos: los muy pobres tienden a ser menos felices; en Asia, donde hay tantas personas que no tienen sus necesidades básicas satisfechas, la pregunta «¿Usted es feliz?» suele provocar una mirada de incomprensión.

A primera vista, pues, el amor no parece indispensable, dado que muchos de nosotros decimos ser ya felices. Pienso que éste es un ejemplo de una palabra que parece autodefinirse cuando, en realidad, no es así. La «felicidad» es fluida como el amor, e igualmente elusiva. Las condiciones exteriores no tienen efecto previsible en ninguno de los dos. Por ejemplo: quienes han salido trabajosamente de la pobreza dicen que son más felices; no obstante, una vez superada la línea de la pobreza, una mayor cantidad de dinero no aumenta la felicidad. A menudo se requiere un gasto mucho mayor para proporcionar un nuevo estímulo. Y, sin estímulo, la mayoría no puede ser feliz.

A largo plazo, empero, depender del estímulo es una trampa. Si bien un estímulo suficiente del tipo adecuado puede crear felicidad, el equilibrio es sumamente precario. Ciertos estudios demuestran que a los bebés recién nacidos, por ejemplo, les gusta tener a su alrededor objetos bonitos que se balanceen. Al ver sobre su cuna un móvil compuesto por diez objetos brillantes, un bebé reirá y hará gorgoritos.

Sin embargo, si retiras ocho de los colgantes y dejas sólo dos, el bebé protestará a voz en cuello.

Ésta es, probablemente, la primera evidencia experimental de que la felicidad es vulnerable a la pérdida. Por cierto, al crecer todos llegamos a esa conclusión: privados de dinero, trabajo o pareja, nuestro cociente de felicidad desciende drásticamente. De igual modo, no nos gusta que el estímulo esté fuera de nuestro control. Si se sienta a un bebé frente a una pantalla y ésta proyecta imágenes bonitas, le resulta muy agradable que él mismo pueda hacerlas aparecer y desaparecer tirando de un cordel. Pero si las imágenes van y vienen al azar no se consigue la misma felicidad. Peor aún: si el bebé tira del cordel y en la pantalla no ve nada, se sentirá muy desdichado. Una vez más, ésta es una lección que todos aprendemos: los sucesos aleatorios, las personas que resultan imprevisibles, socavan nuestra sensación de control y nos llevan a la infelicidad.

Todo esto indica que la palabra «felicidad» significa, con demasiada frecuencia, «reacción placentera». Toda reacción depende del estímulo, así como el placer sexual depende de que se nos excite y estimule. Este hecho innegable hace que incontables personas caigan presas del pánico al desvanecerse su fuente de placer. Quienes rebotan de un fracaso matrimonial a otro exhiben, en su forma más plena, esas ansias de estímulo. Sin embargo, sobre cualquier deseo de mantener las cosas estables, previsibles y reconfortantes pende la misma sombra. No puede haber en tu existencia ninguna sensación de seguridad si ésta depende de factores externos, pues nunca se pueden controlar los cambios imprevisibles de la realidad.

La solución consiste en hallar una fuente de felicidad más allá del placer, puesto que la búsqueda de placer no puede ser independiente del estímulo externo. Mientras el amor sea placer, su final es previsible: un triste debilitamiento hacia la inercia y la indiferencia. En tiempos recientes, este argumento ha obtenido el apoyo de un sector inesperado. La investigación bioquímica ha aislado ciertos elementos químicos asociados con el placer, especialmente el neurotransmisor llamado serotonina. Un alto nivel de serotonina es típico en quien experimenta una sensación de bienestar; desde hace tiempo, los niveles insuficientes de serotonina se vinculan a la depresión. Ciertos estudios relacionados han aislado los lóbulos frontales izquierdos del córtex como sede de una mayor actividad, cada vez que alguien se siente feliz.

La conclusión obvia es que el estímulo cerebral equivale a la felicidad. Por desgracia no es así, pues el estímulo se desgasta. Si se repite el mismo estímulo, nuestras respuestas se debilitan con el tiempo. El sabor que en otros tiempos nos pareció tan dulce se torna rancio y empalagoso; la cara que antes nos encantaba pasa a ser vulgar; el espectáculo más excitante pasa a ser mera parte del panorama.

Es importantísimo hallar nuestra felicidad sobre una base que no cambie. Comparado con el placer, el amor es abstracto. Si prescindiéramos de las sensaciones agradables que se asocian a él, casi todos tendríamos dificultades para definir la experiencia de amar. Pero el amor tiene el poder de curar, de revelar la esencia divina, de restaurar la fe en el propio Ser, de dotar de armonía a todos los planos de la existencia... y todos estos efectos van mucho más allá de las sensaciones. Son resultados tangibles basados en el espíritu.

En nuestra sociedad, cuanto más tangible es algo, más probable es que nos merezca fe. Por suerte, pese a lo abstracto del amor, la investigación científica confirma que es potente y espectacular como la medicina, tanto cuando está presente como cuando es retirado.

El amor contribuye a la recuperación. Según ciertos estudios realizados en salas de cardiología, los pacientes masculinos que responden positivamente a la pregunta «¿Se siente amado?» tienen más probabilidades de recuperarse que quienes responden negativamente; la correlación entre la recuperación y esta respuesta es más alta que en ninguna otra categoría, incluido el estado físico anterior. En otras palabras: a un hombre que no se siente amado, que está en buen estado físico, aunque afectado por un ataque cardíaco leve, puede resultarle más difícil recuperarse que a quien sufrió un ataque cardíaco grave y se siente amado. Entre los internados en asilos de ancianos, el hecho de tener una mascota a la que amar (o siquiera una planta a la que atender todos los días) reduce las enfermedades y la depresión. Los ancianos perciben que el hecho de tener un objeto de amor devuelve sentido a su vida.

El amor fomenta el crecimiento. Los niños muy pequeños, provenientes de hogares abusivos, pueden presentar un estado de crecimiento retardado o muy deficiente que se conoce como enanismo psicosocial. Además de tener baja estatura y poco peso para su edad, esos niños manifiestan a menudo emociones subdesarrolladas y escasa capacidad de aprendizaje. Sin embargo, esta condición se puede invertir rápidamente en cuanto se les proporciona un ambiente amoroso.

El amor proporciona equilibrio homeostático. Nadie ha demostrado decisivamente que el hecho de sentirse amado disminuya la presión arterial o evite el cáncer y las dolencias cardíacas, aunque está bien documentado que las condiciones negativas asociadas a la falta de amor, tales como la ira crónica o la depresión, provocan un riesgo mucho mayor de contraer enfermedades de cualquier tipo.

Una indicación de la capacidad del amor de dar equilibrio al cuerpo es la que nos ofrece un estudio, en el cual se pidió a los sujetos que vieran una filmación de la madre Teresa de Calcuta consagrada a su obra. En la película la veían abrazar a niños cuyo estado era lamentable, generalmente afectados de lepra. Con sólo ver este acto de amor se elevaban ciertos indicadores químicos de que había aumentado la resistencia inmunológica. Este dramático efecto se producía aun cuando el espectador no compartía la vocación de la madre Teresa; en otras palabras, no era cuestión de sentirse bien subjetivamente. Según la sabiduría popular, enamorarse es la mejor manera de no pescar un resfriado en invierno; eso indica que los beneficios inmunológicos del amor eran conocidos mucho antes de que las investigaciones médicas vinieran a constatarlos.

Por fin, un avanzado estudio de Stanford sobre la recuperación de cáncer de mama indica que las mujeres en etapas avanzadas de la enfermedad sobrevivían más tiempo si participaban, una vez por semana, en sesiones de terapia de grupo, respecto a quienes sólo recibían el tratamiento normal de cirugía y quimioterapia. Aquí no se aplicaron técnicas psicológicas intensivas; el grupo compartía sus sensaciones y se prestaba mutuo apoyo en la lucha contra el cáncer. Estos sencillos actos de amor resultaban probadamente efectivos; sin embargo, el estudio subraya lo magra que es, en realidad, una hora de terapia por semana. ¿Acaso el amor, en una escala más intensiva, podría generar un mayor grado de curación?

La respuesta a esta pregunta no necesita de investigaciones médicas; cada uno de nosotros puede corroborarla en su propia vida. «Curación» es un término muy amplio; espiritualmente, se lo puede definir como el regreso al estado de unidad. El amor no existe sin las otras cosas de la vida; no se divide en momentos de amor, en niveles de amor, en ausencia de amor. Éstos son nuestros términos relativos, nuestros meros vistazos a una fuerza que se mantiene intacta y entera. En el sendero espiritual o *sadhana*, la experiencia del amor brinda una curación que no se dirige a una enfermedad en particular, sino al estado íntegro de la persona; por lo tanto, cada uno de nosotros experimentará sus efectos de modo diferente.

Como el *sadhana* puede parecer algo muy encumbrado y abstracto, a la ciencia le resulta más fácil estudiar a las personas solitarias, deprimidas y enfermas, en vez de investigar los efectos más sutiles del yo. Pero si observamos las siguientes características de quienes pueden vivir una historia de amor, veremos hasta qué punto han evolucionado más allá de la norma.

Han aprendido a separar sus actos de la convicción de que merecen amor.

Puesto que todos empezamos como niños más débiles y menos poderosos que los adultos, era normal que tratáramos de actuar de modo tal que no resultáramos heridos. Sufrir un daño suele ser cuestión de poder. Quien es impotente no está en situación de ofender o molestar al poderoso. Comprendimos esta realidad hace mucho tiempo, en el patio del recreo; de ahí la perdurable costumbre de ser simpáticos. A cambio esperamos que se nos trate con simpatía. Al aplacar a quien nos amenaza esperamos evitar la agresión. Para que no nos hieran mantenemos una postura defensiva.

No obstante, quienes basan su vida en el amor han aprendido a separar del amor todo este patrón de conducta. El amor no surge de aplacar las posibles amenazas. No por ser siempre simpático lograrás que el prójimo te ame. Enfrentados claramente a estas aseveraciones, casi todos estaríamos de acuerdo con ellas. Sin embargo, la huella del pasado es profunda y, en un plano inconsciente, aún actuamos como niños sin poder. Entre los que viven sus propias historias de amor es característica común el haber aprendido a desechar este patrón.

Pueden dar en todos los niveles.

Decir que para recibir amor debemos dar amor se ha convertido en una perogrullada. Esta acción recíproca mantiene vivo el flujo del amor. Sin él, el amor se estancaría. Sin embargo, aprender a dar va contra ciertos condicionamientos muy arraigados en nuestro interior. Todos hemos aprendido a aferrarnos a las cosas buenas. Cuesta desprendernos de lo que nos es precioso. Pero quienes aman han aprendido que aferrarse es una actitud posesiva. Y todo el que se ha visto atrapado en una relación posesiva conoce sus asfixiantes efectos. No hay amor cuando el otro no puede darte espacio para que vivas tu propia existencia.

Dar espacio no es sencillo. Debes estar dispuesto a reconocerle al otro todo su ser. Debes permitirle expresar libremente sus ideas, sentimientos, reacciones y voluntad. Quienes han aprendido a dar en todos los sentidos descubrieron un ingrediente clave para vivir su historia de amor.

No esperan recibir nada a cambio de ser buenos.

Todos establecemos una relación entre amor y bondad. La atracción se basa en el supuesto de que el otro tiene algo bueno que aportar a tu vida. Nuestra definición de esta bondad puede ser profunda o superficial. Siempre habrá hombres convencidos de que una mujer es buena mientras sea hermosa y dócil. Algunas mujeres pasarán por alto en el hombre diez defectos que podrían resultar desastrosos para la relación, mientras dependan de él y de sus buenos ingresos. Hace falta crecimiento interior para apreciar la bondad como un valor más profundo.

En última instancia, una persona es buena por ser quien es; la bondad es una cualidad del ser. Cuando descubrimos esto ya no evaluamos a una persona por sus logros. Esperamos que sea buena como parte de su esencia y de la nuestra. Y ya no esperamos ser recompensados por hacer el bien. Ya no otorgamos amor cuando alguien se porta bien con nosotros ni lo retiramos cuando no es así. Al contrario, el amor se convierte en una constante de nuestra vida. Simplemente es. Quienes han alcanzado esta etapa están en auténtica posesión de sus historias de amor.

No juzgan ni viven temiendo ser juzgados.

Juicio es lo que te señala algo erróneo en ti o en cualquier otra persona. Como todos tenemos secretos, todos tendemos a vivir temiendo el juicio. Una voz interior nos advierte que el prójimo juzgará nuestras transgresiones con tanta dureza como nosotros las suyas. Esta autocondena tiene otra faz: para sentirnos a salvo de ese juicio, buscamos primero la falta en el prójimo. Quienes aman han descubierto la falsedad de este proceso. Jamás te sentirás mejor contigo mismo haciendo que otros se vean peor. El hábito de la crítica no sirve sino para posponer el día en que surjan a la luz tus propios juicios secretos. La única manera de desactivar la culpa y la vergüenza es sacar a la luz cuanto creas que está mal dentro de ti. En realidad, no hay nada malo dentro de ti ni de nadie: eso es lo que dice la voz del amor. El crecimiento interior consiste en aprender a escuchar esa voz, proceso esencial para vivir tu propia historia de amor.

No esperan que el prójimo los haga sentir amados.

El amor se experimenta dentro de una relación. Si no tienes a quien amar, los sentimientos de amor (la calidez del corazón materno, la alegría de la amistad, el entusiasmo de la intimidad) no tienen estímulo. Por eso la imagen más común del desamor es la soledad. Cuando estás solo parece no haber relación alguna. Quienes se encuentran solos rara vez encuentran incentivos para explorar el amor. Esperan el contacto con otra persona o corren a buscarla. De este modo, nos volvemos dependientes de otros para sentirnos total y permanentemente amados.

Sin embargo, esta expectativa siempre se frustra. Y aunque culpemos a quienes no nos respondieron, a quienes nos respondieron pero luego nos abandonaron, a quienes estuvieron a nuestro lado pero luego cambiaron de idea, ninguno de ellos es en última instancia la causa de nuestro problema. La causa es nuestra propia incapacidad de desarrollar una relación a toda prueba con nosotros mismos. El Yo es la fuente del amor. Quienes viven su propia historia de amor han aprendido esta lección por encima de todas las cosas.

LA FALTA DE AMOR

La falta de amor es tan devastadora como benéfica su presencia. Por desgracia, debemos suponer que en estos momentos la mayoría de las personas no está viviendo una historia de amor. Aun quienes dicen estar muy profundamente enamorados pueden estar engañándose, al menos en parte. La palabra «amor» se aplica a tantas situaciones (del afecto íntimo al maltrato, de la dependencia al dominio, de la lujuria al éxtasis) que no es recomendable preguntar si alguien se siente amado.

Sin embargo, la falta de amor es menos elusiva, de modo que podemos describir con más seguridad cómo es dicho estado. He aquí las características más comunes de quienes no están viviendo una historia de amor:

Se sienten entumecidos y traumatizados.

Una vez que ha alcanzado su plenitud, el amor basado en el espíritu no teme ser herido. Las formas imperfectas de amor son mucho más vulnerables. Casi todos hemos pedido amor, sólo para recibir un rechazo. Hemos llevado la frágil imagen de nosotros mismos a situaciones de las que salió maltrecha, donde murieron nuestras esperanzas y donde nuestras peores suposiciones se vieron cumplidas. El efecto del rechazo, del fracaso, de la humillación y de otros traumas es entumecer los sentimientos. El amor requiere sensibilidad. Necesita apertura. Si algo te ha entumecido, te resultará mucho más difícil sentir amor. Por lo tanto, la gente entumecida en el plano emocional no puede vivir su historia de amor.

No se sienten apreciados por lo que son, sino por lo que hacen.

Reconocer tu propio valor es amarte a ti mismo. En realidad, tu amor hacia el prójimo surge a partir de aquí. El valor es como dinero que puedes extraer de una cuenta bancaria: si te aprecias mucho, tienes algo que brindar a los demás. Si no te aprecias no tienes nada que ofrecer. ¿Y qué es lo que debes apreciar? Si al mirar dentro de ti mismo te preguntas «¿Qué podría amar otra persona en mí?», la única respuesta perdurable es: «A mí mismo.» Las personas que pueden dar esta respuesta no se valoran por lo que hacen, sino por lo que son.

En cuanto a logros, todos tenemos una lista limitada. Nuestras buenas acciones tienen un fin. En nuestra mente, las cosas que la sociedad aprueba de nosotros suelen quedar sobrepasadas por defectos que preferimos mantener fuera de la vista ajena. Si nos apreciamos por lo que somos (por los éxitos, las buenas acciones y la aceptación social) el alcance de nuestro amor queda limitado. Las personas que se aprecian casi enteramente por lo que hacen no tendrán historias de amor propias.

Viven según creencias distorsionadas.

El amor que tienes en tu vida es sólo tan valioso como tú lo percibas; la clave de la percepción es creer. No existen encuentros neutros. Siempre vemos a los otros a la luz de nuestras creencias; siempre nos sentimos vistos a la luz de nuestras creencias. He conocido a personas que, al entrar en un salón lleno de desconocidos, se creían recibidos por una oleada de hostilidad. Otras personas entran en un salón y se sienten inmediatamente bienvenidos. La diferencia reside por completo en la percepción, puesto que este juicio es anterior a cualquier evidencia externa. Yo diría que los primeros no se sienten queridos en este mundo y los del otro grupo, sí.

Cualquier creencia que ataque tu capacidad de apreciarte es una distorsión. En esencia, el Yo es de elevadísimo valor; merece amor sin excepción. Quienes no pueden vivir su historia de amor albergan creencias distorsionadas que disfrazan la realidad de su infinito valor.

Han fracasado en el amor y están demasiado fatigados para intentarlo otra vez.

Cuando te ves ante una empresa que fracasa, es natural que renuncies, tarde o temprano. Cuando éramos más jóvenes todos podíamos buscar el amor con cierta dosis de esperanza y optimismo, respaldados por la energía... y hace falta energía para dar rienda suelta a cualquier pasión. A algunas personas se les ha agotado esa energía. Dicen no tener tiempo para el amor. Creen no necesitarlo en su vida. Lo que experimentan, en realidad, es falta de energía, la pérdida de entusiasmo que sigue al fracaso reiterado.

Pero la energía es un bien autorrenovable. Como el agua de la fuente, su caudal no disminuye por mucha que consumas. Quienes no pueden vivir su historia de amor no han descubierto el modo de renovar su energía, de abrevar en su fuente de pasión.

No todos estos factores se aplican a una misma persona. Los hay que se aplican en cierto grado a todos nosotros. Sin embargo, podemos percibir algunas causas subyacentes en común: se ignora el camino hacia el amor, cómo entrar en él, cómo recorrerlo y hasta qué es.

Nuestra visión materialista del mundo ha reducido el amor a un aleatorio flujo de hormonas, sumado a fantasías psicológicas. La verdad espiritual es muy diferente. Cuando caen los muros, descubrimos que nuestro verdadero problema no es que falte amor a nuestro alrededor, sino que lo hay *en demasía*. El amor es eterno e ilimitado; sólo que nosotros bebemos a pequeños sorbos de ese océano infinito. Rumi afirma con total simplicidad este misterio, el más natural, pero también el más secreto:

Al mirar dentro de tu yo más interno veo el universo que aún no ha sido creado.

El misterio del amor no ha cambiado a través de los siglos: es sólo que no hemos dado con él. Cada vez que a alguien se le seca el corazón, puede parecer que se ha secado el amor. De hecho, esa persona ha levantado un cerco para dejar fuera una fuerza que está siempre en marea alta. Existir dentro del poder pleno y desatado del amor es aterrador, a menos que hayas recorrido el camino hacia el amor con total devoción, hasta su mismo final.

PRÁCTICA DE AMOR

Purificar el corazón

Nadie sigue por mucho tiempo un sendero que no le resulte natural; como tampoco logrará en él el crecimiento necesario, por muy buenas que sean sus intenciones. Existe en el cuerpo un centro donde se unen amor y espíritu; ese centro es el corazón. Es tu corazón el que se oprime o se ensancha de amor, el que siente compasión y confianza, el que parece vacío o colmado. En el corazón existe un centro más sutil que experimenta el espíritu, pero al espíritu no se lo percibe como emoción o sensación física. ¿Entonces cómo puedes ponerte en contacto con él? Según los maestros espirituales, el espíritu se experimenta primero como la ausencia de lo que *no es espíritu*.

En la India esto se describe como *Netti, netti*, que significa «ni esto ni aquello». El espíritu no tiene causa; no está limitado por tiempo ni espacio; no es una sensación que pueda ser vista, tocada ni percibida por el gusto o el olfato. Ésta puede parecer una manera desconcertante de definir algo, pero imagina que nunca hubieras visto el color blanco, que el mundo entero estuviera compuesto de rojo, verde, azul y todos los demás colores. De pronto, un maestro te da una camisa negra, diciendo: «Si lavas esto el suficiente número de veces, verás que es blanco.» Si pides ver el blanco antes de lavar la camisa, lo que pides es imposible. El negro es la suma de todos los colores; sólo cuando los laves todos aparecerá el blanco.

De igual modo, tu vida actual está hecha de sensaciones: no sólo los colores, sino todos los estímulos que captas por los sentidos. Algunas de esas sensaciones pueden ser muy placenteras, pero ninguna es adecuada para hacerte saber qué es el espíritu. El espíritu subyace bajo todas las capas de sensaciones. Para experimentarlo debes ir al corazón y meditar en él hasta que se purifique todo lo que oscurece el espíritu.

La finalidad del siguiente ejercicio es brindarte la experiencia de purificar el corazón hasta tal punto que pueda presenciar el espíritu. «Puro», en este caso, no significa bueno y virtuoso; significa libre de impurezas, sin juicio alguno de valores. Según palabras de William Blake, se trata de limpiar las puertas de la percepción.

MEDITAR SOBRE EL CORAZÓN

Siéntate cómodamente en una habitación silenciosa, a solas; escoge un momento en que no tengas prisa. El mejor es la primera hora de la mañana, cuando la mente está alerta y fresca; trata de evitar el atardecer, cuando la conciencia se prepara para dormir. Cierra los ojos y concentra tu atención en el centro del pecho, donde está el corazón. (El corazón físico está desviado hacia la izquierda, pero eso es irrelevante en este caso: el centro espiritual del corazón se encuentra directamente detrás del esternón.)

Toma conciencia de tu corazón como espacio. No trates de oír sus latidos ni ningún otro sonido que pueda hacer al bombear la sangre. El centro que debes hallar es un punto de conciencia por donde entran los sentimientos. En su forma pura está vacío, lo impregna la falta de peso, la ausencia de preocupaciones, la paz y una luz sutil. Esta luz puede presentarse blanca, dorada, rosada o azul. No te esfuerces por hallar luz alguna. No trates, por ahora, de percibir la pureza del centro del corazón; sólo necesitas sentir lo que haya allí.

Permite que tu atención repose tranquilamente en ese punto, respira con suavidad y percibe el aliento que va hacia el centro del corazón. Tal vez te convenga visualizar una suave luz de tono pastel o una frescura que invade el pecho. Deja que el aliento entre y salga; mientras tanto, pide a tu corazón que te hable. No expreses esto como una orden; basta con la vaga intención de que tu corazón se exprese.

Durante los cinco o diez minutos siguientes, permanece inmóvil, escuchando. El corazón empezará a liberar emociones, recuerdos, deseos, temores y sueños allí acumulados durante mucho tiempo; entonces te descubrirás prestando atención.

Es posible que, casi al momento, recibas un destello de fuerte emoción, positiva o negativa, o un recuerdo olvidado. El ritmo respiratorio puede alterarse. Tal vez suspires o lances alguna exclamación ahogada. Deja que la experiencia transcurra. Si te adormeces o comienzas a soñar despierto, no te preocupes. Simplemente, devuelve tu atención al centro del corazón. Te hable con miedo o tristeza, deleite o placer, su mensaje será igualmente beneficioso.

El objeto de esta meditación es prestar atención al corazón.

Al continuar con este ejercicio notarás que tres cosas se van uniendo de manera natural: meditación, purificación y atención. Estás aprendiendo a escuchar el significado espiritual de tu corazón: esto es meditación. Estás permitiendo que el material reprimido surja para ser eliminado: esto es purificación. Estás escuchando a tu corazón sin juzgarlo ni manipularlo: esto es atención.

Puesto que este proceso es como lavar una camisa para revelar su blancura, no te inquietes si aparecen fuertes emociones negativas y hasta molestias físicas. Ten en cuenta que esas emociones se están retirando; pídeles, simplemente, que lo hagan sin estorbos, cómodamente. Si surgen voces de temor, ira o duda, pídeles que se retiren con tanta facilidad como deseen. (En el caso de que persista un dolor en el pecho, sobre todo si hay antecedentes cardíacos en tu familia, deberías consultar a tu médico, por supuesto.)

MEDITACIÓN AVANZADA

Cuando lleves algunos días o semanas practicando esta meditación, sabrás si quieres convertirla en parte permanente de tu rutina diaria. Creo que prestar atención a lo que nos dice el corazón es un agregado valioso a cualquier programa espiritual; vivir desde el centro del espíritu es un objetivo constante para quien está en el camino.

A medida que avances en la práctica, comenzarás a notar que sensaciones, pensamientos, recuerdos, ensoñaciones y manifestaciones físicas aleatorias empiezan a decrecer. El centro del corazón se revelará poco a poco tal como es en realidad: silencio, paz, un cálido resplandor o una luz sutil. Aun cuando esos destellos sean fugaces, descubrirás en ti algunos cambios fuera de la meditación. Empezarás a caminar con paso más animado. En momentos inesperados experimentarás en el pecho una sensación de plenitud; tal vez quieras aspirar profundas y satisfactorias bocanadas de aire. Cuando menos lo esperes te invadirán oleadas de regocijo y bienestar.

Todo esto es señal de que se está aflojando la tensión que la mayor parte de las personas tiene alrededor del centro cardíaco. Este centro debería estar siempre abierto y relajado. Para que puedas recibir un esclarecimiento espiritual profundo, primero debe existir esta apertura. El constreñimiento, el miedo y la tensión impiden que el espíritu entre en ti. En verdad, el espíritu no entra, puesto que está siempre ahí. Pero establecer contacto con él es como sentirse invadido de luz y comprensión; es lo que llamamos «flujo del amor».

Amor y espíritu forman un vínculo cada vez que meditas sobre el corazón, desde la primera vez. La meditación avanzada profundiza esta experiencia y la torna más consciente. A medida que progreses en esta práctica, te resultará cada vez más fácil ir a tu corazón en busca de consejo y sabiduría o, simplemente, para sentirte amado. No hace falta hablar con palabras a tu corazón; él tampoco necesita hacerlo. El lenguaje del espíritu viene a nosotros como una callada seguridad, como autoaceptación, paciencia y apreciación del simple hecho de existir. Según se desarrollen estas cualidades irás madurando en tu experiencia del centro cardíaco.

En nuestra vida

«¿Quién me rescatará?»

Se llamaba Nina. Aparentemente, parecía tener un control total sobre su vida. Era una mujer inteligente y bien dotada, con recursos financieros independientes, que además utilizaba con solidaridad. En lo privado era intensamente espiritual. Acostumbraba a llamarme por teléfono, a altas horas de la noche, sin poder esperar para hablarme de algún nuevo descubrimiento que la había excitado en su voraz lectura de maestros, escrituras y «mensajes» de todo tipo. Yo había conocido a Nina en Boston, cuando ella formaba parte de la junta directiva de nuestro hospital; ese mismo año había asistido a su nuevo casamiento.

Se celebró en una ladera de Oregón, frente a un espectacular crepúsculo sobre el Pacífico. Los novios intercambiaron votos nada convencionales; aparte de los elementos extraídos del familiar oficio cristiano, agregaron una plegaria budista y versos de la Nueva Era sobre las almas gemelas que se buscan a través del universo. En el aire se sentía caer el gozo del cielo crepuscular como una lluvia cálida y nutritiva.

Para Nina, esta ceremonia constituía un hito importante en su vida. «Esta vez voy a hacer bien las cosas», había declarado. Tenía cuarenta y cinco años y dos hijos, ya crecidos, de un matrimonio anterior. Su divorcio había sido el resultado de un desarrollo en el que había dejado atrás la vieja imagen que tenía de sí misma, mucho más convencional que espiritual.

—Vivía tal como me había enseñado mi madre —decía—: «No pienses en ti misma, haz feliz a tu esposo y a tus hijos, que si en tu amor no hay egoísmo todo se resolverá solo.»

Sin embargo, habían pasado diecinueve años y Nina no se sentía amada. Con su amor había sustentado a otras personas, pero no a sí misma. Decidió buscar una mejora por sus propios medios. Rápidamente se sucedieron la terapia, los retiros de meditación y los grupos femeninos. Cuando su esposo se resistió a esos cambios, Nina se sintió asustada, pero decidida. La puerta hacia la autoexploración estaba abierta; ella quería que sus relaciones fueran un reflejo de la persona nueva en la que estaba tratando de convertirse.

«Si mi primer esposo insistía en mantenerme dentro de una caja en la que yo no quería estar —explicaba—, entonces no era la persona que más me amaba. Tardé mucho en entenderlo, pero eso era lo que yo deseaba del matrimonio: estar con una persona que me aceptara y me permitiera crecer. Ésa es la idea que tengo de la persona que más me ame.» Nina creyó haber encontrado a ese compañero en Gregory; pocos meses después de su divorcio, tras un idilio vertiginoso que se inició porque ambos tenían el mismo terapeuta, se precipitó al casamiento.

Diez meses después nos encontramos en una recepción.

—¿Cómo está Gregory? —le pregunté.

Se le nubló la vista.

—Oh, tenemos algunos problemas. A los dos nos pareció mejor separarnos durante algún tiempo. No sé... sucedieron algunas cosas. —Su voz se apagó; parecía exhausta. Apenas reconocí a la mujer que tantas esperanzas había depositado en su matrimonio.

Más tarde, Nina me reveló que, si bien Gregory no era dominante ni exigente, como su primer esposo, ella se descubría enfadada con él y desconfiaba de los motivos por los que se había casado con ella; ambos eran espirituales, pero el amor espiritual que ella esperaba no aparecía. Me dijo algo sumamente revelador:

—¿Quieres saber algo? Todas las mañanas, al despertar, me repito la misma pregunta: «¿Quién me rescatará?»

—¿Y quién crees que lo hará? —pregunté.

Se encogió de hombros.

—Tal vez nadie. No sé.

Conociéndola bien, yo estaba seguro de que no se consideraba una simple víctima ni una damisela en apuros. Existía una razón más profunda para que surgiera esa pregunta. Nina expresaba el miedo fundamental y obsesivo de la soledad. «¿Quién me rescatará?» significa: «¿Voy a sobrevivir por mí misma?» Este miedo revela nuestra enorme necesidad de seguridad, tan dominante que suele bloquear la comprensión, el coraje y la libertad que en verdad precisamos, pero que no sabemos buscar.

En cuanto pudimos pasar un rato a solas le planteé todo esto; le comenté que, en mi opinión, la celeridad de su noviazgo y la subsiguiente decisión de casarse con Gregory decían lo insegura que se sentía después del divorcio.

—Cuando iniciamos un camino espiritual partimos en un viaje solitario; sin embargo, los antiguos condicionamientos nos dicen que hay peligro en recorrerlo solos, especialmente para las mujeres; que no podemos hacerlo sin apoyo exterior. En otras palabras: el compromiso contigo misma colisiona con tu creencia de que debes comprometerte con un compañero. La sociedad está cambiando; ahora se acepta más que antes la independencia para ambos sexos. No obstante, eso no cambia la sensación de soledad que te atenaza cuando te desprendes de viejas convenciones, viejos modelos y patrones sociales.

—¿Eso significa que debo elegir entre casarme o estar sola? —preguntó Nina.

—No —respondí—; es tu miedo el que habla. Tu amor por Gregory puede ser el punto de partida para hallarte a ti misma. Y estas dos cosas no son incompatibles.

La espiritualidad se inicia con una visión, pero la realidad no concuerda con esa visión. Es el camino lo que las une. La mayoría de quienes desean experimentar el crecimiento interior comienza, como Nina, leyendo una vasta literatura inspiradora. Descontentos con la distancia que existe entre su propia vida y la existencia iluminada que descubren en sus lecturas, inician la ruptura. Inevitablemente habrá personas (como el primer esposo de Nina, los padres o viejos amigos) que no se adecuen a la visión espiritual. Sin embargo, a la hora de la verdad, nada parece haber cambiado después de la ruptura. Aún está allí la obsesiva sensación de inseguridad y soledad, de confusión y conflicto.

Pero en vez de sentirte desencantado por este «fracaso» debes comprender que toda obra espiritual debe ser realizada por ti mismo, contigo mismo y para ti mismo. «Ahí fuera» no hay nadie que pueda asumir la responsabilidad. No hay nada malo en tomar conciencia de la distancia entre visión y realidad, porque eso es lo que siente quien está en el camino. Si no tuvieras abismos que franquear no necesitarías camino alguno.

Todos iniciamos el camino hacia el amor por necesidad; pero en cierto punto la necesidad puede ser destructiva, pues nace de la carencia y del miedo. Es preciso equilibrarla con otros dos ingredientes: disposición a la transformación y apoyo en esa transformación.

No es fácil cumplir todos estos requisitos; si no conoces su existencia, resulta casi imposible. A una mujer altamente motivada, como Nina, le resultaría especialmente difícil exponer su vulnerabilidad, expresar directamente su necesidad. Su disposición a cambiar parecía auténtica, puesto que era el motivo de su divorcio, pero ¿era realmente profunda? Al escoger a Gregory, que tenía tanta experiencia en asuntos espirituales, buscó lo opuesto a su primer esposo; pero tal vez Gregory veía con demasiada claridad sus inseguridades. Al final, el apoyo depende de que podamos recibirlo cuando se nos ofrece; no era seguro que Nina estuviera del todo abierta a compartirse con un hombre al que conocía desde hacía unos pocos meses antes de iniciar la convivencia.

Necesidad, disposición y apoyo: las tres cosas son necesarias para iniciar el camino hacia el amor. Son señales para indicar al espíritu que uno está dispuesto a apartarse de los tradicionales estilos de vida, porque ya no pueden convertirse en nuevos.

Le dije a Nina que en su pregunta «¿Quién me rescatará?» había un significado más profundo. Estaba expresando la intuición de que iba a ser rescatada, pero no por un hombre. Era su propio espíritu el que la llamaba al camino.

Le pedí que practicara la meditación sobre el corazón. Según me dijo, esto es lo que sintió: exclamaciones ahogadas y momentos de respiración irregular, ocasionales sollozos seguidos de suspiros profundos y relajados, punzadas en el pecho, rigidez en el cuello y el abdomen, inquietos impulsos de abandonar la meditación y levantarse de un brinco. Cuando le pregunté qué sucedía en su mente, habló de viejos recuerdos, oleadas de tristeza, fantasías, repetición obsesiva de preocupaciones diarias y fugaces momentos de silencio.

Esto es muy típico en la persona que comienza a abrirse al espíritu: se estaba produciendo una gran purificación, a medida que el sistema mente-cuerpo comenzaba a liberar sus antiguas energías. La transformación de Nina, como todo lo que se deposita en las manos del espíritu, prometía ser de una belleza tremenda. Por el momento, empero, ella estaba demasiado enredada en sus confusiones como para verlo así.

En cierto momento de la conversación, Nina se sobresaltó ante un comentario mío.

—Si no te molesta que te lo diga, me gustas así —dije.

—¿Cómo? ¿Hecha un desastre? —inquirió.

—En primer lugar, no creo que estés hecha un desastre. Estás en fermento, lo cual es muy diferente. Tu confusión te ha abierto.

—Querrás decir que ha puesto mi vida patas arriba —corrigió.

—¿Y qué hay de malo en eso? Todos somos vulnerables. Quienes se empeñan en negarlo se ven forzados a vivir dentro de un caparazón de negaciones. Y eso no es lo que tú quieres.

De pronto pareció cansada.

—Sólo quiero ser feliz.

—Es lo que todos queremos, pero tú apuntas mucho más alto —observé—. Quieres ser real. Y estás dispuesta a enfrentarte a lo que haga falta para conseguirlo. Así se expresa tu espíritu en estos momentos.

Su talante cambió; me dedicó una débil sonrisa.

—Sería de gran ayuda tener un cálido cuerpo junto al mío.

En la situación de Nina no hay nada obviamente «espiritual»; pero, de hecho, el camino hacia el amor nos llama con más fuerza cuando ya no funcionan las conductas, creencias y enfoques de antes. El fermento, la inquietud y el descontento marcan siempre el comienzo del camino.

Al separarnos, Nina y yo nos abrazamos.

—En estos momentos no te sientes amada —dije— y dudas de ser digna de que te amen. Sientes, en cambio, que has fracasado o que te han fallado. Deja correr todas esas emociones; no trates de huir de ellas. Pero recuerda que la verdadera cuestión se encuentra en otro sitio: estás atrapada en una definición del amor que resulta demasiado limitada. Expande tu definición, permite que tu concepción del amor vaya más allá de tus necesidades emocionales; entonces toda tu perspectiva cambiará. No verás derrotas ni fracasos. Todo lo contrario, verás la perfección. En todo momento, desde que fuiste concebida en el vientre, tu vida ha sido amor. Tu existencia es una expresión de amor, la única expresión real que puede tener. Todo lo demás es ilusorio.

3

El espíritu del idilio

En nuestra cultura, no nos enseñan que enamorarnos sea un hecho espiritual; sin embargo, durante siglos enteros ésa fue la interpretación establecida. Cuando se preguntaba: «¿De dónde proviene el amor?», la respuesta universal era: «De Dios.» Según el Nuevo Testamento:

Quien no ama no conoce a Dios, pues Dios es amor.

En todas las religiones, la vida de los santos ha expresado el amor en su dimensión espiritual; asimismo, la más humilde de las personas enamoradas comprendía que estaba pisando territorio sagrado. Con el paso de los siglos, esa conexión divina se perdió, sobre todo en Occidente, y el amor romántico se convirtió en un asunto más terrenal, más centrado en los encantos seductores de otro individuo («Cómo te amo, déjame contar las maneras»).

En términos espirituales, enamorarse es una apertura, una oportunidad de entrar en la atemporalidad y permanecer allí, de conocer las modalidades del espíritu y traerlas a la tierra. Todas las aperturas son temporales; ésta no es una limitación propia del enamoramiento. La verdadera cuestión es qué debemos hacer con la apertura. Las más elevadas cualidades espirituales (verdad, fe, confianza y compasión) crecen a partir de pequeñísimas semillas de experiencia cotidiana. Esos primeros brotes son excesivamente vulnerables y no hay garantías de que no se marchiten hasta morir. ¿Cómo podemos proteger esa frágil apertura del corazón, nutrirla hasta que se desarrolle en etapas de crecimiento más sustanciales?

Para ello debemos examinar el idilio, la primera etapa en el viaje del amor, como parte del ciclo atemporal que brinda un conocimiento cada vez mayor de la realidad espiritual. Naturalmente, las impresiones de esta primera etapa nos remiten a las de un nuevo nacimiento:

> *El amor sabe que existes y se interesa por tu existencia.*
>
> *El espíritu atemporal puede tocarte en este mundo de tiempo.*
>
> *Al nacer de nuevo el corazón, verás un mundo nuevo.*
>
> *El amor nunca es viejo, sino que se renueva con cada amante.*
>
> *Cuerpo y espíritu pueden compartir los mismos deleites.*
>
> *Todas las personas son inocentes a la luz del amor.*

Cuando te enamoras, estas impresiones vienen a ti como agua fresca; sin embargo, son tan antiguas como el mismo camino hacia el amor. El amor romántico es tan sobrecogedor que resulta fácil descuidar el valor de estas impresiones; figuran entre las más gozosas que alguien pueda experimentar aquí, en la tierra. Para los amantes, el crecimiento interior se inicia en un estado de éxtasis.

El idilio consta de cuatro fases características. Aunque no todos las experimentamos de la misma manera, las cuatro emergen espontáneamente cuando tus sentimientos hacia otra persona van más allá de la amistad, hacia el apego apasionado. Esas cuatro fases son:

Atracción
Encaprichamiento
Cortejo
Intimidad

La atracción comienza cuando una persona, por medios totalmente desconocidos e inconscientes, elige a otra para dejarse deslumbrar por ella. Pronto sigue el encaprichamiento, en el cual el amado se torna absolutamente deseable y lo abarca todo; en lo más hondo del enamoramiento, la imaginación del amante llega a ser extrema y delirante. Si no hay barreras insuperables, llegará a continuación la fase del cortejo, en que se galantea al amado para crear la misma atracción que abruma al amante.

Si el cortejo tiene éxito, llega la intimidad. Entonces se puede satisfacer el estímulo sexual subyacente, que desempeña un papel muy importante en el idilio, en un principio constreñido por la vía de escape de la fantasía. Mediante la intimidad, la unión de dos personas comienza a desarrollarse en el mundo real antes que en una psiquis aislada. Amanece la realidad; las idealizadas imágenes de los amantes son puestas a prueba contra la persona real. Para bien o para mal, se produce un desenmascaramiento de la fantasía y se despeja el camino para la siguiente etapa en el viaje del amor: la relación.

Estas cuatro etapas del idilio se suceden naturalmente en una secuencia lineal, pero al mismo tiempo describen un círculo completo. Por un tiempo, amante y amado se ven exentos de la realidad cotidiana; un extraordinario estado de emoción y atracción los pone en un plano privilegiado. Una vez desenmascarada la fantasía, los amantes se descubren volviendo a la realidad o aprenden de la experiencia, que integrarán luego a un mayor crecimiento del amor.

Aunque sucede espontáneamente, enamorarse no es algo accidental; no hay accidentes en la vida espiritual: sólo patrones aún desconocidos.

Todo amor se basa en la búsqueda del espíritu.

Esto es lo primero que se percibe en el amor romántico; no se trata de dos personas que se hayan enamorado locamente, sino de dos personas que ven cada una el espíritu en la otra.

De la antigua India proviene una expresión de esta idea; el mítico rey Yajnavalkya habla de amor a su reina con estas palabras:

> En verdad, no es por el esposo que el esposo es querido, sino por el Yo.
>
> Y no es por la esposa que la esposa es querida, sino por el Yo.
>
> Y no es por los hijos que los hijos son queridos, sino por el Yo.
>
> De hecho, mi bienamada, es el Yo lo que debería ser visto, el Yo lo que debería ser oído, el Yo aquello sobre lo que deberíamos reflexionar y el Yo lo que deberíamos conocer.

Este fragmento de «la enseñanza del gran bosque» *(Brihadaranyaka Upanishad)* tiene miles de años de antigüedad. Si lo que proclama es cierto, enamorarse es innegablemente un acto del alma. El hecho de enamorarte te impulsa a una apasionada fusión con tu amado; si bien la pasión más profunda se siente por el Yo, fuente de todo amor.

EL SECRETO DE LA ATRACCIÓN

Toda criatura capaz de reproducirse con otra de su especie debe sentir atracción, pero los humanos somos únicos porque vemos *significado* en nuestra atracción. Por ende, existe una enorme diferencia entre enamorarse inconscientemente, como fulminados por un rayo, y el abrazar conscientemente el don del amor, con pleno conocimiento de que eso es lo que ansía tu alma, aquello para lo que vives, lo que antepondrás a todo.

En la antigua India, el éxtasis del amor se denominaba *Ananda*, conciencia de la bienaventuranza. Los videntes de antaño sostenían que los humanos estamos hechos para participar en todo momento de esta *ananda*. Como he apuntado antes, un famoso versículo de los Vedas manifiesta sobre los humanos: «En la bienaventuranza fueron concebidos, en la bienaventuranza viven, a la bienaventuranza retornarán.» *Ananda* es mucho más que placer o que el más intenso de los placeres eróticos. Es una tercera parte de la fórmula que constituye la verdadera naturaleza del espíritu, descrita por los Vedas como *Sat Chit Ananda*, eterna conciencia de la bienaventuranza.

Como veremos, el camino hacia el amor termina con la comprensión plena de esa sencilla frase. *Sat* es la verdad eterna que apuntala todo lo existente; cuando *sat* está bien arraigada no hay mal ni sufrimiento, porque nada queda fuera de la unidad. *Chit* es la conciencia de esa unidad; es la plenitud de la paz, que no tiene posibilidades de ser perturbada por el miedo. *Ananda* es el gozo último de estar en esa conciencia; es la felicidad inalterable hacia la que apunta todo fugaz momento de éxtasis. El camino hacia el amor nos permite conocer plenamente estos tres aspectos, sin duda. Pero el que saboreamos con más frecuencia sobre la faz de la tierra es el último, *ananda*, en el gozo de enamorarse.

La intensidad de la bienaventuranza aparta al idilio de todas las otras formas del amor.

Cuando dos personas caen bajo mutuo hechizo, experimentan una revolución en lo más profundo de su ser, por el súbito descubrimiento de que ha surgido la bienaventuranza. Los maestros espirituales nos dicen que hemos nacido en bienaventuranza, pero esta condición se oscurece en la caótica actividad de la vida cotidiana. Sin embargo, más allá del caos tratamos de hallar nuevamente a *Ananda*; los gozos menores son sólo gotas, mientras que *ananda* es el océano.

Las impresiones que se aplican a esta fase surgen de nuestro anhelo de hallar bienaventuranza:

La bienaventuranza es parte natural de la vida, pero una vez que la cubrimos en nosotros mismos es preciso buscarla en otros.

El dolor del anhelo es una máscara que oculta el éxtasis de la bienaventuranza.

La bienaventuranza no es un sentimiento, sino un estado del ser.

En estado de bienaventuranza todo es amado.

Nuestra sed por retornar a la bienaventuranza es uno de los motivos por los que enamorarse nunca es accidental. Todos sabemos, en nuestro subconsciente, lo que el amor puede hacer por la psiquis. Una persona misántropa, llena de frustración y soledad, se transforma súbitamente, se completa más allá de lo razonable. El éxtasis reemplaza al nerviosismo y la duda. Según el Nuevo Testamento:

En el amor no hay miedo; pero el amor perfecto expulsa al miedo.

Esta bienaventurada sensación de hallarse en un lugar de paz y seguridad perdura a lo largo de las etapas iniciales del idilio, pese a las idas y venidas emocionales que sobrevienen de manera inevitable.

Sin embargo, *ananda* suele ser lo último que esperamos encontrar, pues al enamoramiento le precede un ansioso período de intenso deseo. Ese estado es el negativo del idilio, pero también es su verdadero comienzo, pues sin separación y anhelo no habría atracción. Para hallar bienaventuranza debemos buscar primero donde no la hay. Y en nuestra sociedad no es tarea difícil.

LA BÚSQUEDA ANSIOSA

La atracción depende de encontrar a alguien a quien amar o de que ese alguien te encuentre a ti; es aquí donde surgen las dificultades. Si no hay nada más exaltado que enamorarse, también es cierto que nada parece despertar más temor. Hay una búsqueda constante y ansiosa de relaciones que parece obsesionar a nuestra sociedad entera. Vivimos inundados por imágenes de atracción romántica; sin embargo, irónicamente, la cosa real parece muy elusiva; cuanto más encanto seductor amontonan la televisión y las películas, más tenuemente parecemos comprender lo que es en verdad el amor.

La sensación de enamorarse no es difícil de describir. Se la ha comparado con mil deleites, desde la dulzura de la miel a la fragancia de la rosa. Sus imágenes son innumerables; nos rodean por todas partes, como si la inmersión total pudiera, de algún modo, resolver nuestra inseguridad subyacente. Empero, cuando en verdad aparece el idilio resulta más embriagador que cualquier imagen preparada, porque destila amor y deseo, anhelos y tierno sufrimiento, el gozo de un solo contacto y el tormento de un solo instante de separación.

Todo esto lo sabemos, pero el conocimiento poco puede hacer para borrar la nerviosa sensación de que el amor no llegará nunca, de que hay algo malo en nosotros y, por lo tanto, no merecemos este asombroso don del enamoramiento. Para la mayoría de nosotros, la búsqueda de amor está impulsada por dos potentes fuerzas psicológicas: una fantasía del idilio ideal y el miedo al fracaso, a no ser amados jamás. Estos dos impulsos son contraproducentes, aunque de maneras distintas. Si llevas contigo una fantasía idealizada de lo que debería ser el amor, pasará inadvertido cuando en verdad se cruce en tu camino. El verdadero amor no se inicia con un éxtasis total, sino con las interacciones cotidianas que encierran la semilla de la promesa. Es fácil pasar por alto las primeras señales del amor, y nada nos ciega tanto como las imágenes mentales fijas.

De modo bastante parecido, si vives en estado de ansiedad, preguntándote si alguien te escogerá para el amor, jamás resultarás atractivo para nadie, pues nada mata el idilio tan rápido como el miedo. Esforzarse por ser atractivo es sólo otra forma de la desesperación que el prójimo detecta, por mucho que te esfuerces en disimularla. No obstante, nuestro condicionamiento social es tan fuerte que se gastan miles de millones más en cosméticos, moda y cirugía plástica que en psicoterapia, por ejemplo, cuando tratar las neurosis haría a la gran mayoría mucho más atractiva que una figura esbelta o ropa exclusiva.

Pese a su carácter contraproducente, cuando buscamos amor casi todos volvemos a estas dos motivaciones: la fantasía y el miedo. Impulsados por ellas, hombres y mujeres encaran el idilio con conductas que jamás podrán causar lo que esperan alcanzar. Todas estas tácticas nacen de escuchar una voz interior que nos obsesiona con el amor y dirige nuestra búsqueda, aunque la voz en sí es bastante desamorada. La mayoría de estas conductas fútiles resultan sumamente familiares:

- Nos comparamos constantemente con un ideal que jamás podremos cumplir. La desamorada voz interior nos empuja diciendo: «No eres lo bastante bueno, lo bastante delgado, hermoso o feliz, lo bastante seguro.»
- Buscamos la aprobación ajena. Básicamente, esta conducta proyecta nuestra insatisfacción interior con la esperanza de que alguna autoridad externa nos la quite del alma. En este caso, la desamorada voz interior dice: «No des un paso hasta que aparezca la persona adecuada.» (La persona adecuada, en este caso, es algún personaje de cuento fantástico, que tocará al patito feo para convertirlo en cisne.) Como se trata de una ficción imposible, esa persona no aparece nunca.
- Suponemos que el enamorarse es completamente mágico, un rayo del cielo que se presenta al azar, generalmente cuando menos se lo espera. Muchas personas esperan pasivamente a que se produzca esta magia. Aunque disfrazada de esperanza, en realidad esa pasividad es una forma de desesperanza, pues la desamorada voz interior está diciendo: «No hay nada que puedas hacer, salvo esperar a ver si alguien te ama.» La creencia subyacente, en este caso, es que no merecemos amor, ese amor apasionado y satisfactorio de nuestros sueños. La esperanza de que alguien nos busque para darnos su amor equivale a renunciar a nuestra capacidad de crear la propia vida.
- Finalmente, confiamos en que el amor retire los obstáculos que lo mantienen apartado. Permitimos la subsistencia de todo tipo de conductas desamoradas, con la idea de que nos volveremos afectuosos, fran-

cos, confiados e íntimos con un solo toque de la varita mágica del amor. Esa desamorada voz interior nos mantiene sumidos en una inercia total con sólo decir: «No importa cómo trates a toda esta gente. Después de todo, ellos no te aman; cuando aparezca la persona ideal, importarán aún menos.» En este caso, la creencia subyacente es que podemos escoger a quién amar y dejar a los rechazados en un limbo de indiferencia.

¿Es posible hallar otro modo de encarar el idilio, sin fantasía ni miedo, sin escuchar la temerosa voz que, dentro de nosotros mismos, halla el modo de mantener el amor a distancia?

«PARA AMAR, SÉ AMABLE»

Para empezar, no podemos continuar reduciendo el idilio a un estado emocional; es preciso redefinirlo como una rendición ante el misterio de nuestro propio espíritu (*sat chit ananda*), pues bajo la turbulencia de las emociones, eso es en verdad el idilio: un estado en el que la relación primaria no se da con el amado, sino con tu Yo. Por lo tanto, el idilio comienza cuando puedes mostrar tu alma a otra persona.

El secreto para ser atractivo, si consultamos los registros pasados de la experiencia humana, es notablemente simple. Lo resume un aforismo del poeta latino Ovidio, quien dijo: «Para amar, sé amable.» Amable es la persona natural, que se siente a gusto consigo misma e irradia esa humanidad sencilla y sin afectaciones que torna a alguien realmente atractivo.

A veces, empero, las soluciones más sencillas son las más difíciles de lograr. La gente se descubre atrapada en esa desesperada búsqueda de amor justamente porque no se siente amable. Falta justamente esa condición que conduce al idilio. Triste es decirlo, pero hay muchos que nunca se han sentido amables, ni siquiera en la infancia, cuando las defensas contra el amor son menores y, por lo tanto, podemos acercarnos a él con la más espontánea de las inocencias. El niño al que le cuesta pedir afecto y atención, que no florece cuando se los brindan, o aquel que vive sin que se satisfagan sus reclamos, ha sido privado de la esencia misma de la niñez. Aun para quienes fuimos debidamente amados cuando niños y, por lo tanto, estamos en contacto con nuestro merecimiento de amor, resulta increíblemente difícil sacarlo a relucir en el actual clima social.

Ser amable no es una cualidad superficial: es una cualidad del espíritu. *Ananda* no puede ser destruido: sólo cubierto. Al final, si puedes verte como espíritu, no importará qué condicionamientos hayan existido en el pasado, si tuviste la suerte de criarte con valores amorosos o la gran desgracia de que te desalentaran y te hicieran sentir feo e inútil. Recuerda que, en nuestro ser más interior, todos somos absolutamente amables, porque el espíritu es amor. Más allá de lo que se te pueda hacer pensar o sentir sobre ti mismo, tu espíritu no condicionado se mantiene, reluciendo con un amor que nada puede enturbiar.

Si el secreto de la atracción es, en verdad, ser amable, no hay necesidad de buscar ansiosamente, pues tu propio ser, que nunca puede perderse, no necesita ser hallado. Puedes terminar con ese inútil proceso de hacerte atractivo para el prójimo, de esperar constantemente la respuesta de alguien, de compararte desesperadamente con una imagen ideal. El único requisito es un cambio de percepción, pues quienes no pueden hallar el amor se perciben como indignos de amor. Eso no es cierto, pero ellos le dan aspecto de verdad al ligar su percepción a un poderoso sistema de creencias.

Lo que crea el idilio es la capacidad de considerarte amable.

Este cambio de percepción no se produce cambiando lo que eres, sino apreciando quién eres y haciéndolo brillar en la superficie. Si pudieras exhibir toda la grandeza de tu ser, tu vida entera sería un idilio, una larga historia de amor dedicada al éxtasis y al gozo. Rumi lo expresa con elegancia al declarar:

> *Por Dios, cuando veas tu belleza*
> *serás el ídolo de ti mismo.*

Nada es más bello que lo natural. Contiene, por sí solo, el misterio y el atractivo que despierta el idilio. No viene al caso tratar de ser estéticamente atractivo, pues aquí estamos hablando de autenticidad.

Todos codiciamos imágenes de gente sumamente deseable: por lo general, actores y modelos que se ganan la vida mostrándose deseables. Sin embargo, lo más probable es que se sientan sumamente inseguros acerca de si son deseables, puesto que es un valor sujeto a los caprichos de un público al que jamás han conocido. Aspirar a estas imágenes es aspirar a ser algo que no se es.

Cuanto más lejos estás de la imagen deseada, más tienes que esforzarte por suprimir lo que en verdad eres. La tendencia es volverse cada vez menos auténtico, hasta que por fin, si «triunfas» en tu intención de tornarte tan deseable como tu imagen, habrás echado a perder lo que tienes de más deseable: tu ser único y polifacético. Este ser no responde a una sola imagen, fea o hermosa, deseable o indeseable, ya que expresa la luz cambiante y mutable de la vida. Esta luz es, ante todo, ambigua. Tu ser contiene sombras e insinuaciones de significado; es totalmente misterioso.

Para ser auténtico tienes que ser todo lo que eres, sin omitir nada. Dentro de cada uno hay luces y sombras, bien y mal, amor y odio. Es el juego de estos opuestos lo que empuja constantemente la vida hacia delante; el río de la vida se expresa en todos sus cambios, de un opuesto al otro. Si puedes, en verdad, abarcar estos opuestos dentro de ti, serás auténtico; a medida que se expanda tu autoaceptación, hasta que no haya nada de lo que te avergüences, nada que ocultar, tu vida adquirirá la generosidad y el calor que caracteriza a todo gran amante.

Ser deseable significa sentirte cómodo con tu propia ambigüedad.

La ambigüedad última que expresa cada uno de nosotros no es que podamos ser a un tiempo buenos y malos, amorosos y desamorados, sino que somos, al mismo tiempo, carne y espíritu. Nada podría ser más ambiguo que esto; tampoco más tentador.

Práctica de amor

Aceptar la ambigüedad

La mayoría pierde el tiempo tratando de ganar atractivo, concentrándose sobre todo en el plano más superficial de la atracción: el físico. La belleza física, además de ser pasajera (lo cual significa que concentrarte en ella rendirá dividendos cada vez menores con el paso del tiempo), jamás alcanza sus ideales.

Si eres prisionero de las imágenes físicas, en el fondo estás seguro de que nunca serás lo bastante atractivo. Esta certidumbre lleva a las mujeres a mejorar obsesivamente sus inevitables puntos débiles por medio de ropas y cosméticos. Aunque los hombres resten importancia al tema de la belleza, achacándolo a vanidad femenina, las enormes sumas que gastan en coches deportivos, juegos de golf y trajes elegantes son producto de la misma inseguridad. Sólo hay un modo de romper con el contraproducente síndrome de «jamás luciré lo bastante bien».

Lo que te hace realmente atractivo no es disfrazar tus puntos débiles, sino aceptarlos.

Asumir tus puntos débiles equivale a aceptarte tú mismo, y no hay nada más atractivo que una persona que se siente a gusto consigo misma. Los puntos débiles no tienen por qué ser físicos; en esta categoría entra cualquier rasgo que, a tu modo de ver, te reste atractivo, incluyendo las fallas psicológicas, la falta de dinero o éxito, una posición social baja y actos pasados que creas necesario ocultar.

La persona que exhibe tanto sus cualidades positivas como las negativas, sus fuerzas y sus debilidades, no es defectuosa, sino completa. En algún momento nuestra conducta tiene matices; nunca es una simple cuestión de blanco o negro. Estos matices son lo que denomino «el atractivo de la ambigüedad». El ejercicio siguiente ayuda a desarrollarlo. Tómatelo como una actividad libre, para respetar el espíritu de la ambigüedad.

LLENAR LAS SOMBRAS

La finalidad del ejercicio siguiente es tomar cualquier cualidad que creas poseer y demostrar que también posees su opuesto... y muchas variantes intermedias. Puedes realizarlo mentalmente, pero te recomiendo lápiz y papel.

Escribe o piensa una característica que te haga poco atractivo para el prójimo. Puede ser física o psicológica: lo primero que te venga a la mente. Supongamos que es: «Soy demasiado egoísta.»

Pregúntate si también tienes el rasgo opuesto, o sea: «Tengo en cuenta las necesidades ajenas.» Si esto te parece demasiado altruista, prueba con: «No siempre soy egoísta.» (Esto debe de ser verdad, pues nadie puede ser egoísta todo el tiempo.) Una vez aclarado esto, fíjate en que el ser considerado no anula el ser egoísta, sino que agrega otro matiz al cuadro. Todas las características, buenas y malas, son relativas. Nunca pueden describir por completo lo que en verdad eres.

Realmente no eres una colección de partes, sino un todo. Considerarte un todo es el primer paso para verte atractivo.

Todos tenemos la tentación de criticarnos con saña; lo que te hace sentir poco atractivo no son las partes, sino esa autocrítica.

Pasa ahora a otra cualidad indeseable; esta vez elige una muy trivial, hasta el punto de que te avergüence reconocer que te preocupa; por ejemplo: «Soy demasiado ancha de caderas.»

Busca el opuesto de la vergüenza por esa característica, que se podría expresar de diferentes maneras, por ejemplo «Marilyn Monroe tenía caderas anchas y era hermosa» o «La última vez que me sentí a gusto conmigo misma no pensaba en mis caderas» o «Alguien que me ama de verdad me ha asegurado que no le importan las caderas».

Estas respuestas funcionan en diferentes planos. Si tus amigos dicen que no se fijan en tus caderas, la cuestión puede ser no si ellos tienen razón, sino si tú les crees. Al ver la mayor ambigüedad de la situación, comienzas a captar lo complejo e interrelacionado que está todo en ti. Cuando rompas el encierro de tu condicionamiento y desafíes el concepto que tienes de un punto débil o negativo con la consideración de su opuesto, permitirás que tu mente vea una imagen más amplia de ti mismo.

Puedes convertir esto en un ejercicio muy creativo. Supón que escribes «Hablo mal de mis mejores amigos», característica que a casi todos nos parecería muy poco atractiva. La cualidad opuesta podría ser: «Quiero de verdad a mis mejores amigos.» ¿Cuál es la relación entre estos rasgos opuestos? Tal vez no te resulta fácil decir a tu mejor amigo que estás enfadado o desilusionado; quizás atacas indiscriminadamente cuando te sientes mal contigo mismo; puede que, en tu desesperación por gustar, critiques a tus amigos para reforzar la opinión ajena.

Todas estas alternativas subrayan una sola verdad: sólo eres humano. Cuando comprendas que lo mismo vale para todas las personas que conoces (y también para todas las estrellas que tu sociedad celebre en los medios), te sentirás más a gusto, tanto con la gente más atractiva como con la menos atractiva. Cuanto más te aproximes a apreciar el atractivo de todos y cada uno, más te aproximarás a la perspectiva de Dios.

> *La igualdad es el primer paso hacia la aceptación; aceptación es amor.*

Prueba a articular algunas más de tus peores características. Luego pasa a las buenas. ¿Qué es lo más atractivo de ti? «Tengo unos ojos bonitos.» «Adoro a mis hijos.» «Trabajo como voluntario con enfermos de cáncer.» Anotes lo que anotes, piensa si no existe también lo opuesto. «Cuando estoy celoso o enojado, mis miradas no son muy bonitas.» «A veces querría huir de mis hijos.» «Los enfermos me deprimen tanto que preferiría no ver ni uno más durante el resto de mi vida.» Cuando encuentras en ti mismo algo bueno o algo malo, es inevitable que también exista en ti el impulso contrario. No ha existido un solo santo que no criticara y odiara a Dios en su peor momento; no hay amante tan embelesado que no se haya fijado en el atractivo de otra mujer.

La etapa final de este ejercicio requiere leer la lista siguiente:

Es correcto ser bueno y ser malo.

Me gusta sentir cosas distintas por los más allegados.

La bondad puede encerrar irritación; el sarcasmo puede ser divertido.

Mi mejor amigo no se horrorizaría de verme en mi peor momento. Mi peor enemigo se llevaría una agradable sorpresa si me viera en mi mejor momento.

Responder a la imagen que tengo de mí mismo es más agotador de lo que pienso.

Jamás seré perfecto. Lo reconozco.

Hay un ángel que vela por quienes saben reír frente a la miseria.

Es bueno encontrarle atractivo al villano y aburrido al héroe.

La próxima vez que alguien me elogie, le creeré.

A veces ser muy pedagógico libera los males.

Lo peor que alguien pueda decir de mí tiene algo de verdad... sobre quien lo dice.

Es posible que compartas algunas de estas aseveraciones; otras pueden parecerte ridículas o inaplicables. Sea como fuere, la próxima vez que te sientes a hacer este ejercicio repasa la lista. Tal vez te sorprenda comprobar cuánto más aceptable te resulta. Asumir tu propia ambigüedad te abre a la verdad de que la vida en sí misma no puede menos que ser ambigua. Y eso es lo que la hace tan fascinante.

EN NUESTRA VIDA

¿Qué importan algunas canas?

Cuando Jeanne encontró un frasco de tinte negro para el pelo en el cajón de Alan, lo atribuyó a un simple toque de vanidad en un hombre ya maduro. Siempre había pensado que su esposo era sumamente atractivo; de hecho, considerando que él era siete años y medio menor, Jeanne se sentía secretamente halagada por haberlo conquistado. Al mirarse en el espejo se encontraba más canas de las que podía tener él.

Había descubierto el frasco de tinte ya entrada la noche, mientras buscaba aspirinas; estaba en un cajón que rara vez abría. A la mañana siguiente se lo comentó a Alan, en el momento en que él salía precipitadamente. Éste puso cara de extrañeza y dijo que el tinte no era suyo.

Jeanne no sabía si creerle o no. Esa duda la sorprendió, pues siempre había considerado que Alan era digno de confianza. Disponía de un rato libre antes de ir a trabajar; no tenía niños a los que atender, pues la pareja, casada apenas tres años antes, había decidido no tener hijos. Así que se vio a sí misma vaciando los armarios del cuarto de baño. Pero no encontró ningún otro frasco.

Mientras almorzaba con su mejor amiga mencionó el incidente, sin darle importancia. Cecille se mostró preocupada.

—No sé cómo decírtelo, pero yo de ti me cuidaría.

—¿De qué? —preguntó Jeanne.

—¿No se te ha ocurrido pensar que tu esposo puede estar teniendo una aventura?

Claro que no se le había ocurrido. Jeanne se puso colorada; no le gustaba que sembraran sospechas en ella, pero en vez de decirlo pidió a Cecille que se explicara mejor. «No puedes descuidarte ni un minuto —le advirtió su amiga—. A los varones se les enseña, desde los tres años, que cuando crezcan tendrán poder; se supone que deben mandar desde que están en el parvulario. A las niñas, por contra, se las prepara para que sean dignas compañeras de un hombre poderoso; es decir: deben ser hermosas para atraerlo. Si una mujer no logra echar mano de un hombre, ¿qué poder tiene?» Con mucha seriedad, Cecille aconsejó a Jeanne que se hiciera un buen tratamiento de cutis y comprara ropa interior insinuante.

Ella no supo cómo interpretar el pequeño discurso de su amiga; en su interior combatían la fascinación, la duda y el miedo. Pero, ¿qué motivos podía tener Alan para mentirle por algo tan trivial como un frasco de tinte para el pelo, si no estaba ocultando otra cosa? Jeanne decidió que no era mala idea comprar un camisón transparente. Cuando lo llevó a su casa su esposo se mostró complacido, pero esa noche tenía mucho trabajo. La velada amorosa que ella tenía planeada se fue al traste. Cuando hicieron el amor, Alan no parecía muy involucrado y se durmió sin decir nada. Jeanne se había prometido no sonsacarle jamás las palabras «te amo», pero esa noche le costó no faltar a aquella promesa.

Comenzaba a parecerle probable que él tuviera una aventura. ¿Y por qué no? Apenas había envejecido, mientras que ella se estaba desmoronando. Se dijo, entristecida, que en las mujeres eso era más rápido; con camisones nuevos no cambiaría las cosas. Nadie le había dicho nada sobre la diferencia de edad entre ambos, pero Jeanne estaba segura de que los amigos hacían comentarios a sus espaldas, sobre todo las mujeres. Empezó a fantasear sobre quién sería la otra.

La espiral en descenso habría sido veloz, pero se detuvo misericordiosamente gracias al correo: una semana después encontró en su buzón un frasco de tinte idéntico. Jeanne volvió al cajón del cuarto de baño; el primer frasco también decía «muestra gratis» al dorso. Entonces recordó vagamente haberlo puesto en ese cajón sin fijarse de qué se trataba. Y no supo si reír o llorar.

Tal como lo veo, este incidente no se basa, en realidad, en lo atractiva que pueda sentirse una mujer, sino en lo merecedora que se siente. Todos vinculamos nuestra autoestima a cosas externas. La condición social, el dinero, una casa grande: todo se convierte, de algún modo, en un reflejo de «mí». También lo hacemos con otras personas. Formar pareja con alguien joven y hermoso se convierte en una parte importante de «mí», cuando creo carecer de esas cualidades. De este modo se puede cubrir cualquier carencia que experimentemos, por proyección. Pero en cuanto el vínculo se rompe, la proyección fracasa.

—Cuando el amor romántico está en su punto más álgido —le dije a Jeanne—, es muy normal tratar de mantenerlo. El idilio es egoísta en cuanto uno puede dejarse absorber por sus sentimientos. Cuando te enamoraste de Alan, su atractivo (o el tuyo) no tenía nada que ver con la experiencia interior. El deleite que nos brinda otra persona, la sensación de haber encontrado a un ser perfecto, es sólo un reflejo de lo que súbitamente has recordado de ti misma.

—Pero hay gente hermosa —observó Jeanne.

—¿Acaso hay gente que no lo es? —pregunté—. Clasificar a ciertas personas como hermosas es, simplemente, una fabricación de imagen; en realidad, eso viene a oscurecer una verdad más importante: que a los ojos del espíritu nadie queda excluido del más alto estado de perfección. ¿Qué sientes cuando ves a una persona sumamente atractiva?

—No siento nada —respondió Jeanne—. Si se tratase de mi compañero me sentiría orgullosa, pero también hay mucha inseguridad en eso. Ya no es ningún secreto.

—Esa estrategia de ser hermoso por contagio nunca puede dar resultado —le dije—. No sólo vives a través de otra persona, situación frágil en el mejor de los casos, sino que no provienes de un sitio de amor. Usar a otra persona no es amar; es tratar a esa persona como un objeto. Los objetos se desgastan; el gozo que nos brindan se esfuma. Más importante aún: usar a alguien como objeto te obliga a pasar por alto su valor como ser humano.

Pedí a Jeanne que analizara lo que ese incidente decía de ella. Podía empezar por esta lección: «Eres atractiva sólo tanto como creas que mereces serlo.» El tema profundo que se oculta tras la belleza es el merecimiento. Alguien merecedor puede abrirse al amor en toda su importancia espiritual; quien no lo sea se verá limitado a un amor que incluye miedo, pues aquello que no mereces siempre te puede ser arrebatado.

—Este asunto de lo que mereces despierta inseguridad —dije— sólo si lo planteas en términos aislados. En un sentido espiritual, todos somos completamente merecedores porque todos somos una integridad. Si tu ser lo incluye todo, ¿cómo puedes merecer una cosa menos que otra? Este sentido de integridad no es material. No consiste en ser absolutamente hermoso, infinitamente rico ni impecablemente virtuoso. El milagro del amor es que puedes ser imperfecta y, a pesar de ello, completamente íntegra.

Este último punto no es fácil de captar. Pero si piensas en el amor de una madre por su hijo, resulta inmediatamente obvio que las imperfecciones del hijo no cuentan a los ojos de ésta. No es ceguera, sino la visión del amor. El amor es sumamente sensible a las debilidades. Responde con el deseo de apoyar y prestar fuerzas de todas las maneras posibles. Pero no hay en él juicio contra la debilidad o los defectos. La madre que ayuda a su hijo en los primeros pasos no piensa: «Si fueras competente ya caminarías solo.» Acepta que el crecimiento tiene etapas y acepta el gozo de sustentar cada uno de esos estadios. La cuestión es: ¿cómo puede hacer ella otro tanto consigo misma?

Jeanne podría haber descartado, simplemente, su preocupación por este asunto (la opción existía), pero el comienzo de la sabiduría era aprovechar esta oportunidad para aprender a reconsiderar su inseguridad. Cada vez que piensa «Soy demasiado vieja» debería agregar: «Esa duda no soy yo.» Cada vez que piensa «Alan es demasiado joven para mí» debería agregar: «Esa inseguridad no soy yo.» Cada vez que piensa «Hay otra mujer que se interesa por mi marido» debería agregar: «Esa sospecha no soy yo.» Llevar el asunto hacia sí misma, en vez de proyectarlo en un objeto externo, le permitirá enfrentar con más facilidad su responsabilidad en cuanto a crear todas esas creencias falsas.

—Las situaciones reflejan lo que se cree —le dije—. La mejor manera de seguir centrado en la verdad es retirar a los otros del cuadro y llevar todas las dudas sobre uno mismo de nuevo hacia la verdadera fuente.

Tras haber descubierto la verdad, Jeanne puede iniciar el trabajo interior de resolver sus problemas ocultos. Nunca se ha sentido del todo a gusto en su condición de «mujer mayor»; y, en realidad, la despreocupación de Alan con respecto a la diferencia de edades tampoco la ha ayudado.

—Deberías explicarle claramente a Alan que necesitas que te tranquilice. Él es la persona más adecuada para hacerlo, no tu mejor amiga.

Obviamente, Jeanne necesita con desesperación que su esposo le diga «Te amo» de vez en cuando; sin embargo, se obliga a no pedírselo. De ese modo, se empuja cada vez más hacia las dudas sobre su propia valía, prohibiéndose pedir lo que desea. Esta privación voluntaria es resultado de la vergüenza, emoción estrechamente vinculada al merecimiento.

—Debes comprender que no hay vergüenza alguna en pedir que se nos ame —le dije—; al contrario, es exactamente lo que debemos hacer para obtener amor. La vergüenza nos dice que el amor es una mercancía pequeña y preciosa, que es necesario mendigarlo como Oliver Twist mendigaba otro plato de sopa. Pero el amor es abundante; y cuando lo pides no haces más que reflejar que ya lo percibes como propio.

Cuando Alan le dice que la ama, Jeanne necesita asimismo dar crédito a esa frase tranquilizadora; si esto resultara difícil, debería resistirse a la tentación de pedir inmediatamente más frases reconfortantes. Será más productivo esforzarse por aprender a confiar.

Aquí la anécdota llega a una división entre psicología y espiritualidad. En términos psicológicos, la falta de autoestima de Jeanne está ligada a tenebrosos recuerdos de su pasado. De pequeña, ciertas experiencias le inculcaron que no era lo bastante buena; todos tenemos recuerdos similarmente dolorosos. Años después esas experiencias fueron transferidas al aspecto físico, la edad y el atractivo sexual. Jeanne jamás se aceptaría mientras la atrajeran hombres que le parecieran más deseables que ella, pues cualquier comparación la pondría a la sombra. Estar con Alan fue una «solución» nacida de un condicionamiento pasado que debía desaparecer.

Habiendo llegado a este punto del análisis, le dije a Jeanne que podía abrir la trampilla bajo la que acechaban muchos dolores secretos y temores sombríos. Enfrentar la culpa y la vergüenza secretas es un enfoque psicológico válido para este tipo de problemas. Sin embargo, la cuestión no resuelta es si resulta posible liberar todos los demonios y las dudas, todos los recuerdos penosos y las energías negativas. De quienes han intentado empresa tan enorme, pocos triunfaron sin la ayuda del espíritu.

—Me parece conveniente que elabores tus cuestiones personales —le dije a Jeanne—, pero una solución duradera a la cuestión de si eres o no merecedora llegará sólo por la vía espiritual. He aquí algo útil que puedes anotar como recordatorio: «El espíritu está siempre conmigo. Quiere aliviar mi dolor. No lo hace aboliendo los recuerdos dolorosos, sino poniéndome por completo en el presente, donde el pasado no existe.»

»La respuesta espiritual a cualquier problema es inmediata —dije—. Es nuestra propia percepción la que tarda en imponerse. La capacidad de Dios para amarnos sólo está limitada por nuestra capacidad de recibir ese amor aquí y ahora. Puesto que nuestros seres amados representan porciones manifiestas de Dios en nuestra vida, lo mismo podría decirse de ellos. Para recibir el amor de Dios sólo necesitamos aumentar nuestra capacidad de recibir el amor que se refleja de nuevo en nuestras relaciones íntimas.

Como ocurre con muchas personas, lo que en realidad había en el fondo de las dificultades de Jeanne era una tendencia al autorrechazo previo. En vez de dar por sentado que ella debía de ser imperfecta, podría empezar a reparar en lo que siente realmente su esposo. Según mi experiencia, si te estancas en la negatividad tiendes a suponer que los otros sienten lo mismo por ti, cosa que en general no es cierta. La gente que te ama de verdad te sigue amando, aun cuando tú no te ames a ti mismo.

En un plano inconsciente, el autorrechazo previo de Jeanne la ha mantenido alerta para detectar cualquier ínfima razón por la que alguien más pudiera también rechazarla. Cuanto más la aceptan los otros, más obligada se cree ella a montar guardia. Aquí se oculta la creencia de que, cuanto más amoroso sea su marido, menor será el desliz necesario para destruir ese amor. En realidad el amor no obra de este modo. El profundo amor que Alan siente por su esposa haría que él la aceptara y perdonara más y más de lo que ella cree tener de indigno. Así se valida la verdad espiritual: el amor que recibes sólo está limitado por tu capacidad de recibirlo.

—Es asombrosamente fácil dejar a alguien fuera —le dije—. Durante el día dejamos pasar, sin pensarlo, incontables ocasiones en que el amor trata de hacer aparición; en otras palabras, volvemos la espalda al espíritu. Quizá tu amado comienza a decirte algo agradable, a hacerte una caricia afectuosa o a preguntarte cómo estás. Piensa en las veces que esa semilla no ha podido brotar; simplemente, cortas el gesto o te lo tomas como algo sin importancia. De este modo, limitas el amor que recibes en vez de nutrir sus débiles inicios.

—Pero yo quiero que Alan me ame —objetó Jeanne—. ¿Cómo iba a cortar lo que precisamente deseo?

—Porque la negatividad interior dice que no cuando se nos ofrece amor. No te fijes sólo en tus palabras, sino también en tu lenguaje corporal; no es preciso decir «no» para dejar a Alan fuera. ¿No detectas una tendencia a encogerte de hombros, contraerte, inclinar la cabeza o volverte hacia otro lado cuando él trata de mostrarse cariñoso? En situaciones similares, recuerda este pensamiento:

> *Cuando se nos brinda un gesto de amor es como si se nos ofreciera una porción de Dios.*

»Mira a tu amado a los ojos y aprende a creer que allí hay realmente amor. El ego, con todos sus miedos y egoísmos, bloquea tu capacidad de percibir la porción de Dios que tu amado te está ofreciendo. Tarde o temprano, tus expectativas se acaban cumpliendo por sí solas; cuanto más rechaces los gestos de amor, menos motivado se sentirá tu amado a brindártelos.

»No es fácil dejar de emitir esas señales automáticas de rechazo, pero puedes dar el primer paso negándote a creer lo contrario cuando alguien te considera digna de amor. Una vez que dejes de rechazar el amor te resultará más fácil reemplazar el "no" por un "sí". Ese cambio no debe ser forzado. Deja que Alan te preste tanta atención como desee, sin manipulaciones ni rechazos. Empieza a hablar más del amor en general con los que te demuestran amor; el tema les gustará más de lo que piensas.

La consulta estaba a punto de terminar, pero Jeanne no era la misma que había entrado por la puerta; tenía el aspecto de alguien mucho más satisfecho de sí mismo. Al despedirnos, le dije:

—Cuando uno encuentra a una persona que de verdad te ama, como tú la has encontrado, ves que te lleva en su corazón no por tu aspecto ni por tu manera de actuar, sino porque obedece a su propia naturaleza: amar a otros es su manera más fácil de existir. Cuando comprendes esto, el problema de no sentirte merecedora se descubre como lo que realmente es: una ilusión.

ENCAPRICHAMIENTO

Cuando la atracción llega a su punto culminante se inicia la fase conocida como «encaprichamiento». Es el estadio más delirante del amor, inmortalizado por Romeo y Julieta, Cyrano de Bergerac y mil amantes de la pantalla, pero también el más controvertido. Es un tiempo de emociones extravagantes y optimismo descabellado. La conciencia de los límites se derrumba y es reemplazada por un idealismo imposible; al menos, así lo ve quien observa desde fuera. Para su familia, Julieta no era el sol ni la luna; la obsesión de Romeo por ella era un peligro para la virtud y la seguridad de la joven.

Pero, en esta fase, las normas exteriores no tienen ninguna importancia. Los enamorados se aferran tanto a sus embriagadoras emociones que apenas comen ni duermen; el trabajo se convierte en una mera distracción que los aparta del amor ardiente.

Si el encaprichamiento resulta tan extremo, puede ser porque constituye un alivio de la restricción desamorada que consideramos normal. En términos espirituales, estar encaprichado es ver a otra persona como Dios, un ser divino al que adorar. En la antigua India, ver realmente lo divino y bañarse en su fulgor se denominaba *Bhakti*, devoción. Desde los himnos devotos del Rig Veda, el registro más antiguo conocido de la adoración humana, hasta el presente, *bhakti* ha sido con diferencia el medio más popular de acercarse a Dios. Para el verdadero *bhakta*, que sólo pide embriagarse con el Señor, la adoración religiosa en forma de oraciones, ofrendas y celebraciones, es absorbente.

En el Antiguo Testamento, cuando el poeta de los Salmos de Salomón canta su amor a Dios, sus palabras brotan con tal romanticismo que parece cortejar a una mujer:

Me abriste, desgarraste mi corazón,
me llenaste de amor.
Vertiste en mí tu espíritu;
te conocí como me conozco a mí mismo.

Es imposible pasar por alto el paralelo entre la embriaguez de un amante y la del santo. Es en esta fase de encaprichamiento cuando los amantes dicen que se adoran. «Estoy enamorado del amor», declara san Agustín, repitiendo las pasiones de un millón de amantes seculares.

Lo que da un aspecto tan religioso al amor romántico es este sentido de fusión. El hecho de que un espíritu se vierta dentro de otro produce, en su mayor intensidad, un éxtasis arrebatador. Tal vez no haya, durante este delirio de encaprichamiento, palabra más recurrente que «nuevo». La ruptura con las antiguas limitaciones es como un nacimiento que lo torna todo nuevo.

Sin embargo, la fuente de esta renovación no es una persona distinta, sino un cambio de percepción. La sensación de fundirse con otra persona se produce en el cerebro. Hasta la fecha no tenemos ninguna explicación bioquímica que justifique el carácter repentino y potente de este cambio, si bien los investigadores han descubierto en los amantes un elevado índice de neuropéptidos asociados al placer intenso, en concreto de serotonina. También es bien conocida por los médicos la mayor resistencia inmunológica de los enamorados. No obstante, el paradigma científico no puede explicar el modo en que el amor romántico es susceptible de derribar las murallas de separación que definen el yo. Desde la primera infancia existe una tendencia irreversible a crear una distinción cada vez más marcada entre las entidades denominadas «yo» y «tú». Normalmente no pensamos que la separación natural entre «yo» y «tú» sea fuente de sufrimiento, pero no hay para el *bhakta* (devoto) tormento peor que estar lejos de Dios. También en el idilio, eliminar la separación resulta tan liberador como una iluminación religiosa.

Esto no significa que cuantos se enamoren lo hagan con tanta potencia. Unas veces la atracción se va acumulando poco a poco; otras, el encaprichamiento puede ser unilateral. Cuando el objeto de amor no responde, el encaprichamiento se convierte en una preocupación egocéntrica con la fantasía. Sin embargo, los maestros espirituales han declarado que, aun cuando el amor es correspondido, lo que en verdad nos inspira es nuestro propio Yo superior. Si la palabra «Yo» resulta más apropiada que la palabra «alma» es porque acentúa que el viaje del amor está completamente contenido dentro de nuestro propio ser.

Los esclarecimientos de esta fase se centran en la extática fusión del yo con el Yo:

Fundirse con otra persona es ilusión; fundirse con el Yo es realidad suprema.

Si el encaprichamiento es locura, la cordura palidece a su lado.

La visión caprichosa de los amantes es como la visión sagrada de los santos.

ENTRE DOS MUNDOS

Es curioso, pero enamorarse tiene mala reputación entre los psicólogos ya desde Freud, que ridiculizaba ferozmente el significado espiritual del idilio. En su opinión, se trataba de una regresión primitiva (término con que él designaba cualquier retroceso desde el autodominio adulto a los instintos e impulsos infantiles). Previamente se había exaltado la regresión como algo sagrado, al menos en los círculos literarios. William Wordsworth, el más grande de los poetas del romanticismo inglés, expresó la creencia popular de que la niñez es el período más santo de la vida. Wordsworth describe una condición divinamente inspirada de la infancia, cuando aún estamos bañados en la luz del mundo celestial anterior al nacimiento:

Y no en completa desnudez,
sino arrastrando nubes de la gloria es que venimos
desde Dios, que es nuestro hogar.

Según creía Wordsworth, el niño al nacer cae en un mundo más oscuro, si bien durante un tiempo perdura la percepción de la santidad; tal como él dice: «En nuestra infancia el cielo nos rodea», lo cual significa que el estado de inocencia, en sí mismo, convierte la tierra en un paraíso. Por alguna afortunada casualidad, Wordsworth aún recordaba los tiempos pasados en que sus alrededores estaban «preñados de luz celestial». Pero la pérdida de esa radiante inocencia tenía que llegar, como nos llega a todos: «Por fin el Hombre percibe que se muere, / y se esfuma en la luz del día vulgar.»

El estado aquí descrito corresponde igualmente al amor recién nacido. Por lo común, una especie de amnesia espiritual borra el conocimiento de que alguna vez estuvimos en la luz; ese olvido corre paralelo al desarrollo de una recia piel llamada ego, por donde no pasa ningún conocimiento que no pueda ser verificado por los cinco sentidos. Hasta que llega el segundo nacimiento de inocencia, llamado encaprichamiento. Como el recién nacido, el amante encaprichado ve con ojos que sacralizan el mundo.

La psicología infantil moderna sustenta esta idea. Por lo que saben los neurofisiólogos, es cierto que los niños se sienten bañados por un mar de unidad. Al carecer de límites y restricciones impuestas por el ego, son pequeños dioses en su propio mundo; todas sus necesidades quedan cubiertas con sólo llorar y alargar la mano; su egocentrismo es tan completo que cualquier otra persona o cosa son una mera extensión de una conciencia de sí mismos que todo lo impregna.

El hecho de sentirse totalmente fundidos con el medio no parecía cumplir ningún propósito evolutivo en la especie, puesto que elimina la posibilidad de autodefensa. Sin embargo, en tiempos recientes se descubrió que el cerebro humano es, al nacer, mucho más completo que en la edad adulta. Esos contactos filiformes, llamados dendritas, que emergen de todas las neuronas, son mucho más numerosos inmediatamente después del nacimiento que en cualquier etapa posterior de la vida. Las dendritas son filamentos de comunicación entre las células cerebrales; presumiblemente, su abundancia al nacer contribuye a que el bebé se sienta envuelto en un mar de visiones, sonidos, sabores, texturas y olores. De entre millones y millones de datos sensoriales, comienza a seleccionar, a discriminar. A medida que el alcance de la realidad se va estrechando, hasta ser más una onda de radio que una oleada de ruido, hay multitudes de dendritas que ya no le resultan necesarias.

En pocas palabras: recortamos la realidad hasta manejarla en términos racionales, bajo la forma de pulcras tajadas de datos sensoriales. Probablemente Wordsworth tenía toda la razón al recordar un mundo bañado de luz: es muy posible que los ojos del bebé lo vean así.

Pero esto no explica por qué los amantes (y los santos) regresan a una percepción tan «primitiva». Lo que en un racionalista despierta tantas dudas sobre el encaprichamiento (muchos psicólogos ni siquiera le conceden la dignidad de llamarlo «amor») es ese retorno de los amantes a un estado desprovisto de discriminaciones útiles. En cambio, desde la perspectiva espiritual, lo que parece una regresión primitiva puede ser más bien primordial. El don del amor consiste en arrancar de la psique toda una vida de impresiones que nos condicionan a creer en la separación y devolvernos a la realidad en que nacimos, que sólo alberga amor.

Desde la infancia, todos estamos condicionados a creer en un mundo material que puede ser verificado por los sentidos. Los enamorados, que en este aspecto no se diferencian del resto, suelen comentar que viven en dos mundos, presa de una sobrecogedora sensación de fusión y, al mismo tiempo, conscientes de que ésta no puede ser real. El amado no es un ser mágico; el mundo no está bañado por la luz de la perfección; todo esto debe de ser una demencia pasajera. Entonces llega el momento más delicado de todos, pues en su interior batallan dos percepciones opuestas, de las que sólo una sobrevivirá.

El problema es que ambas son ciertas. ¿Cómo es posible que dos percepciones distintas de un mismo hecho sean igualmente válidas? Éste es uno de los temas clave en cualquier evento espiritual, pues «la percepción es una elección». La descripción psicológica del enamoramiento es tan opuesta a la espiritual que no parecen corresponder al mismo fenómeno.

Enamorarse es un estado:

Psicológico	Espiritual
Pasajero	Eterno
Ilusorio	Trascendente
Vehemente	Apacible
Vinculante	Liberador
Hormonal	Emocional
Unidad imaginaria	Unidad real
Regresión infantil	Evolución mejorada

No hace falta ir más allá de esta lista para comprender por qué hasta la más eterna de las experiencias, la que descubre el alma y abre el corazón a la bienaventuranza, no sobrevive por mucho tiempo. Contra ella se alza toda una visión del mundo que no reconoce esas cosas como reales. La mayoría, además de no estar preparada para la apertura de espíritu, ha sido activamente condicionada contra ella por el materialismo que dio origen a la psicología moderna, despojando así al amor de cualquier significado «superior».

No obstante, el amor tiene el poder de unir nuestros dos mundos. La metafísica afirma que el mundo es a un tiempo inmanente y trascendente. «Inmanente» significa material, cambiante, sujeto al tiempo. «Trascendente», eterno, atemporal y más allá de lo material. El enamorado ve un mundo más real, porque al mirar las cosas vulgares encuentra la luz espiritual que en verdad hay allí. Los demás pasan por alto lo trascendente y, por ende, aseguran que no existe; por mucho que nos esforcemos, no podemos reclamar la verdad para nuestro bando.

El misterio no reside en preguntarte si al enamorarte comenzarás a trascender tu antigua realidad, porque seguramente es así. Lo misterioso es que estar inmerso en el amado es también divino. Pero la aparición del espíritu es un fenómeno sutil, y muy impaciente. O bien te lleva consigo o bien se marcha rápidamente.

La trascendencia se manifiesta de muchas formas. Astronautas sobrecogidos por el espectáculo de la Tierra, una perla azul suspendida en la negrura del universo; los primeros montañistas que escalaron los Alpes registraron la trascendente exaltación de esa experiencia. En otras palabras: enamorarse no es una experiencia tan única como puede parecer; de hecho, es la más común de las experiencias de trascendencia, dado que muy pocos salen al espacio o escalan el Matterhorn. Hay esclarecimientos comunes que vinculan todas estas experiencias culminantes: uno siente que la vida es un estado bendito; que el miedo es irreal, pues la muerte no es extinción, sino mera transición; que el amor nos rodea y nos sustenta a todos, y que una parte de nosotros vive más allá del mundo de las luchas y las preocupaciones, en el dominio de la existencia pura.

Desde el punto de vista espiritual, el encaprichamiento nos abre a estas mismas cuestiones; el amado obra como desencadenante, al igual que la montaña, la caminata espacial, el encuentro con la muerte. Esto no tiene por qué disminuir la atracción del amado, pues la trascendente maravilla del enamoramiento no tiene reparos en refulgir a través del deleite físico; en el amor, lo inmanente y lo trascendente son una misma cosa.

PRÁCTICA DE AMOR

Ver más allá

No sólo los enamorados tienen la sensación de vivir en dos mundos. El significado literal de «trascender» es «ir más allá»; en momentos de claridad, cualquiera puede cobrar conciencia de que la realidad no se limita a la percibida por los cinco sentidos. Las experiencias culminantes abren ventanas al espíritu. No obstante, hablar de «ir más allá» no es una descripción adecuada de la experiencia del trascender, puesto que no hay que cubrir distancia alguna; el espíritu nunca nos abandona: simplemente, lo pasamos por alto.

Esta práctica te prepara para que dejes de pasar por alto el espíritu y el amor que te rodean, en espera de tu atención.

Si bien el significado de trascender es «ir más allá», una mejor definición sería «ver más allá». ¿Qué ves más allá de la fachada de la vida, aparentemente sólida, el flujo constante del tiempo, las limitaciones del espacio y las leyes de causa y efecto? Si tu respuesta es «muy poco», esto se debe a que tu percepción no está adiestrada para ese tipo de visión. No obstante, cada día contiene claves de la segunda realidad que todos habitamos, una realidad atemporal e ilimitada que carece de causa y está íntimamente ligada a nuestras necesidades en el camino hacia el amor.

Examina primero la lista siguiente, para determinar si has experimentado ese tipo de claves:

1. Ante un peligro o una crisis, ¿has tenido súbitamente la sensación de estar completamente a salvo y protegido?
2. Estando con un moribundo, ¿has experimentado una sensación de paz o una frescura en el aire al producirse el fallecimiento?
3. ¿Conoces a alguien que se haya recuperado de una enfermedad «incurable»?
4. ¿Alguna vez has tenido respuesta a tus plegarias?
5. ¿Has distinguido una suave luz alrededor de otra persona o de ti mismo?
6. ¿Te ha sucedido pedir orientación o la respuesta a un dilema y recibirla?
7. Contemplando una puesta de sol, la luna llena o algo de gran belleza natural, ¿te has sentido expandir como si ya no estuvieras encerrado dentro de los límites físicos de tu cuerpo?
8. ¿Has experimentado un acallarse de la mente, quizás antes de quedarte dormido o en el momento de despertar?
9. ¿Has sentido alguna vez una presencia amorosa cuando más la necesitabas?
10. ¿A veces escuchas una voz interior que te merece absoluta confianza? (No es necesario que esa voz se exprese con palabras; puede ser también una poderosa sensación o una intuición.)
11. ¿Te has sentido maravillado al ver a un recién nacido?

Esto no es un cuestionario. No se trata de responder que sí a tantas preguntas como sea posible; pero si alguna de tus respuestas fuera afirmativa, escoge la que más familiar te haya resultado. Supongamos que fue la primera: sentirse repentinamente protegido y seguro en medio de una crisis o un peligro. Cierra los ojos y ponte nuevamente en esa situación; recuerda todos los detalles: dónde estabas, con quién, qué hora era, etcétera. Trata de revivir el momento, pero en vez de ser la persona que reaccionó entonces, pide que te sea dada una perspectiva más amplia. Pide ver el significado de lo que estaba sucediendo y solicita que ese significado sea lo más específico posible. Respira hondo y escucha la respuesta que te llegue.

Si no recibes una respuesta concreta, pide que sean retirados todos los bloqueos de la verdad y respira hondo otra vez. ¿Hay alguna imagen que te venga a la mente, un relato, una frase? Sea lo que fuere, tómala como respuesta. Si sólo obtienes confusión o resistencia, descansa y espera un momento.

Ahora interpreta tu respuesta. ¿Surgió alguno de los significados siguientes?:

Soy amado
Estoy a salvo.
Una parte de mi yo vela por mí.
Yo sé.
Yo soy.
La luz está dentro de mí.
Dios es real. Dios es.
Nada va mal.
Estoy en paz.
Las cosas van bien.
Puedo amar.
Todo es uno.

Éstos son los mensajes que el amor trata de enviarte en todo momento. Cada uno de ellos es sumamente simple, pero eternamente cierto. No hace falta pasar por una experiencia extraordinaria o culminante para recibirlos, si bien es verdad que las experiencias culminantes brindan una súbita claridad. Entonces caen las murallas de viejos condicionamientos, hábitos y expectativas.

Ninguno de estos mensajes debe presentarse tal y como aparecen escritos más arriba. Quizá sintieras, junto al lecho de un moribundo, un cálido fulgor en tu corazón y una sensación de calma. Esto se puede interpretar de muchas maneras; escoge la que más se ajuste a tu experiencia.

Repasa tus experiencias más vívidas sobre el espíritu, el alma, Dios o el amor; vuelve a buscar los mensajes que puedan haber contenido. Habiendo hecho esto con tus recuerdos, estarás listo para aplicar las mismas técnicas al presente.

«Armonízate con el espíritu, que te hablará con amor.»

El espíritu no es un fenómeno; es la verdad susurrada dentro de un fenómeno. Como tal, el espíritu es gentil y persuade mediante suavísimos toques. Los mensajes nunca se oyen con más potencia: sólo con más claridad. Si tienes la más leve insinuación de mensaje del espíritu, pide aclaración; y en caso de necesitarlo, estudia la lista precedente. Al principio los vínculos con el espíritu pueden parecer tenues y frágiles, pero a medida que aumente tu confianza descubrirás que tu vida está llena de significado, que en cada momento hay un aspecto que va más allá si tienes la visión necesaria para buscarlo.

EN NUESTRA VIDA

... *Pero jamás la novia*

Clare es una de esas pocas personas que nunca se queja de su vida amorosa. La verdad es que casi siempre está enamorada. De adolescente cubría las paredes de su dormitorio con brillantes fotos de grandes actores, de los que se enamoraba por turnos. Ya adulta continuó embelesándose con facilidad; por su actitud hacia los hombres de los que se enamoraba (cálida, llena de admiración, algo tímida, pero también deseosa de conocerlos a fondo) despertó a su vez mucha atención.

Pero Clare era también implacable. Cuando uno de sus amados no respondía a sus altas expectativas, ella arrancaba la foto; y lo sigue haciendo en la actualidad. Para llamarle siquiera la atención, el hombre debe ser poderoso, rico, apuesto y seguro de sí mismo. Pocos han podido responder a su ideal de amante «perfecto». En la universidad mantuvo discretas aventuras con algunos de sus profesores; prefería a los hombres maduros con logros académicos. No le resultaba difícil encontrarlos, pues asistía a una prestigiosa universidad femenina de Boston. Pero más adelante continuó gravitando hacia los hombres casados. En pocos años, Clare descubrió que la mayoría de las mujeres no se acercaba a ella sino con desconfianza y suspicacia.

Apenas se percató. Mientras circulaba, en calidad de joven periodista, entre los políticos y los traficantes de influencias de Boston, vivía en un perpetuo fulgor de encaprichamiento. Tenía la habilidad de hacer que aflorara lo mejor en el hombre del que se enamoraba, lo cual la convertía en una entrevistadora insuperable. Sus entregas sutiles daban brillo al encanto de hombres que, en realidad, no tenían mucho de eso.

Pero su vida amorosa tenía un único defecto: no era real; pocos de esos poderosos la acompañó nunca a casa; ninguna de esas relaciones se extendió más allá de unos pocos meses de fugaces estancias en hoteles. Pasaron diez años. Todas las amigas de la universidad estaban ya casadas. Clare continuaba viviendo fantasías que perdían color en cuanto sus hombres «perfectos» le fallaban.

«¿Es culpa mía que todos me fallen?», se lamentaba. Gradualmente fue cobrando conciencia de una insistente sensación de soledad; después de quemarse con un funcionario maduro, cuya esposa detectó la infidelidad, Clare fue dejando de buscar oportunidades de seducción, salvo en sus fantasías.

La fantasía puede ser estimulante y entretenida, pero casi nunca tiene que ver con el esclarecimiento. De hecho, Clare parecía usar sus fantasías sobre el amante perfecto para desechar cualquier posibilidad de mirar dentro de sí misma. El obstáculo de su vida parecía ser que los hombres adecuados no estaban disponibles, pero en realidad ella los escogía justamente porque no estaban disponibles. Mentalizarte por adelantado de que tu compañero tiene un defecto letal, te permite rechazarlo antes de que sea él quien lo haga. En este aspecto, Clare era magistral.

Cuando la conocí, en un taller de trabajo sobre curación, estaba llena de opiniones: que los hombres tenían vibraciones espirituales inferiores, que se sentía incómoda en presencia de las energías de los *chakras* inferiores y cosas parecidas.

—Entonces, para empezar —le pregunté—, ¿por qué te enamoras de tantos hombres?

Parecía desconcertada.

—No creo que esto tenga tanto que ver con los hombres como contigo —dije.

Clare estaba auténticamente entregada a su trabajo de curación; me pareció que podíamos hablar francamente sobre sus miedos y sus heridas interiores. Le sugerí que exploráramos el tema del miedo y la fantasía, puesto que los dos están estrechamente relacionados.

—En este caso —expliqué— parece haber un miedo crítico a la entrega, sobre todo considerando que tu queja principal es que los hombres no quieren asumir compromisos contigo.

—Eso no es culpa mía —protestó Clare—. Así como vienen, se van. Son ellos los que deciden.

—Pero esto refleja un miedo que quizá tú no estés combatiendo. El miedo al compromiso se presenta de diversas formas, pero ¿qué nos dice en lo espiritual?

El miedo al compromiso refleja la convicción de que el espíritu es inalcanzable. Por ende, el amor se torna desesperanzado.

La situación de Clare revela aislamiento y desesperación subyacentes. Tuve la sensación de que se encontraba ante un doble problema: pedía constantemente amor, pero lo pedía a quienes no estaban en situación de darle respuesta, salvo en el plano más superficial. No me sorprendió enterarme de que su padre nunca estaba disponible. Descendía de una familia trabajadora de San Francisco y, de trabajar como porteador en los muelles, había llegado a presidir su propia empresa naviera. Se convirtió en el héroe de cuatro generaciones familiares: desde sus abuelos, inmigrantes italianos, hasta sus propios hijos. Pero las mismas cualidades que lo hacían grande: (poder, vitalidad, magnetismo y astucia) lo hacían también inaccesible. Ninguna de estas cualidades es amable, pero Clare había crecido sin conocer otra cosa. Su solución fue «hacer» de ellas cualidades amables.

La primera persona de la que se enamoró fue su padre; esencialmente, ha repetido ese idilio una y otra vez, buscando hombres a los que «amar» por su éxito y su posición social, cuando en realidad tenía un miedo mortal de intimar con alguien que realmente pudiera ofrecerle amor.

—Cuando un hombre poderoso repara en ti —le pregunté—, ¿cómo te sientes?

—Especial. Querida. Importante —disparó ella, sin vacilación.

—Pero ese carácter especial e importante, ¿no te llega por vía indirecta? —pregunté—. Lo que tú necesitas es que tu carácter normal parezca especial.

Clare pareció confundida. Le pedí que anotara esta frase: «El espíritu me ama por el mero hecho de estar aquí.»

—Si puedes comenzar a creer en esto —le dije—, el hombre que tú atraigas como amante vendrá con la misma actitud.

Irónicamente, si bien Clare recibe el amor con glotonería cuando viene con su carga de poder, los momentos de quietud, soledad y entendimiento íntimo, las frases cariñosas murmuradas, le resultan secretamente aburridas y la dejan con la sensación de que falta algo. En lo espiritual, éstos son los momentos que nos brindan la posibilidad de hallar el amor en toda su espléndida simplicidad. Pero el vacío que Clare siente cuando todo se aquieta permite que el dolor de la niña abandonada se aproxime demasiado a la superficie.

Es muy útil leer la historia de Clare en términos espirituales simbólicos. En el padre vemos a un Dios remoto y poderoso, que exige ser idolatrado. Esta imagen ha sido fácilmente transpuesta a los hombres que han ido ocupando la vida de Clare. No es difícil comprender que se encuentra en un aprieto espiritual, reflejado en todas partes por las situaciones que ella no deja de crear.

El hecho de que Clare no deje pasar una sola oportunidad de enamorarse me revela que ansía una apertura espiritual; sólo cuando está locamente enamorada se siente querida en este mundo, atendida por un poder más alto. Todo lo demás es una desilusión. El problema es que la apertura al espíritu insiste en cerrarse, puesto que a Clare, en realidad, el poder superior le inspira miedo y resentimiento. ¿Cómo puede reemplazar sus viejos patrones fracasados?

—Este fin de semana has venido a hablar de curación —dije—. En tu caso, la curación física y emotiva sería superficial. Lo que tú necesitas es una curación en el plano de las creencias.

—¿A qué te refieres? —preguntó.

—Podríamos decir que necesitas una mejor vida amorosa con Dios. En primer lugar, es preciso reexaminar tu concepto de «poder superior». Dios, o el espíritu, están a nuestro lado en todos los aspectos de la vida cotidiana. En segundo lugar, debes cambiar la creencia de que Dios es masculino por una alternativa de género neutro, puesto que la energía masculina representa una gran amenaza para ti. Si logras entender de qué modo los años de infancia te han modelado la idea de espíritu, podrás comenzar a ver en el amor un espejo del presente en vez del pasado.

Este último concepto es clave:

Cuando te enamoras, te prendas de un espejo que refleja tus necesidades más actuales.

Cuando una persona te parece intensamente deseable, ese atractivo no es innato en ella. El deseo nace en quien desea. En el caso de Clare, puesto que la imagen subyacente que tiene de sí misma es la de una niña indefensa y sin amor, cualquier exhibición de poder despierta en ella anhelos increíbles.

No hay nada malo en esto: todos proyectamos necesidades similares en nuestra búsqueda del amor. Tampoco hay nada malo en el deslumbrado enamoramiento que Clare ha buscado con tanta frecuencia. Cada aventura, real o imaginaria, tiene un mensaje repetido que ofrecerle: «Eres amada.» Es el más sencillo de los mensajes, aunque a menudo resulta el más difícil de asimilar. Pues el espíritu no dice: «Eres amada mientras dure tu pasión por este hombre.» Lo que dice es: «Eres amada», sin más. Si Clare comienza a profundizar psicológicamente y retira los obstáculos que no la dejan ver más allá, el mensaje espiritual la estará esperando. Hay en el espíritu paciencia infinita, infinita disposición a esperar nuestra atención. Y algún día, a su debido tiempo, Clare lo reconocerá.

—Creo que cada uno de los hombres que has amado es un pequeño recordatorio de lo que tú eres —dije a Clare—. Esto no es solipsismo, sino un reflejo natural de tus necesidades. Nadie te juzga por la vida amorosa que elijas, puesto que no hay fuera de ti nadie que pueda juzgar; sólo existes tú, como Yo, observándote desde un ángulo diferente.

—No veo de qué puede servir eso —observó Clare.

—El Yo que te observa es la relación primaria que trabas con todas las situaciones —dije—. Cuando lo comprendas, comenzarás a reducir tus expectativas en cuanto a las relaciones futuras. En tu caso, pretendes mucho de la fantasía, pero podrías transferir esas expectativas a ti misma. ¿Qué quieres de los hombres, en realidad? ¿Seguridad, bienestar, la sensación de formar parte de algo? Todo eso está a tu disposición en tu propio Yo; tu curación consistirá en enamorarte de ese Yo.

El secreto de la curación espiritual es que sus cimientos ya están asentados. En su exaltada poesía, Walt Whitman habla de la eterna presencia del amor:

Nunca hubo más comienzo que ahora,
ni más ancianidad o juventud que ahora,
y nunca habrá más perfección que ahora
ni más cielo o infierno que ahora.

Le leí este fragmento a Clare, que guardó silencio por un momento.

—He dado muchas vueltas —dijo— y he perdido la inocencia. Comprendo que estoy empantanada; hace mucho tiempo que me aconsejan eso de aprender a amarme a mí misma. Pero, francamente, no veo qué resultado podría dar.

—Eso se debe a que estás imponiendo un modelo equivocado a tu idea de lo que es el amor por uno mismo. En la dualidad, el amor conecta a dos personas individuales. Si ése es tu modelo de amor, no te quedará más remedio que ver el amor por ti misma de un modo muy similar. Es decir: tratará de separar las partes de ti misma que valora y la apreciación directa de ellas. Pero la fragmentación no es la solución, sino el problema. El amor por uno mismo no va con la división de uno mismo. El amor por uno mismo no está en el plano de la personalidad, sino en el plano del ser. El ser es íntegro. Cuando lo reconozcas, todas tus partes recuperarán su verdadero estado de totalidad. Al aprender a amar y aceptar a la niña indefensa y solitaria que llevas dentro, al darle permiso para formar parte de ti, disminuirá el papel de esa niña en la conducción de tu vida amorosa.

Si prescindimos de los detalles en la historia de Clare, su búsqueda de amor en los sitios menos convenientes representa un problema mucho más general. El amor entre «tú» y «yo» es una concepción dualista. Hace siglos que la gente se enamora locamente, pero eso no ha resuelto el problema más profundo de la división interior. En todo caso, esa división se ha exacerbado a medida que las sucesivas generaciones trataban de resolver la separación mediante el otro. Lo que cura la división interior es un cambio de percepción.

No eres sólo un pequeño trozo de esencia divina, creado para existir por separado. En el plano del alma eres el espíritu entero. Tu vinculación con Dios es completa y perfecta; tu relación amorosa con el universo, total. Sin embargo, la mente no puede concebir este todo abarcador, puesto que está atrapada en su propio dualismo. Uno se considera padre o madre, hijo o hija, hombre o mujer, aquí o allá, esto o aquello. La separación parte de la imagen que tenemos de nosotros mismos.

El pensamiento no puede restaurar la integridad, pues por definición es también fragmentario. No obstante, cada mente contiene la esencia del espíritu; el silencio y el conocimiento intuitivo nos son naturales. Estos aspectos de la vida interior no quedan abolidos por el hecho de que los hayamos devaluado drásticamente. Aun ahora puedes tocar partes valiosas de tu vida que es posible conocer sólo apartando los pensamientos. ¿Cómo sabes si eres feliz, si eres inteligente, si estás despierto? Éstos no son asuntos que puedas razonar: son evidentes por sí mismos.

No hace falta pensar a fin de ver y oír; no necesitas mantener un diálogo activo dentro de tu cabeza para saber que existes.

«La conciencia es conciencia de sí misma antes de adquirir conocimiento de ninguna otra cosa.»

Sin embargo, los tramos más profundos del conocimiento intuitivo nos resultan extraños, porque nuestra cultura no nos ha enseñado a explorar el mundo interior. Cuando recurrimos a forasteros privilegiados (videntes y poetas, por ejemplo), descubrimos muchas verdades que sólo la voz silente del espíritu puede revelar. Si pudiéramos elevarnos por encima de la estrechez de nuestra visión, percibiríamos directamente nuestro Yo superior, tal como lo hacía Walt Whitman:

> *Existe eso en mí (no sé qué es), pero sé que está*
> *en mí...*
> *¿Veis, oh hermanos míos?*
> *No es caos ni muerte: es forma, plan, unión; es vida*
> *eterna; es la Felicidad.*

El hecho de que no podamos mantener la visión de Whitman significa que nuestro desarrollo aún está en marcha, de la dualidad a la unidad; para eso existe el camino hacia el amor. Es preciso redescubrir la capacidad de vivir en el Yo; eso es, justamente, recorrer el camino.

TIERNO CORTEJO

La etapa siguiente del idilio, el cortejo, es algo más que el momento de conquistar al amado. En un plano más sutil, une las percepciones de dos personas. Por debajo de las palabras y las tiernas emociones de los enamorados, se pone a prueba el frágil nacimiento del espíritu. Su supervivencia no depende sólo de lo exaltados y transformados que puedan sentirse un hombre y una mujer. También debe producirse un acto de interpretación en el que se hallen las palabras adecuadas para una experiencia compartida.

El cortejo es una etapa tierna y tentativa, en la cual dos enamorados deciden buscar una realidad nueva o retornar a la antigua. Es la primera fase en la que están en juego dos futuros, no sólo uno.

En la antigua India, el equivalente espiritual de esa fase era *Satsang*, vocablo que puede traducirse como «la compañía de la verdad» o, más libremente, «el compartir del espíritu». Cuando los discípulos se sentaban a los pies del maestro para escuchar su sabiduría estaban haciendo *satsang*, pero cualquier comunión de buscadores espirituales recibe el mismo nombre. Antes de abandonar este mundo, Cristo dijo a sus discípulos: «Porque donde están dos o tres reunidos en mi nombre, allí estoy yo en medio de ellos.» Esto es *satsang* sin la presencia física del maestro. Si una charla despreocupada con un amigo toma la dirección del espíritu, eso la convierte también en una forma de *satsang*. La relación con el cortejo es muy clara, pues éste consiste en revelar tu corazón a otra persona y compartir tu espíritu como no podrías hacerlo solo.

El *satsang* de los enamorados suele producirse en silencio, cosa que también sucede con algunos grandes santos: el mero hecho de estar en su presencia nos infunde el espíritu de Dios. Quienes se sienten sinceramente a gusto en la mutua compañía pueden hablar de sus miedos, deseos y esperanzas, pero la comunión de los amantes es mucho más intensa. El cortejo es un nacimiento compartido, una rara oportunidad de intercambiar lo que cada miembro de la pareja tiene de más inocente. La intimidad permite al hombre decir a una mujer cosas cuya existencia dentro de sí mismo ignoraba; lo mismo ocurre con la mujer.

Lo que se torna compartido puede no haber existido siquiera en el pasado. El pasado se basa en la memoria, que sigue siendo siempre personal. Hasta el punto en que se funden, los amantes recorren caminos separados. Juntos crean un nuevo camino que no tiene pasado, donde cada paso avanza hacia lo desconocido y no hay experiencia que pueda iluminar el camino.

He aquí los esclarecimientos que brinda la primera comunión del amor:

La conciencia se puede compartir. Lo que Dios te da por amor, puedes darlo a quien ames.

La comunión es la base de la confianza.

El territorio de los amantes es lo desconocido.

UNA LUCHA ENTRE AMOR Y EGO

Cuando dos personas se encuentran en *satsang* pueden llevar su yo más elevado a la plenitud; sin embargo, lo que la mayoría de nosotros aporta al cortejo no es plenitud, sino necesidad. Cuando la necesidad predomina sobre el amor, se rompe el hilo frágil del espíritu. La existencia de una necesidad implica una carencia, una pieza que nos falta y que debe suministrar otra persona. Generalmente se pide a las mujeres que proporcionen la suavidad, el sustento, la comodidad, la belleza y el afecto que los hombres, de otro modo, no hallan en su propio interior. De ellos se espera que aporten la fuerza, la protección, el poder y la voluntad que, de otro modo, las mujeres no encuentran. Cada uno siente que el otro lo ha completado.

La necesidad es algo poderoso, capaz de crear poderosas ilusiones. En realidad, nadie puede entrar en ti para reponer una pieza que falta. La suavidad, la ternura, el sustento que el hombre encuentra en una mujer son sólo prestados, mientras él no aprenda a desarrollar esas mismas cualidades. La mujer puede beneficiarse con el poder, la voluntad y la fuerza que encuentra en un hombre, pero eso no es lo mismo que hacer de esas cualidades algo propio.

En el cortejo decidimos si pedir prestado al otro o convertirnos realmente en lo que el otro representa. En comunión puedes convertirte en lo que percibes, si tu *satsang* es lo bastante profundo. Todo es cuestión de quererlo. ¿Quieres vender tus necesidades interiores o curarlas de verdad? Aunque sólo el largo viaje hacia delante puede responder a esto, el cortejo despeja el camino.

Dado nuestro condicionamiento cultural, en esta fase la mayoría de las parejas pierde el frágil hilo del espíritu. Cuando las emociones acentuadas del enamoramiento empiezan a enfriarse, lo que las reemplaza es el ego, el componente principal del falso yo. Todos confiamos en que el ego nos guíe por el mundo conocido. «Yo» no es una entidad fija, sino una serie de experiencias en constante acumulación.

El ego siempre parece saber lo que necesita. La necesidad del ego se puede definir como cualquier cosa que fomente lo individual. Al alimentar tu identidad aislada prolongas la modalidad de existencia más familiar de cuantas conoces, que es la búsqueda de la propia imagen. El hecho de que una pasión romántica pueda llevar a alguien más allá del ego no anula las necesidades egoístas.

Típicamente, es en la fase del cortejo donde la mayoría de los amantes comienzan a albergar dudas. Surge el tema del compromiso mutuo y las primeras insinuaciones de incompatibilidad hacen su desagradable aparición. Generalmente, el noviazgo se rompe cuando uno u otra sienten que sus necesidades quedarán insatisfechas. El hombre puede pensar que ella no le muestra la suficiente deferencia o no apoya bastante la imagen que él tiene de sí; la mujer puede pensar que él no es lo bastante sensible o afectuoso como para alimentar sus sentimientos.

Si bien es típico que, antes de pasar a la intimidad, tanto el hombre como la mujer conciban potentes fantasías con respecto al otro, una vez que comienzan a pasar tiempo juntos no basta la fantasía para reprimir al ego. Ahora existe un equilibrio precario entre el amor, que permite la comunión, y la necesidad, que no quiere sacrificar el egoísmo a menos que se vea obligada.

No es justo culpar a alguien de falta de confianza, dada nuestra experiencia social. Todos hemos sido condicionados para obedecer ciegamente las necesidades del ego. Constituimos una sociedad que ha aprendido a desconfiar del contacto íntimo. Hay intromisiones en el espacio personal que resultan horripilantes, tales como la violación y el asesinato, pero la traición del espacio es perturbadora en extremo aun cuando no se ejerza violencia. Dos personas trabadas en disputa por una pensión alimenticia o por la custodia de un hijo están, en esencia, aprovechando el conocimiento íntimo que adquirieron durante el matrimonio, convirtiendo la confianza en agresión. No es de extrañar que nos cause un profundo conflicto permitir que otra persona atraviese nuestras defensas, pues la persona que debería librarnos de toda amenaza podría ser el enemigo intramuros.

No por estar enamorados aboliremos el crimen, la guerra, el desamparo, las luchas sociales y las mil amenazas que nos rodean. El ego utiliza estos peligros externos para convencernos de que el mundo es hostil e indiferente. Según todas las apariencias, está en lo cierto, pero sólo según su perspectiva aislacionista. En verdad, ver algo sin amor equivale a verlo con miedo. La amenaza no surge «ahí fuera». Sus orígenes se encuentran «aquí dentro», donde primero establecemos nuestras creencias. Las defensas existen para alejar la amenaza. Son como un temprano sistema de alarma, tan sensible que «nadie» resulta lo bastante inofensivo para desactivarlo.

Por lo tanto, la verdadera cuestión es cómo desactivar la sensación de amenaza hasta el punto de confiar en el amor. ¿Qué es lo que alimenta la amenaza y la mantiene en marcha? Las respuestas son muchas, pero se pueden simplificar. Toda amenaza es una sombra del pasado.

En realidad, no hay nada que temer del presente. Es la memoria la que proyecta el miedo en el presente.

Los bebés recién nacidos, al no tener pasado, carecen de toda defensa; son completamente vulnerables a los intrusos y las influencias perjudiciales; para sobrevivir dependen totalmente de la protección exterior. Sin embargo, y he aquí la gran paradoja, el recién nacido es más invulnerable que nadie; porque no tiene miedo. La experiencia aún no ha dejado su sello en el sistema nervioso y, sin un marco de referencia, no hay amenaza. (Es cierto que los bebés tienen miedos instintivos, tales como el miedo a caer; pero éstos son más físicos que psicológicos. El miedo físico contribuye a la supervivencia, mientras que el miedo psicológico puede ser traumatizante: el primero fomenta reacciones rápidas y seguras; el otro puede paralizar.)

La amenaza es una interpretación subjetiva que se debería enseñar; a menudo guarda poca relación con el peligro real que rodea a una persona. Por eso un deporte como el montañismo puede convertir el miedo instintivo (el temor a caer) en una experiencia gozosa; todo depende de la interpretación.

La empresa de aprender a defendernos en el mundo lleva mucho tiempo. Todos atesoramos nuestras habilidades de supervivencia, pues hemos abandonado hace tiempo la temeridad del recién nacido. Cuando el cortejo nos pide que nos entreguemos a otra persona, inconscientemente consideramos que esta decisión podría afectar a nuestra supervivencia: es lo que se siente al abandonar las defensas. Las dudas y la desconfianza que te inspiran el ser al que amas son un espejo de tu propia convicción de que el miedo es necesario, de que no es posible sobrevivir sin defensas.

SEPARAR LO VERDADERO DE LO FALSO

El cortejo permite que la confianza crezca pese a las viejas heridas. Teniendo en cuenta los muchos años que hemos dedicado a construir nuestras defensas, esta curación no se produce con celeridad. De hecho, la primera fase de la curación hace que las antiguas heridas vuelvan a doler. Sólo cuando comiences a sentirte a salvo podrás contemplar los miedos que antes la psique no te permitía combatir por ser demasiado intensos. Es normal que cada miembro de la pareja reviva, en forma contemporánea, los traumas y las amenazas a la supervivencia vividas en la infancia. Por eso no sorprende que un hombre y una mujer no se permitan entablar, en un primer momento, una relación curativa. Necesitan valor para comprender que la duda y el miedo que afloran en ciertos momentos surgen para ser examinados y eliminados, no para que se actúe ciegamente dejándose guiar por ellos.

El efecto más destructivo que tiene la sensación de estar amenazado es interrumpir el flujo de amor. Si nadie te enseñó en la infancia lo que era el amor, resulta mucho más difícil presentarse sin defensas a otra persona. Los padres afectuosos deben enseñar a sus hijos que la realidad no siempre es dura.

Todos recibimos una de estas dos enseñanzas: o bien que el mundo es peligroso con momentos de seguridad, o bien que el mundo es seguro con momentos de peligro.

Por muy hostil que el mundo parezca, una familia afectuosa sigue siendo un lugar seguro, de sustento y protección. Los niños no necesitan confiar en todos: sólo en alguien que jamás les falle; así se establece el equilibrio original entre amor y necesidad. Una fuerte impresión positiva en la infancia puede durar toda la vida. Aunque sean sólo dos progenitores los que enseñan al niño a amar, es como si el mundo entero lo amara; entonces la convicción «Soy amado» perdura como parte de su realidad. Cuando tienes la sólida convicción de ser amado, tus necesidades no serán tan desesperadas; habrá lugar para permitir la presencia de otra persona en tu espacio interior.

La peor impresión que puedes arrastrar desde tu infancia es que tus modelos de amor fueran también modelos de traición. Esto sucede en los casos de abuso: físico, sexual o emocional. Si en tu formación hubo algún tipo de abuso, considerarás secretamente que todo amante es un enemigo. La más suave de las caricias contiene la posibilidad de convertirse en un golpe; en el requiebro más dulce resuena una potencial degradación.

Por irónico que parezca, son justamente estos niños los que más ansían amor de adultos; pero al ser inseguros, al sentir la necesidad de defensa más allá de lo razonable, también son los que más precipitadamente se apartan de la entrega. Muy en el fondo, estas personas no están seguras de poder experimentar el amor, pese a lo mucho que lo anhelan. Ni el más embriagador de los idilios bastará para superar una historia que pone las necesidades del ego muy por encima de las de la relación.

Llegar al verdadero amor es un proceso de crecimiento; el primer requisito es cobrar conciencia de cuándo no eres sincero. El cortejo proporciona la oportunidad de crear esa conciencia, puesto que es entonces cuando la pareja elabora su propia definición de lo que significa estar enamorada. Pasan por amor muchas cosas que no lo son. Estas formas de amor falso pueden ser conductas, convicciones, expectativas o condicionamientos del pasado. Todos tendemos a aceptar las versiones de «amor» a las que estamos habituados, sin detenernos a examinar su validez. De este modo dejamos entrar muchas conductas desamoradas.

Tal vez no haya en nuestro idioma una frase con tantos significados ocultos como «Te quiero». Con mucha frecuencia decimos estas palabras y, en silencio, agregamos expectativas que las subrayan. Lo que en verdad decimos puede ser:

Te quiero siempre y cuando no cambies.
Te quiero si tú me quieres.
Te quiero si no me asustas demasiado.
Te quiero si haces lo que te pida.

Como todas estas frases encierran expectativas, en realidad no tienen que ver con el amor. «Te quiero» no es una declaración sencilla, sino que encierra condiciones tácitas: «Te quiero si...» Los que hacen promesas condicionales no están obrando mal; generalmente lo hacen lo mejor que pueden. Sin duda, en el pasado alguien les dijo «Te amo» cuando, en realidad, quería decirles: «Te quiero siempre y cuando...» En mayor o menor grado, todos depositamos expectativas en las personas a las que amamos. Pero estas expectativas, por muy razonables que puedan parecernos, inyectan un elemento de falsedad que el verdadero amor no contiene.

El falso amor también puede tomar la forma de falta de realismo. Quien espera ser arrebatado por un misterioso desconocido y rescatado de todos sus problemas se está dejando caer en la irrealidad. La irrealidad tiene muchos disfraces, entre los cuales los más predominantes son la fantasía y la proyección. La fantasía crea una falsa imagen y se pretende que el amor responda a ella. Fantaseamos sobre un amante ideal; cualquiera que no responda a este ideal se torna inadecuado como objeto de nuestro amor. Por ser demasiado viejo o demasiado joven, demasiado alto o demasiado bajo, demasiado aburrido, pobre o poco profesional (cualquier cosa que no pase la prueba), el otro resulta falto de potencial para el amor. No obstante, la raíz de esta irrealidad no está en el percibido, sino en quien así lo percibe. La fantasía que, supuestamente, retrata nuestro ideal, no hace sino cegarnos.

La proyección nos distorsiona la percepción de un modo diferente: adscribe nuestras convicciones a otra persona. Quien cree que nadie lo amará jamás está proyectando su propia falta de aceptación en otros. La convicción interna «No soy digno de amor» es tan dolorosa que no se la puede combatir; una manera de reducir ese dolor es dejar de hacerla propia. En cambio, decides que son los otros quienes tienen la culpa. Son *ellos* quienes te han fallado, quienes no te creen lo bastante bueno, quienes no desean amarte. En realidad no son *ellos*, sino sólo la proyección.

El falso amor puede adoptar más formas que la fantasía o la proyección activa. Esto se puede expresar simplemente como algo que nos falta en la experiencia. Si no se te ha mostrado una conducta afectuosa, no tendrás imágenes positivas con que llenar el corazón. La más cruel de las impresiones que se puede grabar en un niño es la indiferencia, y suele ser la más común. Ignorar la necesidad de amor de un niño es decir a su corazón que su necesidad no es esencial. Al crecer, ese niño tendrá muchas dificultades para expresar el verdadero amor. En vez de un cálido desbordar de sentimientos, experimentará una emoción más fría y moderada, que vacila y se apaga con demasiada facilidad. La indiferencia tiene un legado muy largo.

Todas estas versiones del falso amor son sumamente corrientes. Demostramos falso amor cada vez que fingimos amar a alguien más allá de lo que en verdad sentimos, cada vez que no somos sinceros ni honrados, cada vez que rechazamos las emociones ofrecidas por otros. El falso amor es como la serpiente de mil cabezas. Para derrotarla se requiere descubrir qué es el verdadero amor. Lo real debe desplazar a lo irreal. Al reconocer una fantasía o una proyección, pones distancia entre tú y ella; una vez interpuesta la distancia, podrás empezar a descartar el poder de lo falso.

Si en el pasado no has experimentado la pureza del amor ni comprendido su inocencia, es que los cimientos de la relación no se han asentado. Longfellow decía una verdad al expresar: «El amor se da a sí mismo; no se compra.» Si un hombre o una mujer sienten que hay que pagar un precio a cambio de ser amado, eso daña todo su sentido del amor. Se confunde con una transacción entre triunfadores y vencidos en un juego de necesidades en competencia.

Nuestra sociedad empeora el problema al proclamar que el egoísmo está justificado, pues el disfraz más fácil del miedo y la duda es el egoísmo. ¿Qué bien aportan realmente los valores «elevados» al «yo» al que tanto le ha costado sobrevivir tal como es? Un cínico podría decir: «Cuando la gente se enamora se permite una fantasía escapista. Existe una fuerza mucho más poderosa que el amor, llamada deseo. El deseo se reduce a la búsqueda de satisfacción sexual, dinero, poder, seguridad y comodidades. Eso es, en verdad, lo que la gente quiere.»

A primera vista, el cínico parece tener toda la razón. La vida no miente; esto significa que, si bien todos podemos propugnar amor, no lo experimentamos. El egoísmo se impone demasiado. Demasiado a menudo, el cortejo sirve para sentar las base de un egoísmo mutuo. El hombre y la mujer evitan el dolor de exponer sus miedos e inseguridades más profundos. En vez de dedicarse al delicado trabajo de entretejer las hebras del amor, formando una trama lo bastante fuerte para resistir, se concentran en lo que la relación hará por «mí».

La fase del cortejo tiene éxito en la medida en que hombre y mujer puedan desmantelar sus defensas; fracasa en la medida en que construyan juntos nuevas defensas.

¿Cuántas parejas forman, para integrarse, un «nosotros» que es sólo una versión más dura y fuerte del «yo»? Esto no puede sorprendernos. Si la supervivencia es fundamental en un mundo peligroso, dos sobrevivirán mejor que uno. Como el individuo, la pareja puede buscar poder y dinero o, cuando menos, seguridad y comodidades. El amor queda atrás, pues no aporta recompensas materiales, al menos con tanta claridad como las tácticas desamoradas. Dinero y poder requieren una actitud agresiva, voluntad de pelear por lo que se desea. Si se buscan estas cosas, más vale tener instintos de asesino antes que un corazón amante. La seguridad y las comodidades también requieren luchar por el primer puesto. En este caso, uno se ha convertido en dos; nada ha cambiado.

Es indudable que las mutuas necesidades egocéntricas tienen un lugar en todas las relaciones. El verdadero problema se presenta cuando aniquilan el tierno desarrollo del amor en su aspecto espiritual. Mucho antes de enamorarnos conocemos más de lo indispensable sobre nuestras propias necesidades. Adquirir un aliado para satisfacerlas no es lo mismo que liberarnos de ellas. Sólo el amor puede liberarnos, pues su verdad es un antídoto para el miedo. La cínica afirmación de que la gente, en realidad, busca dinero, poder y seguridad se derrumba en cuanto profundizamos. La exaltación de enamorarse es una vía de escape del ego, de su sensación de amenaza y de su egoísmo. Lo que en verdad deseamos es esta vía de escape. Cualesquiera que sean las recompensas del ego, hay dos cosas que éste no puede hacer: no abolir el miedo, puesto que el ego se funda en el miedo, y crear amor, pues por definición lo deja afuera.

El ego y el amor no son compatibles por un simple motivo: no puedes llevar el ego al territorio desconocido adonde el amor quiere guiarte. Si sigues al amor tu vida se tornará insegura, y el ego quiere certidumbre; tendrás que entregarte a otra persona, y el ego valora su propia voluntad por encima de la de cualquier otro. El amor torna ambiguos los sentimientos, cuando el ego quiere sentir la seguridad del bien y el mal. Al amor se aplican muchas otras experiencias que el ego no puede comprender; el amante se siente confundido, espontáneo, vulnerable, expuesto, desapegado, libre de preocupaciones, maravilloso y siempre nuevo.

El viaje del amor sería terrorífico si no contáramos con la pasión para darnos coraje; el ciego coraje de los amantes, como se lo suele llamar. Sería más acertado llamarlo la ciega sabiduría de los amantes, pues la certidumbre del ego es una ilusión. La incertidumbre es la base de la vida.

PRÁCTICA DE AMOR

Quitar las capas de amor

Una de las cosas más valiosas que puedes aprender sobre ti mismo es a qué te refieres cuando dices: «Te quiero.» El significado que impartes es complejo, porque te contiene a ti. A través del lenguaje expresas tus pasadas asociaciones con el amor, tus impresiones infantiles, tus expectativas y convicciones tácitas. Por ende, «Te quiero» se expande para convertirse en:

> *Te quiero como mi padre amaba a mi madre antes de que se divorciaran.*
> *Te quiero siempre y cuando no te acerques demasiado.*
> *Te quiero más de lo que Romeo amaba a Julieta; pero no me pidas que muera, por favor.*
> *Te quiero como no me quiso el profesor de gimnasia de la secundaria.*

Las palabras se tornan más personales cuanto más emotivas son. Como «Te quiero» es la frase más emotiva de nuestro idioma, incluye muchos sentimientos a los que tal vez jamás hagas referencia directa, sobre todo los dolorosos. Los significados que pasamos por alto en el discurso de cada día pueden aflorar si utilizamos la técnica de la asociación, que es la base de esta práctica.

PRIMERA PARTE

Siéntate con papel y lápiz y registra tus respuestas a esta pregunta:

¿Cuál es el primer nombre que te viene a la mente cuando piensas en cada una de las siguientes palabras?

Santidad
Pasión
Bondad
Aventura
Belleza
Coraje
Ternura
Lealtad
Atractivo
Desprendimiento
Fuerza
Gracia
Genio
Inocencia
Admiración
Talento
Generosidad
Encanto

Naturalmente, no hay dos personas que obtengan una misma lista de respuestas, pero hay perfiles definidos de cómo se forman las listas. De dieciocho elecciones posibles:

- *Si más de ocho respuestas fueron personajes ficticios*, en tu definición de amor hay un fuerte componente de fantasía. Esto vale también si las estrellas de cine y televisión abundan en tu lista. Probablemente consideras que el amante «perfecto» es inalcanzable, pero intensamente deseable. Buscas la belleza externa antes que las cualidades intrínsecas. Probablemente no te consideras hermoso, fascinante ni muy digno de la atención de quienes admiras.

- *Si más de ocho respuestas fueron personas a las que no conoces*, tu definición del amor contiene una fuerte veta de idealismo. Tal vez dependas de la veneración del héroe para hallar fuerzas; inconscientemente ves en el amante un salvador, un proveedor, una torre fortificada, una figura paternal o la autoridad.

- *Si más de cinco de tus respuestas son tu padre o tu madre*, no te has formado un fuerte sentido del amor por cuenta propia, sino que aún conservas los modelos infantiles.

- *Si más de cinco de tus respuestas son «yo»*, no has respondido con sinceridad al cuestionario, lo cual indica miedo o inseguridad de ser amado.

- *Si más de cinco de tus respuestas son el mismo nombre*, probablemente estás enamorado de esa persona.

- *Si tu esposo no aparece en tus respuestas tres veces*, cuando menos, no has encarado plenamente tus dudas sobre tu relación. Es necesario abrir nuevas líneas de comunicación.

SEGUNDA PARTE

La asociación es algo notablemente revelador. En un experimento clásico realizado en la década de 1920, un cineasta ruso llamado Lev Kuleshov proyectó algunas imágenes simples: un plato de sopa, un ataúd y un bebé jugando con un oso de felpa; después de cada imagen, la inexpresiva cara de un hombre mirando hacia la cámara. Cuando se mostró esta secuencia, el público «leyó» todo tipo de expresiones en la cara del hombre. Cuando aparecía después del plato de sopa, se pensó que tenía hambre; después del ataúd, temía a la muerte; después del bebé, sentía amor. Estas interpretaciones demuestran lo poderosa que puede ser la asociación.

La manera en que la mente vincula las cosas entre sí, por medio de la asociación, suele ser igualmente equívoca. El hecho es que rara vez vemos a una persona tal como es: la vemos por asociación con gente de nuestro pasado. Por ejemplo: llevamos en la cabeza la imagen física de nuestros padres y los comparamos con cuantos nos presentan. Un parecido demasiado marcado provoca asociaciones, buenas y malas, que no tienen relación alguna con esas personas recién conocidas, pero sí con nuestros propios procesos mentales.

Mencioné anteriormente que el falso amor opera por proyección, desplazando tus propios sentimientos hacia otra persona. En el experimento de Kuleshov, si un espectador de la película decía que el hombre de rostro inexpresivo odiaba al bebé, allí había proyección. Pero existe también una proyección de diferente tipo, basada en los propios deseos. Por ejemplo: puedes pensar que alguien es digno de confianza porque necesitas que sea así (es un reflejo de traición en el pasado formativo); aunque esa persona te demuestre repetidas veces que no es digna de confianza, tú continuarás proyectando en ella tu necesidad. Los celos involucran extremos de proyección y son difíciles de dispersar, puesto que es muy fácil malinterpretar una mirada o una palabra inocentes.

Si recurres mucho a la proyección, tenderás a exhibir la conducta siguiente:

> Cuando alguien está hablando, tú completas sus frases.
>
> Te pones a la defensiva antes de que se te acuse.
>
> Utilizas fórmulas verbales tales como: «Es el tipo de persona que...» y «Estoy seguro de que va a...»
>
> Pides opinión a alguien y luego te enojas si no está de acuerdo contigo.

Te cuesta interpretar las expresiones ajenas.

Te sientes incomprendido con frecuencia.

Ves una amenaza en la cara de las personas dotadas de autoridad, como los agentes de policía; o piensas que tu jefe te tiene antipatía, aunque nunca te haya dicho nada.

Crees que, cuando tu cónyuge mira a otro (u otra), está expresando interés sexual.

Albergas simpatías o antipatías exageradas por personas a las que apenas conoces.

Si quieres distinguir el amor verdadero del falso, ya sea como dador o receptor, es indispensable que te deshagas de la proyección.

La proyección siempre oculta un sentimiento que no deseas enfrentar.

Si analizas cualquier característica negativa que creas ver en otra persona, descubrirás ese mismo rasgo escondido en ti mismo. Cuanto más lo niegues, más fuertemente tendrás que proyectarlo. De igual modo, si sueles defenderte antes de que te acusen es porque te sientes culpable. Es preciso enfrentar esa culpa a fin de cortar la proyección. Si sientes que la persona a quien amas vive mirando a otros con interés sexual, eres tú quien no merece confianza. Si crees que tu jefe te odia secretamente, considera la posibilidad de albergar una ira oculta contra la autoridad. El ejercicio siguiente es un buen paso hacia una sincera autoevaluación.

Haz una lista de tres personas que te inspiren una intensa antipatía o desaprobación o con quienes tengas fuertes conflictos. Agrega a cada nombre las cuatro características que te parezcan más ofensivas. Una lista típica podría ser así:

Suegro: arrogante, codicioso, corto de miras, autoritario.

Jefe: injusto, temperamental, incapaz de apreciar mi trabajo, incompetente.

Hitler: sádico, odioso, lleno de prejuicios, fanático.

Ahora estudia la lista y, por cada característica, di: «Yo actué así cuando...» Completa la frase con un ejemplo de tu propia conducta. ¿Cuándo fuiste arrogante? ¿Cuándo codicioso? El objetivo no es deleitarse en la autocrítica, sino poner en su sitio sentimientos que deben ser reconocidos y no desplazados hacia otros.

Si has sido honrado al elaborar tu lista, te costará mucho completar algunas frases. El sadismo de Hitler, por ejemplo, puede parecerte muy alejado de tu conducta, tal como la injusticia de tu jefe al no ascenderte puede ser una herida demasiado reciente. Pero si perseveras descubrirás que lo que más odias en otros es lo que con más insistencia niegas en ti mismo. Se trata de una verdad espiritual que uno trata de eludir mediante la proyección, culpando a otros y creando excusas para sí mismo. Cuando logras verte en lo que odias, te acercas a la comprensión de que tú lo contienes todo, tal como corresponde a un hijo del espíritu.

EN NUESTRA VIDA

Se vende Cenicienta

En cuanto Dana comenzó a trabajar a las órdenes de Stephen, entre ellos se produjo un chispazo de amor. Él era un cirujano plástico de mucho éxito, quince años mayor, y no soportaba las ceremonias. Le dijo que no lo llamara «doctor» si no era en presencia de los pacientes y, al interrogarla sobre su formación, demostró un interés halagador. Dana había retomado los estudios técnicos alrededor de los veinticinco años; ése era su primer empleo después de la graduación, y el hecho de que Stephen le ofreciera un sueldo generoso aumentaba sus deseos de trabajar para él.

Antes de transcurrido un mes, él la invitó a salir. Dana estaba nerviosa, pues temía que las otras empleadas de la oficina le tomaran antipatía; pero Stephen presionó por todos los flancos. A la mañana siguiente de llevarla a cenar a un buen restaurante francés, le envió flores. Siguieron otras citas. Aunque a Dana le resultaba difícil aceptar como pareja romántica a un hombre tan mayor, tenía que estar de acuerdo con él en cuanto a que la edad es sólo una cuestión mental. Stephen solía decirle que, cuando estaba con ella, parecía volver a la juventud. Pero cualquiera que fuese el beneficio para él, se encargó de que su cortejo pusiera a Dana en el candelero.

Casi todos los días le enviaba flores al apartamento. También le compraba joyas caras, que en un principio a ella le costó aceptar; si cedió fue sólo porque era obvio que su rechazo lo haría sufrir. Con el tiempo hicieron la transición a pareja sexual. Stephen era un amante atento, aunque Dana tenía la impresión de que habría sido susceptible a cualquier crítica o sugerencia sobre su desempeño. Por lo tanto, ella se mostraba más pasiva y dócil de lo que habría sido con cualquier otro hombre; no parecía ser un gran sacrificio.

Stephen se había casado cuando era estudiante de medicina y tenía hijos ya mayores de ese primer matrimonio; el varón tenía apenas diez años menos que Dana y cursaba el primer año en la universidad. Ninguno de ellos mostraba deseos de conocerla. Stephen se había divorciado tres años antes, pero casi no mencionaba a su primera esposa, aun cuando se le pedían detalles. Para él sólo parecía existir Dana, y ella no podía dejar de sentirse sumamente halagada.

Se habían conocido a principios del verano; hacia principios de otoño fijaron la fecha de la boda, que se celebraría en Navidad. Después de regalarle un enorme anillo de compromiso, Stephen la instó a celebrar una ceremonia por todo lo alto. Planearon una lujosa luna de miel en París; mejor dicho: Stephen la planeó por sí solo y luego le dio la noticia. A Dana le molestó un poco que no se lo hubiera consultado antes, pero resultaba difícil quejarse ante tan abrumadora generosidad.

La burbuja tardó en estallar. La primera sospecha de que algo andaba mal se produjo cuando Stephen le regaló un vídeo de ejercicios para fortalecer los glúteos, con la excusa de que a las mujeres tendía a ablandárseles esa zona, incluso a bellezas como ella. Una semana más tarde le preguntó, despreocupadamente, si nunca había pensado en someterse a una pequeña cirugía correctiva. Muy a pesar suyo, Dana se mostró horrorizada: no tenía ninguna intención de permitir que Stephen la retocara. Él desistió, obviamente disgustado. Al día siguiente, al doblar una esquina de la oficina, Dana oyó que una recepcionista comentaba: «Parece que a Cenicienta le espera una pequeña liposucción.» Ella hizo como si no lo hubiera oído, pero empezó a tener sus dudas.

La primera discusión se produjo cuando Dana al perder el control le repitió ese comentario burlón a Stephen, quien se puso furioso y amenazó con despedir inmediatamente a la recepcionista. «Ése no es el problema —explicó Dana—. Temo que no me quieras si no es convirtiéndome en lo que no soy.» Ella sabía demasiado bien que ciertos puntos de su cara y su silueta no respondían al ideal, pero ¿cuánta importancia le daba él a eso? Stephen evadió la pregunta y la trató con frialdad el resto del día. Llegado el viernes, la noche que habitualmente pasaban juntos, él dijo que tenía demasiado trabajo; pero Dana tuvo la clara impresión de que le estaba negando el sexo para castigarla.

La comparación con Cenicienta era apropiada, pero esa historia no terminaría como en los cuentos de hadas. Una semana antes del casamiento, Dana presionó sin querer un botón equivocado en el teléfono de la oficina y oyó que Stephen hablaba con otra mujer. Por el tono de su voz y el tema de la conversación, era evidente que mantenían relaciones íntimas. Terriblemente afectada, Dana abandonó la oficina y nunca más regresó. Se negó a recibir las llamadas de Stephen, que pronto cesaron. Él juró que aún la amaba, pero a ella le pareció que fingía para proteger su propia imagen. Y cuando lo escuchó lamentarse del dinero que se desperdiciaría si no se llevaba a cabo la ceremonia, rompió en llanto y cortó. Stephen jamás volvió a llamarla.

A primera vista resultaba difícil imaginar un cortejo que se acercara más al ideal romántico. Stephen tenía muchos más medios económicos y voluntad que la mayoría de los hombres para conquistar a una mujer. Hizo que Dana se sintiera importante y especial; la cubrió de atenciones. Pero por encantador que este cortejo pareciera, guardaba muy poca relación con el amor y casi ninguna con la confianza. ¿Qué era lo que en realidad sucedía?

En este caso, la palabra clave es «imagen». A Stephen le interesaba, sobre todo, realzar su propia imagen de mago capaz de convertir en diosas a las mujeres vulgares. Además de hacerlo profesionalmente, en las relaciones personales debía ser una estrella; probablemente, si se le hubiera presentado la oportunidad habría tratado de «corregir» el aspecto de la mujer más hermosa del mundo. Su modo de cortejarla, desde los regalos hasta el sexo, era sólo una representación; Dana acertó al no hacer la más leve crítica de sus técnicas sexuales, pues de lo contrario él habría reaccionado mal. Después de la boda, perdido todo interés por Dana, él habría vuelto a sus aventuras. Basta recordar hasta qué punto había excluido de su vida a su primera esposa para comprender que necesitaba nuevas conquistas para sostener la inflada imagen que tenía de sí mismo.

Dana habría tenido éxito con Stephen de una sola manera: dejándose comprar. Por suerte, su sentido del yo no se basaba en la imagen, sino en sus sentimientos. Eso de dejarse conquistar nunca le pareció del todo real. Pese a su juventud, se dio cuenta de que a Stephen no le interesaba establecer contacto con su yo interior, y mucho menos compartir el propio.

En cierto sentido, este relato describe el cortejo casi perfecto: basta con invertir todo lo que sucedió en él. Un cortejo perfecto se desarrolla como una flor, a medida que cada uno va exponiendo su mundo interior con mayor soltura. Es una experiencia compartida, con decisiones tomadas en conjunto y límites respetados. No hay un miembro que trate de empujar al otro más allá de sus límites, pues ambos saben que vencer límites es una tarea gradual y delicada. La esencia del cortejo es la comunión, cosa que en éste faltaba por completo.

Pese a su dolor, Dana se sintió también secretamente aliviada de que la boda con Stephen no se celebrara. El verse convertida en Cenicienta no satisfacía ciertas necesidades interiores que yo denominaría espirituales. En el plano espiritual, todos necesitamos cosas tales como perdón, amor y compasión; pero antes de hacer realidad ninguna de ellas debemos satisfacer la más básica de las necesidades espirituales: apoyo en nuestro camino. Cuando entras en etapas nuevas de espiritualidad, con frecuencia confusas, no puedes pretender que otra persona comprenda inmediatamente tus experiencias; pero si queremos compartir, debemos construir una base para el *satsang*. Esta base debe incluir igualdad, sensibilidad y comunicación.

Igualdad

Un derecho que muchas personas no pueden ejercer es el de ser consideradas en un plano de igualdad con su pareja. Como todos somos distintos en cuanto a inteligencia, posición social, dinero, capacidad y talento, estos factores pueden llegar a predominar dentro de la relación. La mujer puede pensar, como Dana, que si quien la corteja ha obtenido tantas ventajas en la vida, corresponde agradecer esos triunfos. Sin embargo, la felicidad que ese matrimonio podría brindarle tendría poca validez espiritual.

En espíritu, todos somos iguales. Esto no es un concepto abstracto: es la única percepción que puede superar el ego. Si me siento superior a ti, mi superioridad radica en la imagen que tengo de mí mismo. Una imagen propia basada en el dinero, por ejemplo, me haría pensar que debo ser apreciado por todo lo que te he dado, lo cual te pone en desventaja, pues tu derecho a ser apreciado no tiene una base comparable. Cuando Stephen llevó a Dana a un lujoso restaurante, se puso en un plano de superioridad a «sus propios ojos». De ese modo se protegía de cualquier crítica que ella pudiera hacer y se reservaba el derecho de decir: «Mira lo que te doy. ¿Cómo puedes sentirte desdichada conmigo?»

La igualdad no se basa en factores externos ni en imágenes. Todos tenemos igual derecho a que se nos aprecie, respete y comprenda. A algunos hombres les resulta difícil extender este concepto a las emociones de una mujer. Se les enseñó a no valorar sus propios sentimientos, que expresan sólo como último recurso. Pero aceptar a otra persona significa aceptar sus emociones: no hay nada más básico o intrínseco. Si esta igualdad no existe, ¿cómo va el espíritu a crecer de verdad? El espíritu no es una emoción, aunque proporciona una apertura al yo interior. Antes de compartir experiencias que apenas comprendes tú mismo, necesitas sentir que tu pareja te quiere comprender, a ti y a tus sentimientos.

Sensibilidad

La habilidad de percibir lo que pasa en el interior de otra persona debe ser desarrollada como cualquier otra. No es fácil adquirir; hay que sentirse seguro en el plano de la intuición y poder aceptar la complejidad y las emociones en conflicto. La respuesta a la pregunta «¿Qué sientes en este momento?» es siempre: «Varias cosas al mismo tiempo.» La sensibilidad requiere apartar tu idea de lo que el otro siente, lo que crees que debería sentir y lo que esperas que no esté sintiendo. Cuando el ego interviene, la sensibilidad desaparece.

La sensibilidad es fácil de destruir, pero también existe un prejuicio social según el cual las mujeres son «demasiado» sensibles (en opinión de los hombres) y los hombres sensibles son menos viriles. Por lo tanto, los hombres siempre tienen una excusa preparada para dejar al otro fuera, aduciendo «No entiendo por qué te sientes así» o «No tengo la menor idea de lo que te pasa». Si tu misión en la vida es proteger la imagen que de ti mismo tienes, el abrirte a los sentimientos de otra persona puede ser contrario a tu misión. Para ser sensible tendrás que abandonar la necesidad de tener siempre razón, de dominarlo todo, de anteponer tus necesidades a las de otros, etcétera.

En la relación de Dana y Stephen, para él era vital «no» captar ninguna señal de incomodidad en la mujer que estaba cortejando. Y sólo conocía una manera de cortejarla: siendo el Príncipe Azul que deslumbra por completo a Cenicienta. Y los príncipes no tienen defectos. Si hubiera percibido que su enorme generosidad no satisfacía a Dana, habría tenido que enfrentarse al hecho de que cuanto hacía era puro teatro. La exagerada generosidad suele resultar sumamente incómoda; tiene un efecto sofocante y hace que quien recibe se sienta incapaz ante quien da. Dana sentía todo eso, pero Stephen no podía permitirse comprenderlo, porque no tenía otra manera de «amarla». Permitirle expresar cómo deseaba ser amada le habría restado poder. Y eso le resultaba intolerable.

Comunicación

La palabra «comunicación» deriva de «comunión», lo cual nos recuerda que comunicarse con otra persona no es transmitir información, sino establecer una unión. Las mujeres tienden a saber intuitivamente cómo funciona la comunicación, por razones positivas y negativas. En el lado positivo, es típico que se enseñe a las niñas a valorar el vínculo, sobre todo en el plano emocional; mientras que a los varones se les enseña típicamente a competir. En una situación competitiva, el silencio suele equipararse al poder. En el lado negativo, es frecuente que las mujeres no pretendan tener poder; por lo tanto, pueden permitirse «el lujo» de exponer sus sentimientos y conflictos interiores. Por contra, si un hombre dotado de poder comunica demasiado sus miedos interiores, sus inseguridades o conflictos, es posible que se ponga en tela de juicio su derecho a ese poder.

Estas expectativas sociales ejercen una gran influencia en las relaciones. Un hombre puede pensar, sinceramente, que no tiene nada que decir sobre sus sentimientos y, a la inversa, que las mujeres no hablan de las situaciones de una manera razonable. Una mujer puede sentirse «estúpida» cuando lo que desea decir es indudablemente emocional; por el contrario, siente que la ausencia de comunicación emocional por parte de los hombres significa que ellos son más fuertes. En la historia de Dana, la comunicación estaba limitada por las reglas del cuento de Cenicienta. Dana no podía expresar con facilidad nada que no correspondiera al cuento de la mujer sencilla que un príncipe eleva a las cumbres de la riqueza y el poder. La visión que Stephen tenía del caso predominaba sobre lo que ella percibía; eso refleja a un tiempo una ruptura de la comunicación y una pérdida de igualdad.

Cuando dos personas se casan, cada uno sabe ya qué puede esperar del otro en términos de igualdad, sensibilidad y comunicación. Al establecer estos factores en la fase del cortejo, uno descubre qué puede recibir antes de que se establezcan los límites.

Si mantienes una relación prolongada, recuerda los días del cortejo. Pregúntate qué deseabas entonces de tu pareja y compáralo con lo que has obtenido. Inevitablemente descubrirás que la igualdad es algo en lo que ambos podéis trabajar, la sensibilidad siempre se puede profundizar y la comunicación requiere un esfuerzo diario. La base para un crecimiento espiritual compartido es mantener vivas estas tres cosas, acabéis de superar la fase de encaprichamiento o llevéis casados muchos años.

La cuestión que pende sobre la fase si[gui]ente del idilio, [la intimidad], es el deseo. El deseo carnal es una fuerza im-pulsiva que se esconde tras el amor, pero que no equivale a [él, de donde] pueden surgir conflictos. La pa-[labra] que el sánscrito antiguo designa [el] deseo carnal es [...] al texto erótico [...]re el deseo». Pero [...]e aplica a deseos [de todo ti]po.

[...que aprendí en mi] niñez, heredada [...]cción a la vida [...]ecciona cuando lo-[gramos los cuatro objetivos: Artha, Ka]ma y *Moksha*. *Ar*-[tha ...] [...], *kama* [es la satisfacción de lo]s deseos; *dharma*, [...] [... vi]vir, y *moksha* es la libe-[ración ...]

[...] an los cuatro obje-tivos de la vida, [... también] surgen los problemas, pues a muchos les resulta aún difícil aceptar que el deseo carnal es legítimo. Sigue estando contaminado con implica-ciones de egoísmo e impulsos «bajos». Para la mayoría de nosotros, en la vida hay un solo momento en que nos senti-mos en libertad de expresar *kama*, y es durante el idilio. El anhelo erótico que forma parte del amor romántico inspira a todos los enamorados a fundirse con el amado; ésa es la consumación natural de la atracción entre dos personas.

Rabindranath Tagore, el gran poeta bengalí, escribió en su adolescencia versos delicadamente eróticos; uno de sus poemas dice:

> *Abandonando el hogar, dos amores han hecho un*
> *peregrinaje hasta la confluencia de los labios.*
> *En la ley del Amor, dos olas se han henchido, quebrán-*
> *dose y fundiéndose en dos labios.*

Éste puede parecer un casto poema en el que se compara a dos amantes con devotos religiosos que viajan, como suelen hacerlo los peregrinos indios, a la confluencia de dos ríos sagrados. Sin embargo, quien entienda el bengalí original de Tagore sabrá que la palabra equivalente a «confluencia» es la misma que designa el acto amoroso. Ahora el poema parece casi sacrílego, cuando en realidad es una desinhibida fusión de carne y espíritu. En Occidente podríamos decir que lo sagrado se ha encontrado con lo profano, pero lo cierto es que para Tagore (y para cualquiera que se haya enamorado profundamente) lo profano es, en verdad, sagrado.

Los esclarecimientos de la fase de intimidad atañen a la unión de carne y espíritu:

La satisfacción del deseo es natural y no debe avergonzarnos.

El éxtasis es un estado del alma transmitido a través del cuerpo.

La unión consiste en que dos personas se abran al mismo Ser.

Estos esclarecimientos se basan en el enfoque del deseo carnal sin culpa ni inhibiciones. Sin embargo, las culturas tradicionales no permitían la consumación sexual inmediatamente después de que dos personas se enamoraran apasionadamente, partiendo de la creencia de que el deseo debía ser postergado. Existían muchos motivos para imponer un período de espera, pero uno de ellos era la creencia de que el amor y el deseo carnal no son compatibles. O bien el deseo es de carne y, por lo tanto, pecaminoso, o bien es una recompensa que la mujer no debe otorgar hasta que la unión haya sido sellada por el casamiento.

En la sociedad moderna de hoy en día, la consumación del deseo se produce temprano, sin esperar más que el consentimiento del hombre y de la mujer. El cortejo ya no está tan limitado por las convenciones como en otros tiempos; puede ser tan largo o tan breve como la pareja desee. No obstante, esto no significa que se haya resuelto el tema del deseo carnal. Perduran residuos emotivos de los puntos de vista tradicionales, que manifiestan un conflicto, puesto que presentan la virginidad femenina como un premio sagrado: no se puede decir que el deseo es pecaminoso, al tiempo que se ofrece la satisfacción sexual como premio. ¿Cómo podría el enamorado aceptar un pecado como recompensa?

Las enseñanzas religiosas tradicionales nos han cegado al hecho de que carne y espíritu son dos polos que se corresponden. El amor romántico es innegablemente sexual; sin embargo, ofrece la posibilidad de grandes recompensas espirituales. La belleza de la sensualidad tiene su propia importancia espiritual, sin recurrir a valores más «elevados». Un antiguo texto sánscrito se regocija con la alegría de la intimidad:

> Cuando hemos amado, mi amor,
> jadeantes y pálidos de amor,
> de tus mejillas, mi amor,
> el aroma del sudor amo:
> y cuando nuestros cuerpos aman
> para descansar en el amor
> tras la tensión del amor,
> más aún amo
> el aliento mezclado del amor.

La franqueza de esta apasionada declaración resulta refrescante, pues nos recuerda que la unión espiritual de los enamorados no es independiente del sudor y el aliento mezclado de la sexualidad.

El sexo permite fundir las necesidades del yo con la libertad del Yo.

La palabra *kama* se utiliza para designar no sólo el deseo sexual, sino el deseo de estar en unión con Dios. Indirectamente, es ese mismo *kama* el que te inspira el deseo de unirte a tu Yo. Si pudieras escuchar en todo momento la voz del espíritu, oirías que tu naturaleza divina te anhela tanto como tú a ella.

UNA NUEVA INTIMIDAD: INTIMIDAD CON EL YO

Lo que eleva el amor romántico por encima de los placeres inferiores es que excita nuestra profunda naturaleza erótica. Ésta es una fuente más de preocupación para las personas modernas, que se obsesionan con el sexo pero no están dispuestas a perder el control, a entregarse a una pasión real.

Para ser auténtica, la pasión debe implicar entrega.

Pero ¿entrega a qué? A la convergencia de todos los aspectos de tu ser que necesitan fluir hacia el momento erótico. La sensualidad física, el éxtasis espiritual, el florecimiento erótico: cuando todo esto converge, el acto sexual se torna sagrado. Y lo sagrado contiene el placer más profundo. Hace miles de años, Shiva murmuró a su consorte: «Cuando seas acariciada, dulce princesa, recibe la caricia como vida eterna.» Éste sigue siendo el ideal de la intimidad.

Como ahora se identifica por completo la intimidad con el acto sexual, hemos pasado a confundir satisfacción con desempeño. Se busca el orgasmo con una devoción que avergonzaría a los religiosos más fanáticos. Durante mucho tiempo se dio por sentado que los hombres eran quienes más se preocupan por su capacidad sexual; pero ahora, como las mujeres anorgásmicas han empezado a hablar de sus problemas con más franqueza, parecería que la preocupación es totalmente compartida.

Por lo general se interpreta que intimidad, en el sentido físico, equivale al orgasmo. Pero por muy estimulante que resulte, el orgasmo es una sensación centrada en el ego. La verdadera intimidad es expresión de uno mismo compartida. Para que un hombre tenga intimidad con una mujer, ambos deben ser capaces de liberarse en ese estado especial que brinda el orgasmo, aunque no puedan compartir literalmente las mismas sensaciones. El orgasmo no es algo inmutable. Para unos es una liberación; para otros, una apertura; hay quienes lo consideran una contracción. Sin embargo, en todos los casos se produce una mudanza de experiencia que no sólo es placentera, sino en cierto sentido profundamente transformadora. Los maestros espirituales nos dicen que en el orgasmo se entrevé algo muy parecido al estado de iluminación, que es totalmente libre, extático e ilimitado. Al menos, ése es su potencial.

Aunque se sufre cierta pérdida cuando se pasa apresuradamente a la intimidad, nuestro enfoque actual de la sexualidad tiene la ventaja de eliminar manidos tabúes. En la actualidad, más que nunca en el pasado, las parejas experimentan la sexualidad con franqueza, abiertamente, antes de comprometerse a profundizar la relación. Ya no se valora tanto el deseo carnal, aunque sus posibilidades espirituales se mantienen intactas.

Cuando dos personas establecen intimidad física, no necesariamente se unen. La unión física puede coexistir con el aislamiento, si el ego sigue involucrado para ambos miembros de la pareja. El ideal del éxtasis compartido no se alcanza practicando una técnica que eleve el orgasmo a las cumbres de la bienaventuranza. La unión sexual con otra persona es, en realidad, sólo una manera de establecer un acuerdo. Ese acuerdo puede ser serio o trivial; puede presagiar un compromiso profundo o poco más que un encuentro pasajero.

Es muy saludable considerar la intimidad como un acuerdo, pues de lo contrario el acto sexual se enreda en planes ocultos. Nunca es la fantasía tan poderosa, nunca lleva a tantas confusiones como cuando interviene el sexo. Para la mujer, el plan oculto suele tomar la forma de creer que sexo es igual a amor; en el hombre tiende más a equiparar el sexo con poder. Esto tenía mayor vigencia en las épocas en que el hombre era quien cortejaba, ofreciendo ardientemente su amor, y a la mujer le correspondía rechazar o aceptar. La prueba última de aceptación era que ella «se entregara» al acto sexual. Al hacerlo, al mismo tiempo aceptaba el amor. Muchas mujeres aún albergan esta creencia en forma de fantasía.

El hombre, por su parte, sabía que la entrega sexual representaba el éxito de su cortejo: el cazador daba en el blanco en el momento mismo en que el amante era abrazado. En otros tiempos parecía natural que ambos sexos utilizaran la imagen agresiva de la cacería como símbolo de la búsqueda de intimidad; sin embargo, retrospectivamente vemos que esta analogía encerraba buena parte de los miedos e inseguridades ocultos. ¿Por qué se tenía que vincular el acto de amor a la agresión?

Estos símbolos e imágenes formaban parte de un código social; por lo tanto, no requerían acuerdo. No podía ser que hombres o mujeres se eximieran del código. Hoy en día sucede lo contrario. El hombre puede sentirse cazador, conquistador o ardiente perseguidor, él es quien decide. Si la mujer se considera presa, recompensa o inalcanzable objeto de amor, la decisión es suya. Ya no hay un solo código en vigencia; al hacer de la intimidad un acuerdo, hombre y mujer pueden encarar abiertamente la sexualidad como algo que ambos desean. Entablar relación sexual con otra persona no implica asumir su sistema de creencias ni tener que satisfacer sus expectativas. No participas tácitamente en su fantasía ni pretendes que tu versión del amor se ajuste a la del otro.

Pero hay un precio a pagar. En muchos sentidos, la libertad sexual asusta por la pérdida de límites. El antiguo código social vinculaba el amor al sexo. Nadie ponía en duda que la mujer se consideraba amada por un hombre si él la deseaba. Resultaba igualmente natural que él diera el amor por sentado si la mujer accedía al sexo. Ahora que esto se ha convertido en cuestión de acuerdo, también puede ser causa de desacuerdos. El amor y el deseo son esencialmente cosas separadas, asunto abierto a discusión.

Es sorprendente que tantas personas entablen intimidad sexual sin tener idea de lo que están aceptando. Sigue siendo habitual que hombre y mujer lleven sus expectativas a la cama. Como estas expectativas se fundan en imágenes del pasado, anulan la posibilidad de una entrega apasionada. No puedes entregarte a una imagen; sólo es posible representarla. Y cuanto más a menudo la representes, menos espontáneo se tornará el sexo.

El sexo, privado de su espontaneidad, es a un tiempo falso y feo. La sexualidad es el aspecto más espontáneo de la vida. Es el único aspecto en que no debemos arriesgar nuestra capacidad, el intelecto y la personalidad social. Ninguno de nosotros puede escapar por completo a la necesidad de desempeñar un papel en la vida cotidiana. Todos tenemos nuestros papeles como trabajadores, familiares, ciudadanos, etcétera. Sin lugar a dudas, esto impone tensiones a muchos otros impulsos que reprimimos. En el trabajo no podemos ceder a los impulsos coléricos, y mucho menos salir cuando se nos antoja. No podemos decidir, por capricho, dejar de mantener a la familia, puesto que la trama misma de la sociedad depende de que cada uno cumpla con su parte de responsabilidad.

El deber limita el deseo a cada paso, hasta tal punto que muchos creen que es bueno reprimir los deseos, mantener el control. No obstante, la represión no es buena; es sólo conveniente. La sociedad requiere que tracemos límites a la expresión del deseo carnal, lo cual hace tanto más necesario tener al menos un aspecto de la vida completamente libre y desinhibido. Ese aspecto debe ser, justamente, la intimidad. ¿Qué es lo que hace al sexo libre o desinhibido, amoroso o meramente placentero?

LIBERTAD E INTIMIDAD

Muchas personas se privan de una relación sexual libre y amorosa (aun cuando no tengan conciencia de estar haciéndolo), porque enfocan el acto sexual en función de sus resultados. Dan por sentado que cualquier orgasmo es bueno y que un buen orgasmo es mejor. No sólo evaluamos si el acto sexual fue «efectivo», sino que anteponemos el placer físico como objetivo principal. El placer es natural, pero también elusivo. Para algunas personas, el placer del sexo consiste en prometer una vía de escape para el nerviosismo y el estrés. Para ellos, la «efectividad» es negativa, pues se la define como escapatoria de la tensión.

Al acto sexual se pueden mezclar otros ingredientes que distan mucho de ser amorosos. Quien haya acumulado ira dentro de sí tenderá a hacer el amor de una manera sumamente agresiva o competitiva. A la persona temerosa le es típicamente difícil permitirse nada parecido a un pleno disfrute de las sensaciones corporales; se contiene para expresar pasivamente su miedo y, al mismo tiempo, evitar todo encuentro con el amor.

Existen muchas variaciones sobre este tema; por mucho que deseemos ser buenos amantes, todos trasladamos al lecho nuestros conflictos y necesidades. Lo que bloquea el placer bloquea también el amor, pues en el sexo el placer es la puerta hacia el amor.

Aunque el sexo debería ser libre y desinhibido, siempre hay diversos grados de libertad. Rara vez nos creemos merecedores de un placer sin límites. ¿Cómo podemos, pues, dar o recibir amor sin límite?

En vez de examinar los resultados del acto sexual, debemos analizar sus comienzos. La intimidad no se inicia con un acercamiento físico, sino con una serie de convicciones. Entre las convicciones primarias que acaban con el placer se cuentan las siguientes:

El sexo es demasiado poderoso y es preciso controlarlo.

El sexo lleva implícito el pecado, que lo torna vergonzoso y cargado de culpa.

Pedir a otra persona que te brinde placer es codicioso y egoísta.

Rendirse al placer equivale a renunciar a tu propio poder.

Todas estas creencias tienen algo en común: proporcionan un motivo para reprimir el deseo.

Cuando privamos al sexo de su conexión espiritual, suprimimos algún aspecto del deseo.

La dimensión espiritual del sexo es su gozo y su éxtasis, la comunicación de amor entre dos personas. Estas cualidades no requieren esfuerzo; cuando el sexo es espontáneo, se presentan con naturalidad. No obstante, gran parte de las enseñanzas espirituales han estado abiertamente en su contra. Mientras tuvo vigencia el credo «Más vale casarse que arder», el valor espiritual no fue asignado a la intimidad, sino a la castidad. Cuando los maestros espirituales presentaban la castidad como virtud (y así lo han hecho en todas las tradiciones de Oriente y Occidente) la intención no era convertir el placer en pecado, sino elevar una virtud superior que, implícitamente, condujera a un placer más elevado. Las palabras de Krishnamurti destilan verdad: «Tratar de reprimir los impulsos sexuales es una forma de fealdad que, en sí misma, no puede ser casta. La castidad del monje con sus votos es algo mundanal en tanto los impulsos estén presentes. Todo muro de aislamiento convierte la vida en campo de batalla.»

La castidad, en el sentido de pureza, es un bien espiritual, pero no se la debería confundir con represión del deseo. Cuando Krishnamurti pregunta por qué la gente trata de reprimir sus deseos, presenta este bello argumento: «Se ha sostenido que resistir a los impulsos sexuales era algo bueno, pero bien mirado, la resistencia nace del miedo.» Tenemos miedo de equivocarnos, de extralimitarnos. La sociedad, deseosa de reducirnos, nos dice que, si no reprimimos nuestros impulsos sexuales, quedaremos fuera de control.

Pero ¿realmente es así? Si el sexo es natural, ¿por qué debe ser dominado? De hecho, todo el conflicto sobre el sexo, los problemas de neurosis, las desviaciones y el mal comportamiento sexual, no tienen su origen en los impulsos sexuales, sino en la represión. La resistencia es siempre mental; implica juzgar negativamente lo que se está sintiendo. El sexo se convierte en problema cuando se entremezcla con emociones ocultas, tales como vergüenza, ira y culpa. En esas circunstancias, el impulso sexual resulta confuso. Cuando la gente pregunta, por ejemplo, «¿Es correcto mantener contacto sexual con quien se te antoje?», o «¿La monogamia es natural?», queda implicado que en la cuestión debe operar un criterio exterior.

Los valores son personales; en toda situación que contenga energía sexual está involucrado todo el ser humano. Si sabes cuál es tu posición dentro de una situación sexual (es decir: si tienes clara conciencia de tus emociones y valores), el impulso sexual no se mantiene aparte, como un intruso iracundo. Es parte de ti, aceptable y querido.

Si puedes circular por la vida sin resistencia, descubrirás que la vida en sí es casta. Su pureza incluye tanto el amor como el sexo; no hay división entre ambos, salvo en el equivocado condicionamiento de la sociedad.

Este argumento tiene una base espiritual muy profunda. Por lo general, nuestra preocupación por el sexo nos lleva a pensar en él y a convertirlo en tema de conversación; sin embargo, el sexo no es una palabra ni un pensamiento. No está separado en modo alguno del flujo de la vida; su impulso surge, pide ser satisfecho y desaparece sin dejar rastros de culpa ni vergüenza, a menos que los agreguemos por medio de nuestras convicciones. Si lo amarramos a la mera búsqueda de placer, el resultado será el dolor, pues es imposible mantener el placer siempre intacto; sólo llevará a una repetición frustrante y sin sentido, a desear compulsivamente sensaciones que no pueden sino ir menguando en satisfacción.

Como dice Krishnamurti, la mera búsqueda de placer arroja la vida por la ventana. Al hablar de «vida», él se refiere al sagrado Ser presente en el corazón de la existencia, al misterio que sólo es cognoscible cuando no nos resistimos, cuando actuamos con naturalidad. No existe diferencia entre sexo, amor y castidad; los tres son una misma cosa.

En un mundo que, de mil maneras diferentes, nos obliga a imitar las ideas y los valores ajenos, queda el sexo como vía de escape de uno mismo. Es una forma de autoolvido, la única forma real de meditación con que cuentan muchas personas. Tal es la promesa de intimidad que nos puede llevar a un lugar donde la experiencia del espíritu es genuina e innegable.

Práctica de amor

Superar bloqueos sexuales

Si quieres mejorar tus experiencias sexuales, la cama es el último lugar donde debes iniciar la práctica. El sexo es espontáneo por naturaleza, a un tiempo expresión y descarga, entusiasmo y relajación. El mejor sexo es el más abierto, el menos planeado; por lo tanto, planificar lo no planeado es más o menos una incongruencia. No existe una manera de practicar la espontaneidad.

Para mejorar tu experiencia sexual, empieza liberándote de tus expectativas.

La energía sexual es neutra; puedes asociarla con cualquier otra cosa de tu vida, positiva o negativa. El sexo tenderá a ser lo que esperas que sea. Los supuestos problemas sexuales son, en realidad, conductas arraigadas que bloquean el libre flujo de la energía sexual. Tanto en hombres como en mujeres, la fisiología del sexo es muy delicada y sufre con facilidad la influencia de la mente. Es tu mente la que juzga si el sexo es «bueno» o «malo»; es tu mente la que interviene para impedir el orgasmo o la potencia (dejando de lado las enfermedades que imponen limitaciones físicas).

El dilema es que parece imposible llegar a la cama sin expectativas, teniendo en cuenta cómo funciona la mente.

Cuando la experiencia sexual era nueva contenía una cualidad de sorpresa e inocencia. Aunque no recordemos nuestro primer orgasmo, casi todos podemos recordar lo diferente que fue de otras sensaciones placenteras. Su novedad, su intensidad, hizo que deseáramos otros; pero cualquier sensación repetida se vuelve familiar, y la familiaridad lleva a la insipidez. Muchas personas acaban por asociar el sexo con el desempeño. En el dormitorio se cierne la pregunta: «¿Lo estaré haciendo bien?» Otros asocian el sexo con la sensación; lo que predomina en su mente es la cuestión: «¿Cómo me siento?» Y existen también aquellos en los que predomina la seguridad; mientras hacen el amor tienen en la mente esta pregunta: «¿Me amas de verdad?»

En cuanto el sexo se enreda en estas asociaciones y necesidades secundarias, deja de ser libre. Buscar la satisfacción de necesidades inconexas por medio del sexo no tiene nada de malo. El orgasmo no es un reflejo físico, sino un paquete psicológico. Pero por excelente que sea tu desempeño, por estupendo que te sientas, poner el orgasmo en determinada casilla lo aparta de toda importancia espiritual.

Cuando el sexo carece de sentido espiritual, se vuelve mecánico.

Por muchos motivos, resulta difícil alinear la naturaleza sexual con la espiritual. El siguiente ejercicio no pretende hacer el sexo más espiritual, sino apartar los obstáculos responsables de que el espíritu no pueda entrar en él.

PRIMERA PARTE

En la siguiente lista, escribe «Estoy de acuerdo» o «No estoy de acuerdo». Sé sincero; piensa que éste es un ejercicio de autoconocimiento, y tener expectativas no es algo que debas reprocharte.

1. El sexo es mejor si dura mucho.
2. El orgasmo debería ser intenso.
3. Si no hay orgasmo, no es sexo.
4. Cuando quiero una relación sexual, insisto en tenerla.
5. Cuantos más orgasmos, mejor.
6. La mejor relación sexual que tuve en mi vida no fue con mi pareja actual.
7. Ser impotente es fallarle a mi pareja,
   o bien:
   No llegar al orgasmo es fallarle a mi pareja.
8. Mi compañero no está tan dispuesto como yo a probar posiciones y técnicas nuevas.
9. He aceptado experimentos sexuales que me hacían sentir incómodo, sólo porque mi pareja me lo pidió.
10. Trato de complacer. Rara vez desilusiono a mi pareja.
11. Mi pareja me desilusiona mucho más a menudo de lo que cree.
12. No me gustaría que nadie pensara de mí que me entusiasmo demasiado con el sexo.
13. Me avergüenza demasiado hablar de cosas que me gustaría hacer en la cama.
14. Tenemos relaciones sexuales con más (o menos) frecuencia de lo que yo querría.
15. Echo de menos nuestras relaciones sexuales de antes.
16. En realidad, no pienso mucho en el sexo.
17. Nuestra relación sexual no es gran cosa, pero el resto de nuestro matrimonio lo compensa.
18. Tengo fantasías que no comparto con mi pareja.
19. Durante la relación sexual mi atención se distrae.
20. No soy muy buen amante.

Estas frases son muy comunes: indican que todo el mundo tiene, aunque sólo sea de vez en cuando, expectativas sexuales no del todo saludables.

- *Si estuviste de acuerdo con cinco aseveraciones o menos*, es probable que sepas estar muy presente y apreciar el acto sexual mientras lo realizas. No tienes muchas expectativas fijas ni te atienes a valores ajenos a ti.
- *Si estuviste de acuerdo con seis o más aseveraciones*, estás llevando a la cama problemas que estorban el libre flujo de la energía sexual; tu relación sexual se ve amenazada por preocupaciones y expectativas del ego.
- *Si no estás de acuerdo con ninguna de las aseveraciones*, eres un amante muy evolucionado o no has respondido con tanta franqueza como deberías.

Ahora analicemos lo que sentiste mientras leías esas frases. Algunas tienden mucho más que otras a desatar cargas emocionales. Relee la lista y verifica tus reacciones emocionales. ¿Te sientes muy molesto al leer ciertas frases? ¿No sientes nada? Cualquiera de los dos extremos implica que se está conteniendo la energía sexual: todo sentimiento reprimido impide que ésta fluya. Entre los bloqueos sexuales más potentes figuran la vergüenza, la culpa, la duda, el desaliento y el bochorno.

Si la frase «No soy muy buen amante», por ejemplo, te despierta una fuerte reacción emocional, no resulta difícil comprender que el problema está en la falta de autoestima. Quien esté enérgicamente de acuerdo con «Trato de complacer. Rara vez desilusiono a mi pareja», es igualmente presa de dudas sobre sí mismo, sólo que de una manera menos consciente. Si analizas tus sensaciones de incomodidad y te liberas de ellas, beneficiarás tu vida sexual más que si te concentras en la mecánica del sexo.

Puedes superar tus bloqueos sexuales de las siguientes maneras:

1. Escoge una aseveración que te despierte fuertes sentimientos, ya sean positivos o negativos.
2. Acuéstate, respira hondo y date ocasión de sentir qué pasa cuando piensas en esa frase.
3. Pide orientación en cuanto al significado de la frase. Si no te viene nada a la mente, pide que sean retirados los obstáculos. Para esto es útil respirar con rápidos jadeos; eso distrae la mente e impide que se aferre a los bloqueos.
4. Cuando obtengas algún tipo de respuesta (una imagen, un esclarecimiento, una fuerte oleada de sensaciones), pide liberación. Aspira hondo y deja que se vaya lo que quiera salir: un sollozo, un grito, movimientos físicos, un profundo suspiro o, simplemente, una oleada de fatiga.
5. Revive cualquier recuerdo que desee aflorar.
6. Cuando te sientas plenamente en contacto con la carga emocional oculta detrás de esa afirmación, pide que esa carga sea retirada. Respira rítmicamente hasta relajarte y liberarte de cualquier tensión asociada a dicha aseveración.

Cuando desaparecen los bloqueos, la energía sexual no tiene más alternativa que fluir.

Cada frase del cuestionario tiene una amplia variedad de significados posibles que pueden aplicarse o no a ti, pero he aquí los tipos de bloqueo que generalmente indican:

1. *El sexo es mejor si dura mucho.*
   Expectativas fijas con respecto al sexo, compara-

ción con otros; las normas sociales son más importantes que la experiencia personal.

2. *El orgasmo debería ser intenso.*
   Comparación con el pasado, valoración de la sensación física por encima de las emociones, egocentrismo, rasgos de personalidad adictiva.

3. *Si no hay orgasmo, no es sexo.*
   Preocupación por el desempeño, comparación con el pasado, valoración de las sensaciones físicas por encima de las emociones.

4. *Cuando quiero una relación sexual, insisto en tenerla.*
   Ira o sadismo ocultos, egocentrismo, competitividad.

5. *Cuantos más orgasmos, mejor.*
   Fijación en el desempeño, atención difusa (contar en vez de estar centrado), comparación con las normas sociales, inmadurez emocional.

6. *La mejor relación sexual que tuve en mi vida no fue con mi pareja actual.*
   Desencanto, enojo hacia el compañero, desaliento, incapacidad de concentrarse.

7. *Ser impotente es fallarle a mi pareja,*
   o:
   No llegar al orgasmo es fallarle a mi pareja.
   Preocupación por el desempeño, baja autoestima, inhibición de la descarga física, enojo oculto.

8. *Mi compañero no está tan dispuesto como yo a probar posiciones y técnicas nuevas.*
   Falta de comunicación, fijación en la fantasía o las sensaciones, críticas al compañero.

9. *He aceptado experimentos sexuales que me hacían sentir incómodo, sólo porque mi pareja me lo pidió.*
   Dependencia excesiva, poca autoestima, falta de comunicación.

10. *Trato de complacer. Rara vez desilusiono a mi pareja.*
    Preocupación por el desempeño disimulada por el éxito del mismo, egocentrismo, competitividad.

11. *Mi pareja me desilusiona mucho más a menudo de lo que cree.*
    Dependencia excesiva, baja autoestima, antecedentes de abuso, aislamiento con respecto al impulso sexual.

12. *No me gustaría que nadie pensara de mí que me entusiasmo demasiado con el sexo.*
    Valoración de las normas sociales por encima de la satisfacción personal, aislamiento con respecto al deseo sexual, baja autoestima.

13. *Me avergüenza demasiado hablar de cosas que me gustaría hacer en la cama.*
    Fijación en fantasías, desconfianza con respecto al compañero, criterios negativos sobre el sexo heredados de los padres.

14. *Tenemos relaciones sexuales con más (o menos) frecuencia de lo que yo querría.*
    Dependencia excesiva, baja autoestima, falta de comunicación.

15. *Echo de menos nuestras relaciones sexuales de antes.*
    Falta de comunicación, distracciones exteriores, distanciamiento del compañero.

16. *En realidad, no pienso mucho en el sexo.*
    Desilusión o ira hacia el compañero, baja autoestima, criterios negativos sobre el impulso sexual.

17. *Nuestra relación sexual no es gran cosa, pero el resto de nuestro matrimonio lo compensa.*
    Inercia, falta de atención al sexo, distracciones con respecto a la intimidad.

18. *Tengo fantasías que no comparto con mi pareja.*
    Falta de comunicación, miedo al impulso sexual, antecedentes de abuso, desconfianza.

19. *Durante la relación sexual mi atención se distrae.*
   Inhibición, desencanto o enojo con el compañero, distracción del impulso sexual, gran estrés.
20. *No soy muy buen amante.*
   Dependencia excesiva, autoestima afectada, trauma sexual en el pasado, criterios negativos sobre el sexo.

Éstas son interpretaciones muy generales, dentro de un amplio espectro de posibilidades. Pensar que no eres muy buen amante, por ejemplo, puede ser señal de algo leve (inexperiencia sexual, por ejemplo) o grave (depresión clínica). En vez de considerar cualquiera de estas caracterizaciones como diagnóstico o crítica, pregúntate si no señalan problemas ocultos que quizá no estás encarando. El objetivo no es hacerte pensar que tienes algo malo, sino despertar energías que necesitan ponerse en movimiento.

SEGUNDA PARTE

Nuestra cultura suele definir el «buen sexo» en función de la técnica y el desempeño. Pasamos por alto el hecho de que el sexo es un acto creativo, que no debe ser criticado ni evaluado. Biológicamente, la sexualidad humana es esencial en el proceso que crea los bebés, pero esa misma energía contribuye a muchas cosas en planos de vida que no son literalmente biológicos. El sexo es la creatividad misma; tenemos capacidad para crear en todos los planos de la existencia, desde el biológico hasta el espiritual.

El sexo es creativo cuando produce una nueva sensación, un esclarecimiento, una experiencia. En este ejercicio se exploran algunas de estas posibilidades.

Estudia la siguiente lista de experiencias. Marca todas las que hayas vivido siquiera una vez durante un contacto sexual. Son frases sugerentes, que puedes interpretar a tu antojo; sólo necesitas guiarte por tu propia percepción de lo que es bienaventuranza, despreocupación, juego, etcétera.

Risa complacida
Sensación de intemporalidad
Éxtasis
Calidez en el corazón
Fusión con el compañero
Sensación de flotar, como si el cuerpo desapareciera
Calor o luz visible fluyendo por la columna
Pérdida del ego
Despreocupación
Actitud juguetona
Desinterés por el desempeño
Dejarse ir por completo
Expansión
Sensación de plenitud, seguridad, pertenencia
Bendición
Bienaventuranza
Aguda conciencia del yo o de lo circundante
Amor sin límites
Contento, paz en el centro del corazón

Ahora revisa tus respuestas; las experiencias que hayas marcado indican tu horizonte espiritual. Es decir: has aprendido a usar la energía sexual para crear estas experiencias.

Las que hayas vivido una sola vez son la envoltura de tu crecimiento interior. Las experiencias que hayas gozado más de una vez, sobre todo en tiempos recientes, indican el crecimiento que ya has integrado en tu personalidad amorosa.

Revisa la lista y marca las experiencias que no hayas tenido, pero que te parezca posible vivir la próxima vez. Ésas son tus metas espirituales. Basta desearlas para que se produzcan; en tu paisaje interior, ya estás trabajando para alcanzarlas.

Ahora repasa la lista por tercera vez y marca las experiencias que te parezcan imposibles o fuera de tu alcance. Puesto que, en el uso creativo de la sexualidad, no hay nada realmente inalcanzable, calificar de «imposible» una experiencia refleja tus creencias actuales en cuanto a los límites del amor.

En el camino hacia el amor, las imposibilidades se resuelven convirtiendo el no-amor en amor. Con el crecimiento espiritual viene un nuevo potencial creativo, que puede adoptar la forma de la expresión sexual y lleva a comprender que eres potencia pura, capaz de satisfacer cualquier impulso creativo.

En nuestra vida

El amante agotado

Durante mucho tiempo, desde el comienzo de la adolescencia, Guy había sido un amante muy activo. Durante toda una década, los bares para solteros fueron su segundo hogar; se consideraba admirador nato de las mujeres y no lograba comprender por qué otros hombres parecían ignorarlas o resentirse con ellas. Para Guy, las mujeres eran seres embriagadores; darles placer era una tarea de la que se sentía orgulloso. Nunca dijo ser el novio de una mujer: siempre era su amante. Daba por sentada la revolución sexual; estaba dispuesto a casi cualquier tipo de experimento sexual que le propusieran las mujeres con las que salía; era capaz de llevar rápidamente a su compañera a un punto en el que no la avergonzara expresar sus fantasías.

Cuando se le preguntó qué pensaba de sus múltiples conquistas, Guy dijo:

—Las amé a todas. Nada me hace más feliz que una mujer agradecida.

Era sincero al afirmar que ninguna de sus pasadas conquistas estaba resentida con él en modo alguno, pese a que todas sus relaciones duraban apenas unas pocas noches; a lo sumo, seis meses.

Caroline fue la primera a quien Guy no quiso llevar a la cama en cuanto la conoció, si bien le inspiraba una fuerte atracción. Ella tenía veintidós o veintitrés años (Guy estaba a punto de cumplir los treinta), pero irradiaba la inocencia y el recato de una chica mucho más joven. Él estaba encantado; la comparaba con una gacela, por sus grandes ojos confiados y su leve aire de distancia.

Caroline, por su parte, parecía adorarlo; era apenas su tercer novio (definitivamente, prefería esa palabra a la de «amante»). Guy se deshizo de su renuencia y pronto inició con ella una relación íntima. Todo marchó bien hasta la noche en que él, inesperadamente, despertó bañado en lágrimas a las dos de la mañana. Lo invadía una emoción incontrolable: ¿pesar, remordimiento? Desconcertado y conmovido, Guy volvió a conciliar el sueño.

Sin embargo, cuando se acostó con Caroline por segunda vez descubrió que su desempeño estaba muy por debajo de lo habitual. Se distraía; por primera vez temió no poder llegar al orgasmo. No permitió que eso sucediera, pero después se sintió fatigado y sin alegría. Caroline, sin hacer comentarios, abrazó a Guy un buen rato, hasta que él se quedó dormido.

La relación fue haciéndose más y más profunda. En muchos sentidos, Guy tenía la sensación de estar viviendo la época más feliz de su vida. La actitud despreocupada e inocente de Caroline le parecía una verdadera revelación; a veces pensaba que, en comparación, se había pasado la vida esforzándose excesivamente. Indudablemente, esto era verdad en cuanto a su carrera: Guy trabajaba largas horas creando bases de datos para una prestigiosa agencia de bienes raíces. Su meta era hacerse millonario en cinco años. Caroline era la primera mujer que lo distraía de esa ambición.

Cuando Guy decidió proponerle matrimonio, ardió de incredulidad al oírla pedir un poco más de tiempo. Luego, esa incredulidad se convirtió en horror: Caroline, vacilante, le dijo que no quería tener relaciones íntimas durante un tiempo. Obligada a explicar los motivos, vaciló aún más, pero acabó susurrando:

—No creo que en verdad quieras. Lo haces para no defraudarme.

Era lo más preocupante, pero también lo más sincero que una mujer le había dicho. Aquella noche salió hecho una furia, con el orgullo herido; pero en el fondo sabía que estaba agotado. En el sexo había ciertas cosas que nunca se le habían ocurrido. Por ejemplo: nunca se le habría ocurrido pensar que «más» no equivalía necesariamente a «mejor». Durante diez años había hecho el amor casi todos los días; ahora, la necesidad oculta detrás de esa obsesión le parecía adictiva. Tampoco se le había ocurrido nunca que otras voces pudieran hablarle durante el acto sexual. Tras haber obedecido tanto a la voz del deseo, ahora se le hacía difícil escuchar las expresiones de tristeza, pesar e ira contenida. Al reflexionar sobre esto, cayó en la cuenta de que tenían que haber estado siempre allí.

Guy amaba a Caroline lo suficiente como para agradecerle que hubiera propuesto un período de espera. Los dos se dispusieron a reconstruir su relación sexual, empezando con simples contactos. Se acostaban juntos y cada uno pedía al otro, sin ambages, una suave caricia en alguna parte del cuerpo, indicándole dónde tocarlo a continuación y cuánto tiempo demorarse en un mismo lugar.

Guy no tardó en descubrir que estos contactos, en vez de ser eróticos, le provocaban ansiedad; en ocasiones tenía deseos de llorar. Poco a poco fue comprendiendo que rara vez se había sentido a salvo con las mujeres; justamente porque con Caroline no corría peligro le era posible desprenderse de viejas heridas. Las emociones reprimidas empezaron a emerger; quería compartir con Caroline incidentes de su pasado que nunca había revelado a ninguna mujer. En realidad, dialogar con las mujeres nunca había sido su punto fuerte. Empezó a establecer asociaciones entre su necesidad de lograr un gran desempeño sexual y su madre, una mujer crítica y exigente. Con el tiempo, comprendió claramente que, en algún plano, consideraba exigentes a todas las mujeres y pensaba que, si demostraba ser un amante hábil, desactivaría de antemano el desprecio con que ellas podían mirarlo si lo creían inepto.

Tuvo la suerte de que en él perdurara una gran capacidad de amor; a muchos hombres les habría costado toda una década alcanzar la penetración psicológica que él estaba logrando en pocos meses. Caroline no se puso en el papel de maestra ni de terapeuta; seguía a Guy en su autodescubrimiento, permitiéndole retirarse cuando lo necesitara. Era evidente que ella también se había autorizado a retirarse. Para él, el sexo siempre había sido señal de intimidad; para Caroline, la intimidad emergía poco a poco, y aceptar la relación sexual con él había sido sólo un primer paso.

Guy tuvo que soportar tiempos difíciles. Algunas noches, al hacer el amor, se sentía agresivo o colérico, lo cual lo llevaba a ataques de profunda culpa. La imagen que de sí mismo tenía como «amante» se fue desgastando al percibir la ira subyacente que había contenido y que lo obligaba a representar sexualmente lo que él idealizaba como personalidad interior. No era el amante sensible, generoso y considerado que creía, sino un manojo de sentimientos e impulsos complejos y a veces contradictorios. Con el tiempo llegó a aceptar la nueva situación, puesto que era real.

Caroline comprendió que era importante apoyarlo en su avance espiritual; como ella se tomaba muy en serio su propia vida espiritual, pudo ver esta transición como algo más que psicológica. Estaba convencida de que todos los cambios de su relación servían para unirlos. Para ilustrar el mutuo progreso, hizo una lista de las experiencias que deseaba tener con Guy, reparando en cada una a medida que se producía y analizándola con él.

Quiero sentir que me necesites tal como soy.
Quiero sentirme vulnerable.

Quiero sentir que nunca me harás daño.

Quiero sentir tu fuerza.

Quiero sentir que puedo decirte lo que más deseo.

Quiero sentirme abierta.

Quiero sentir una dulce locura.

Quiero sentirme unida a ti.

Quiero sentir que nunca nada fue mejor que esto.

Quiero sentir liviandad en mi corazón.

Quiero sentirme profunda.

Quiero sentirme íntegra.

Ésta no era una simple lista de deseos; equivalía a enviar al universo un mensaje que esperaba ver satisfecho con el devenir de los acontecimientos. Caroline alentó a Guy a hacer su propia lista. No se las llevaban a la cama ni pensaban en ellas mientras estaban acostados. El objetivo era articular claramente hacia dónde deseaban que los llevara el sendero común.

Un año después se casaron. Por entonces Guy había cambiado muchas de sus actitudes más básicas con respecto al sexo. Ya no lo practicaba sin amor; si sus emociones le dificultaban el acto, se sentía libre de decirlo. Descubrió que se excitaba más en ambientes callados y apacibles, con expresiones tiernas, profundas miradas de deseo, ojos chispeantes, caricias tímidas y actitudes pudorosas. A ratos se olvidaba del sexo, perdido en la pura libertad y la franqueza de su propio ser; ésos eran los momentos más sensuales. Tras haber pasado sus años formativos sumergido en experiencias sexuales, Guy iba camino de recobrar lo único que la experiencia no puede dar: la libertad de la inocencia.

4

Cómo rendirse

Desde el punto de vista espiritual, no hay acto más importante que la entrega. La entrega es el impulso más tierno del corazón, que actúa por amor para dar lo que el amado desea. Es estar atento a lo que sucede en el presente, sin imponer expectativas del pasado. Es tener fe en que el poder del amor puede lograr cualquier cosa, aun cuando no podamos prever el resultado de una determinada situación.

Pero rendirte al ego de otra persona, aunque sea el de tu amado, no es un acto espiritual. En la entrega hay un significado más profundo y místico. En el plano del ego es imposible que dos personas deseen exactamente lo mismo en todo momento. Pero en el plano del espíritu no pueden menos que desear lo mismo en todo momento. Tu ego quiere cosas materiales, conclusiones previsibles, continuidad, seguridad y la prerrogativa de estar acertado cuando los otros se equivocan. Así, al perseguir estos objetivos dejas fuera a cualquier otra persona, a menos que ésta se alinee con «mi» agenda o comprenda que «yo» soy lo que importa.

A tu espíritu eso no le interesa. Quiere amor, ser, libertad y oportunidades creativas. Se trata de un plano de deseo completamente distinto; cuando lo alcanzas, no hay conflicto en compartir tu ser con otra persona. Ese compartir es el núcleo de la entrega.

A casi todos se nos enseña a buscar los objetivos egoístas, a menudo sin ponerlos en tela de juicio. Siempre puedes decidir si permanecerás en este plano o no. Pero también tienes la posibilidad de pasar al plano del espíritu, cuyos objetivos son muy diferentes. El abismo entre ego y espíritu es inevitable. Franquearlo parece imposible, puesto que el espíritu y el ego son completamente opuestos. Se los puede reunir mediante la entrega, y la única fuerza que puede lograrlo es la del amor. La entrega, por ende, es la fase siguiente en el viaje del amor; entras en ella en cuanto decides establecer una relación.

La mayoría se encuentra, no ya en un idilio, sino en una relación a largo plazo, habitualmente el matrimonio. Esta fase ocupa una parte de la vida mucho mayor que el enamoramiento. Si enamorarse es una breve apertura al espíritu, la relación a largo plazo es la ancha meseta que sigue; llamamos a esta meseta, simplemente, «compromiso». El compromiso es muy difícil para muchas personas; para explicarlo se han dado incontables razones psicológicas. Pero la dificultad espiritual del compromiso es que te arroja directamente al abismo entre ego y espíritu. Cada uno aporta al matrimonio un complejo manojo de necesidades egoístas: el marido puede ser afectuoso y amable, pero su ego exige que la vida se desarrolle según ciertas expectativas; lo mismo puede decirse de la esposa. La relación basada en esas necesidades no es amor. Los dos egos se ven o bien forzados a vivir en una tregua intranquila, o bien a buscar otro camino: la entrega.

En toda la fase anterior del idilio había una sensación de ser escogido, como si una fuerza irresistible invadiera el corazón, pero en una relación el camino hacia el amor no es automático. Es preciso decidir todos los días si continuaremos en ella. En vez de considerar la entrega en función de otra persona, deberíamos considerarla una entrega al camino. Por ende, los esclarecimientos que surgen en toda relación comprometida son aquellos que corresponden al sendero:

Estás en un sendero único, que has creado con quien amas.

Encuentras el camino, no pensando, sintiendo ni actuando, sino mediante la entrega.

La entrega revela los impulsos de espíritu ocultos bajo la máscara del ego.

El camino al amor utiliza la relación para apartarte de tu limitado sentido del «yo», «mí», «lo mío», haciéndote pasar a una identidad expandida: eso es el desarrollo del yo hacia el Yo.

EL DHARMA DEL AMOR

Existe en el alma un misterio fundamental: que la fusión con otra persona no viole su integridad. La fusión de dos espíritus aporta a la unión más de lo que cada miembro de la pareja tenía al comenzar. El proceso de creación anímica que antes era «para mí» ahora es «para nosotros». Rumi lo expresa en pocas palabras, sentidas y bellas:

Mi alma refulgía por el fuego de tu fuego.
Tu mundo era agua murmurante
en el río de mi corazón.

Entender que dos pueden ser uno es la esencia de la entrega. Si el matrimonio fuera sólo la conjunción de dos personas que jamás se apartaran del campamento amurallado de su aislamiento, la existencia humana no podría escalar las cumbres espirituales. Sin embargo, lo hace.

Aunque no lo admita, la mayoría lamenta en secreto ese paso del idilio al compromiso. Mantener una relación requiere paciencia, devoción y persistencia; por ende, es mucho más difícil que enamorarse. Sus recompensas espirituales se obtienen mediante la dedicación al crecimiento interior. Para muchas personas, esto representa trabajo. El idilio es el recreo, mientras que la relación es estar en clase. Como resulta difícil, el matrimonio suele ver menguada la pasión; trae conflictos, desencantos y dolor. Si acaba mal, puede causar traición y una desconfianza total. No obstante, todo esto es un asunto del ego.

La única diferencia real entre idilio y relación, espiritualmente hablando, tiene que ver con la entrega. Cuando dos personas se enamoran, la entrega se produce naturalmente. Perdidos en las delicias del idilio, no tienen tiempo para egoísmos ni voluntad para desconfianzas. El matrimonio no actúa sobre esa base. Una vez que dos personas mantienen relaciones íntimas durante cierto período, la máscara de la fantasía se desprende y termina el período de gracia en que no existe el egoísmo. El ego regresa con creces, insistiendo en «mis» necesidades; por lo tanto, la entrega debe convertirse en objetivo consciente; no es ya algo seguro. Esto no equivale a decir que la entrega sea un trabajo difícil: es un trabajo consciente. Como tal, puede aportar el mismo gozo que el enamorarse, la misma sensación de juego que libera a los nuevos amantes de las cargas egoístas.

En esta etapa, el gran desafío consiste en hacer de la relación algo tan extraordinario como el enamorarse.

En uno de sus poemas, D. H. Lawrence compara el amor romántico y apasionado con una flor, mientras que el matrimonio es la piedra preciosa que resiste el paso del tiempo.

Es el cristal de la paz, la joya lenta y dura de la fe, el zafiro de la fidelidad.
Gema de mutua paz que emerge del salvaje caos del amor.

¿Por qué rendirse a otra persona? Paz, fidelidad, fe: las palabras clave figuran en esos pocos versos. El motivo más profundo para comprometerse con otra persona es también el más sencillo: el matrimonio es sagrado. Cuando marido y mujer están profundamente comprometidos en el amor, cada uno ve a Dios en el otro. Sobre esta base es posible una mutua entrega, pues sólo es una entrega al espíritu que existe en todo.

Estas palabras suenan casi chocantes en un contexto moderno. En las relaciones de hoy, la entrega es una remota posibilidad. La mayoría de los matrimonios tiene grandes dificultades incluso para establecer una confianza personal básica. Los psicólogos sostienen que los diez primeros años de casados se dedican a resolver diferencias de ideas, costumbres, gustos y maneras de hacer las cosas. «Yo quiero zumo de naranja para desayunar, y tú has comprado zumo de manzana.» «Yo prefiero el lado derecho de la cama, y tú también.» «Este color no es adecuado para la sala, aunque te guste.» La magnificencia de una relación sagrada se estrella en las rocas de los triviales conflictos egoístas.

En todo este caos, el significado espiritual del matrimonio se ha tornado tan difuso como el significado del mismo amor. ¿Vale aún la pena comprometerse? ¿Es posible la entrega entre tanto conflicto? Si, por un momento, dejas a un lado el actual contexto social, resulta natural un matrimonio sagrado en el que cada miembro se rinda al otro. Es la maduración de la fruta del amor, tras el florecimiento del idilio.

El idilio es un estado pasajero de lo sagrado. La relación lo hace permanente.

La antigua palabra india *Dharma* denomina de un modo mucho más completo lo que quiero decir con el calificativo de «sagrado». El sustantivo *dharma* proviene del verbo radical «sustentar» o «sostener». Como tantas palabras sánscritas, ésta tiene varias capas de significado. Se considera dhármico lo que sustenta la vida de una persona y la mantiene en el curso debido. Es dhármico decir la verdad en vez de mentir, o ser fiel en vez de mantener aventuras extramatrimoniales.

Dharma también se traduce como «ley» o «lo correcto». En la India actual se dice que alguien está en su dharma si sigue la tradición familiar en cuanto a trabajo, culto y conducta social. La sociedad occidental moderna no es dhármica en ninguno de estos aspectos, ya que nuestros hijos son libres de escoger ocupaciones muy diferentes de las de sus padres, así como nuevos códigos de conducta y otros lugares donde vivir. Tanto en Oriente como en Occidente, el siglo pasado vio socavadas las raíces de la sociedad dhármica.

Sin embargo, el dharma es más que una convención social; es una fuerza viva que te puede ayudar a superar múltiples amenazas y desafíos de la vida. Tu ego no lo cree, porque no puede hallar el dharma; el ego no tiene como guía al amor, mientras que el dharma está íntimamente ligado a él. En Occidente, el concepto más cercano al de dharma es «gracia», esa amorosa presencia de Dios que mantiene a la humanidad bajo la protección divina. Cuando Jesús hablaba de Dios viendo la caída de un gorrión, se refería al dharma. En China, ese mismo concepto emergió como *Tao*, «el Camino», un poder invisible, pero real, que organiza la vida entera. Estar en armonía con «el Camino» equivale a vivir dentro del dharma.

Todas las tradiciones espirituales enseñan que, en la vida, el éxito depende de hallar el Camino e ignorar las distracciones de lo exterior. No obstante, el ego asegura con empecinamiento que la supervivencia depende de que se preste atención absoluta al mundo exterior. Sus tácticas primarias (vigilancia y estado de alerta) son la antítesis misma de la entrega.

En una relación, la entrega es valiosa sólo como entrega al espíritu.

El matrimonio basado en las diferencias jamás llevará a la entrega espiritual. Por lo tanto, debes reformular tu percepción y aprender a encontrar las bendiciones que se ocultan detrás de los conflictos. Cuando logras hallar la unidad con tu amado, eres bendecido. La finalidad espiritual de las diferencias es conducirte fuera del aislamiento.

El ego te lleva a creer que el aislamiento es necesario. Cada vez que pronuncias aseveraciones como las siguientes, apartas de ti al ser que amas:

No me importa lo que pienses. No me importa lo que desees.

Lo voy a hacer así. Tú puedes hacerlo a tu manera, si quieres.

Yo soy responsable de satisfacer mis propias necesidades. Y tú también deberías serlo de las tuyas.

Si tú haces eso, yo haré esto otro.

Estas frases pueden parecer brutales y contenciosas, pero no he hecho más que reducir las expresiones habituales del ego a lo esencial. Naturalmente, todos hemos aprendido a ser corteses cuando expresamos las necesidades del ego, a menos que se nos ponga entre la espada y la pared. No obstante, resulta imposible disimular el aislamiento creado por el ego cuando afirma el «yo» a costa del «tú».

Estar en dharma cura el aislamiento, convierte el «nosotros» en una realidad, no como unidad de dos, sino como espíritu unificado. Actúas en dharma cuando permites algo en vez de oponerte. Ese permitir origina expresiones como las siguientes:

¿Hay algo que necesites? ¿En qué puedo ayudar?

Entiendo lo que te sucede. Quiero que sepas que no hay problema.

¡Adelante! Te estaré esperando aquí.

Sé exactamente lo que quieres decir.

Tienes razón.

Cuando vienes del amor, éstas no son simples fórmulas verbales. La unidad arroja absoluta claridad sobre el punto de vista del otro; puedes entender a alguien que está fuera de ti. Lo que lo posibilita es comprender que quien amas no está fuera de ti; está sólo fuera de tu yo, expresando necesidades que no son el núcleo de sí mismo. En el núcleo, tú y a quien amas no están aislados, puesto que las necesidades, los gustos personales, los deseos y las carencias están fuera de ese centro.

El dharma es una visión de igualdad espiritual. Cuando percibes la vida a través de esta visión, el aislamiento desaparece.

En el sentido más profundo, seguir tu dharma no significa meramente respetar las reglas de conducta correcta ni obedecer las leyes impuestas por la sociedad; no hay fórmulas fijas para hallar el Camino. Estar en dharma significa que te has fijado una meta espiritual y estás dedicado a alcanzarla. Cuando las relaciones actuales luchan por sobrevivir, necesitan una nueva justificación, para lo cual es esencial este significado más amplio del dharma.

LA ENTREGA Y «EL CAMINO»

Cuando piensas en las palabras «entrega» o «rendirse», probablemente las asocias a la derrota. Desde el punto de vista del ego, es natural. En toda situación donde predomine la lucha, nadie actúa por amor y es inevitable que sólo gane un bando. Te bastará con recordar la última discusión encarnizada en la que hayas participado para comprender que nada te interesaba menos que alcanzar un punto de mutuo amor.

Pero «entrega» tiene otro significado, como sabrás si recuerdas la experiencia del enamoramiento. El enamorarte te permite rendirte a lo que deseas profundamente, no a lo que otra persona trata de imponerte. Imagina un incidente trivial: tu pareja te pide que la ayudes a limpiar la casa, justo cuando te has sentado a mirar la televisión o a leer un libro del que no quieres separarte. ¿Cómo encaras esta situación?

El ego la encara de este modo: «Quieres obligarme a hacer algo que yo prefiero no hacer. Seré yo quien decida si lo hago o no.» El espíritu, en cambio, lo enmarca así: «Veo que me necesitas.» Fíjate en que no es el resultado lo que está en juego. El ego, ceda o no, enfoca siempre el incidente como conflicto. Su principal interés es conservar el poder de su lado; por lo tanto, él debe ganar ese conflicto. Y ganar significa decir que no sin consecuencias o decir que sí y sentirse magnánimo. El objetivo de ambos resultados es evitar la derrota.

El espíritu no tiene esas segundas intenciones. Reconoce las necesidades del otro, pero no se hace responsable de satisfacerlas ni se opone a ellas. De este modo considera al otro como persona real; pues cada vez que necesitas algo, esa necesidad es tu realidad.

La única necesidad verdadera que tiene toda persona es ser considerada real.

Pasamos mucho tiempo perdidos en necesidades irreales. Tu pareja puede pedirte que limpies la casa por diez o doce motivos diferentes. Quizás esté enfadada o la incomoda que todo el trabajo doméstico corra por su cuenta. Tal vez se sienta ignorada, denigrada, nerviosa, abrumada, compulsiva, dominante... o, simplemente, necesite ayuda para limpiar la casa. Lo que caracteriza al espíritu es la ausencia de segundas intenciones. La necesidad del ego inseguro no se disimula con otras tácticas. Cuando estás en espíritu no sientes el impulso de manipular, seducir, exigir, suplicar ni insistir. Simplemente, permites. Y al hacerlo, abres espacio para que fluya el amor.

¿Significa esto que la persona «espiritual» siempre abandona el televisor o el libro para limpiar la casa? No. El espíritu nunca actúa de manera fija. En general, saber que tu ser amado necesita ayuda te induce a satisfacer esa necesidad. Existen ciertos instintos amorosos que surgen naturalmente cuando estás en contacto con el espíritu:

No te opones.
Antepones los sentimientos a los resultados.
Quieres ayudar. Servir te inspira sentimientos de gozo.
Pones los deseos del otro en el mismo plano que los tuyos.

Estos instintos se desarrollan y maduran mediante la entrega y con el paso del tiempo. Pero si retornas a la experiencia del enamoramiento, verás que no son reacciones aprendidas. Ya están contenidas en el amor. Amar significa, automáticamente, liberarse de los conflictos y las luchas del ego. Por sí sola, la experiencia de enamorarse no es una liberación absoluta, puesto que la lucha vuelve inevitablemente; pero los amantes captan cuanto menos una fugaz visión del Camino. Aunque no puedan expresarlo, he aquí lo que descubren:

Amar no requiere esfuerzo.
El estado de ser tiene su propio gozo innato.
Si tienes conciencia suficiente, las preguntas se resuelven por sí solas.

La vida no ofrece peligro.
Dejarse arrastrar por la corriente del ser es la manera
más sencilla de vivir.
La resistencia nunca triunfa.
Es imposible dominar el flujo de la vida.

Comprender estas cosas es lo que te aparta de la lucha. La lucha empieza con el aislamiento del ego; termina cuando hallas el Camino y te rindes a su fuerza orientadora.

> *La lucha aparenta librarse contra otros o contra ti mismo, pero en realidad es siempre una lucha contra el dharma. Y en el dharma no hay lucha alguna.*

Puesto que una de las cualidades más apreciadas en el ser humano es su capacidad de luchar contra la adversidad, una vida sin luchas está muy alejada de nuestra actual visión del mundo. Sin embargo, resulta obvio que venir del amor no puede ser una lucha. ¿Cómo se reconcilian estas dos cosas? La respuesta reside en el libre albedrío. Los seres humanos pueden decidir si ponen fin a la lucha y viven en el amor; es justamente ésta la posibilidad a la que te enfrentas, por ejemplo, en tu relación. El matrimonio es un espejo y un campo de pruebas. Pone a prueba tu disposición a creer en el amor como solución. Refleja las convicciones bajo las cuales operas, que se basan en el amor o en la falta de él. Luchar y rendirse son los dos polos del libre albedrío. Como todos creemos en el amor a veces, que no siempre, estamos condenados a vivir en conflicto, a menos que descubramos la manera de resolver este dualismo. De ahí la importancia del dharma.

En el caso de los animales y las plantas, el dharma opera automáticamente; no hay por qué dudar de uno mismo, como tampoco hay posibilidad de desviarse del camino. El crecimiento y la conducta son innatos. El tigre no siente remordimientos por su naturaleza predatoria ni empatía por su presa; tampoco le sería posible convertirse en un apacible rumiante de pasto, aunque así lo quisiera. Para que el tigre evolucionara en un tipo de animal diferente, el cambio se debería producir en la especie entera, mediante cambios que requerirían miles de años.

Según la terminología científica moderna, el desarrollo del código genético que hace a una higuera diferente de un tigre reside en un plano tan profundo de la memoria celular que, aparte de morir, nada de lo que una criatura haga en cuanto a conducta puede desviar el curso programado en su ADN. Según la terminología espiritual, en cambio, el dharma de la criatura es más poderoso que ningún individuo por sí solo; mantiene la vida en el sendero fijado en tanto la especie pueda hallar un medio adecuado para su supervivencia.

El dharma opera también en los humanos, pero de manera tal que permite el libre albedrío. Cada uno de nosotros se desarrolla, a partir de un simple cigoto fertilizado, hasta convertirse en una persona madura, según lo dicta su código genético único. Los genes nos imponen un plan que está escrito en nuestras células. Los dientes de leche no dejaron de crecer por mucho que lloraras, molesto por su crecimiento; tu confusión emocional no aceleró ni demoró la pubertad.

Sin embargo, dentro de este patrón fijado para nuestra especie, tienes una tremenda libertad de acción, pensamiento y sentimiento. Tomas decisiones que influyen sobre tu felicidad muy por encima de tus perspectivas de supervivencia. El hecho de que tengamos a un tiempo predeterminación y libertad ha sido un misterio durante muchos siglos. Los Vedas enseñan que el ser humano es capaz de una evolución personal, aparte de la evolución de la especie. Una persona motivada por la ira, el egoísmo, la desconfianza y los celos tiene siempre la posibilidad de evolucionar y alcanzar un nuevo plano donde el amor, la compasión, el perdón y la verdad reemplacen a estos impulsos inferiores. En otras palabras: el espíritu responde a la visión que tengas de él; cuanto más elevada sea tu visión, más evolucionarás.

Elegir tu propio dharma determina por completo la felicidad, el éxito y el amor que tengas en el curso de la vida.

Según las normas de nuestra cultura, esta afirmación es asombrosa, ya que creemos en el azar, las casualidades y las influencias imprevisibles. No creemos que el espíritu responda constantemente a nuestra visión. Sin embargo, estos elementos aleatorios son una máscara en el sendero. En el espíritu no hay accidentes; todo lo que sucede a tu alrededor refleja tu presente estado espiritual. Si tu estado espiritual está lleno de confusión, nerviosismo y dudas, el dharma tiene un poder limitado para operar en tu vida. Estás alejado de las leyes naturales destinadas a sustentar a cada persona desde el nacimiento hasta la muerte. Sin dharma no puede haber amor, pues el amor es parte de la fuerza sustentadora del dharma. Una existencia vivida en dharma puede abrevar sin límites en el amor. El dharma es una guía sutil, flexible, siempre cambiante, siempre sensible al próximo paso que te ha sido destinado a ti y a nadie más que a ti.

Esto lleva a una pregunta lógica: «Si existe una fuerza universal que puede guiar mi vida, ¿por qué no puedo verla y sentirla?» La respuesta es que la visión del ego bloquea al espíritu. Si vives una visión de la existencia derivada de tu identidad aislada, separada (como le sucede a casi todo el mundo), la nueva visión no puede competir. El amor y el ego son incompatibles. La entrega debe iniciarse en la escala más pequeña e íntima. Comienza contigo y la persona que amas, aprendiendo a estar juntos sin resistencia ni miedo.

Cuando dos personas deciden encarar la vida como sendero de evolución, esa relación es dhármica. Tú y tu amado recorréis un sendero que nunca fue recorrido de un modo exactamente igual por ser viviente alguno. No lanzas un suspiro, no concibes un pensamiento, no tienes un hálito de sensación que haya existido previamente; la intimidad que ambos construyáis no será de nadie más. Existen incontables caminos, tantos como personas hay en el mundo; sin embargo, como una invisible hebra orientadora, cada sendero debe conducir al Camino, la manera de vivir que conduce hacia el espíritu.

PRÁCTICA DE AMOR

Dejarse llevar

En términos prácticos, rendirse significa dejarse llevar. Aunque no lo veas así, la realidad no es algo fijo. Cada uno de nosotros habita una realidad aparte. Tu mente mantiene tu versión personal de la realidad atrincherándola con creencias, expectativas e interpretaciones. Bloquea el libre flujo de la fuerza vital diciendo: «Así deben ser las cosas.» El dejarte llevar te libera de este puño insistente; cuando te dejas llevar pueden ingresar nuevas formas de realidad.

Basta con ir a dar una vuelta en la montaña rusa para ver quién disfruta más de la experiencia: los que se aferran con los nudillos blancos y los dientes apretados o los que se dejan llevar, sin oponer resistencia.

Dejarse llevar es un proceso. Debes saber cuándo aplicarlo, de qué desprenderte y cómo hacerlo. La mente no va a mostrarte ninguna de estas cosas; peor aún: tu ego tratará de impedir que avances, pues está convencido de que debes aferrarte bien para sobrevivir. En ese desprendimiento, tu único aliado es el espíritu, que ve la realidad como un todo y, por ende, no tiene necesidad alguna de crear realidades parciales basadas en la limitación. La finalidad de los ejercicios siguientes es liberarte para acercarte al espíritu.

Se podría describir el camino hacia el amor como un aprendizaje del dejarse llevar, pero no es posible hacerlo de inmediato. Este camino lo forman muchos pasos pequeños. En cualquier momento dado, los pasos son básicamente los mismos: la conciencia comienza a sustituir las reacciones. Una reacción es automática; abreva en convicciones y expectativas fijas, en imágenes de dolores y placeres pasados que residen en la memoria, listos para guiarte hacia situaciones futuras. Si cuando eras niño te mordió un perro grande, la aparición de un perro grande en la actualidad hará que te apartes. La memoria te dice, en una fracción de segundo, que tu reacción ante los perros grandes debe ser el miedo.

Superar esta o cualquier otra reacción requiere un acto de conciencia. La conciencia no resiste el sello de la memoria. Penetra en ella y pone en tela de juicio su necesidad actual. Ante un perro grande, la conciencia te dice que ya no eres pequeño y que no todos los perros grandes muerden. Si tienes conciencia de esto, puedes preguntarte si es necesario aferrarte al miedo. Que acabes acariciando al perro, ignorándolo o alejándote es algo que tú decidirás. Las reacciones dan como resultado una serie cerrada de alternativas; la conciencia, en cambio, origina una serie abierta.

Cada vez que te sientas tentado a reaccionar como de costumbre, pregúntate si quieres ser prisionero del pasado o pionero del futuro. El pasado es algo cerrado y circunscrito; el futuro es libre y abierto.

Como la mente se aferra a una interminable serie de expectativas, creencias e imágenes, podrías practicar el dejarte llevar en cada instante de tu vida. Aunque esto no es factible, hay fuertes señales que te dirán cuándo es adecuado hacerlo. Una vez que tienes conciencia, saber cuándo dejarte llevar se torna obvio.

Cuándo dejarse llevar

El momento crucial para dejarte llevar es ése en que experimentas la mayor necesidad de no hacerlo. Todos nos aferramos con más empecinamiento cuando se imponen el miedo, la ira, el orgullo y la desconfianza. Sin embargo, estas fuerzas no tienen validez espiritual. La irrealidad te tiene en su poder tanto más cuanto más miedo, ira, terquedad o desconfianza sientas. El ego te obliga a reaccionar desde el pasado y te ciega a las nuevas posibilidades del aquí y el ahora.

La mente que se aferra desesperadamente dice cosas como éstas:

Odio esto. Se tiene que acabar.
Ya no lo soporto más. Si esto continúa así, me moriré.
No puedo seguir adelante. Ya no queda nada.
No tengo alternativa. Tiene que ser a mi modo o...
Todos estáis equivocados.
Nadie me comprende.
Siempre me tratáis así.
¿Por qué haces siempre esto?

Hay infinitas variaciones de estas frases, pero los sentimientos subyacentes son notablemente similares: piensas que ya no resistes más, te sientes acorralado y temes no sobrevivir; sientes que siempre te suceden cosas malas. Estas sensaciones llevan al estado rígido y contraído de la resistencia, y niegan así la realidad de que en todo momento pueden suceder cosas buenas.

«El espíritu ofrece buenas soluciones para cualquier situación, si te abres a ella.»

Una de las palabras clave del aferrarse es «siempre». En cuanto tu mente dice que algo sucede «siempre», te encuentras en el puño de una falsa creencia. Ese «siempre» nunca es verdad.

Tienes, en todo momento, la alternativa de desprenderte de lo que te está atrapando: las reacciones automáticas extraídas del pasado.

De qué desprenderse

Si el mejor momento para dejarte llevar es ese en el que no quieres hacerlo, aquello de lo que debes desprenderte es a lo que más te aferras. El miedo, la ira, la terquedad y la desconfianza se presentan ante ti como salvadores. Cuando, en realidad, esas energías no hacen sino aislarte más. Piensa en esto: nadie resolvió nunca una situación dejándose dominar por el pánico; nadie resolvió nunca una situación negándose a escuchar respuestas nuevas; nadie resolvió nunca una situación cerrándose en banda.

En tus momentos más serenos lo sabes, pero la mente sigue aferrándose a lo irreal por costumbre e inercia. La gente asustada tiende a actuar así porque resulta familiar; lo mismo vale para los iracundos y los empecinados. Es útil desafiar a las consabidas reacciones afirmando que ya no crees en ellas. He aquí algunos ejemplos de lo que quiero decir:

En vez de decir «Tengo la razón», reconoce: «No lo sé todo. Puedo aceptar un resultado que en este momento no alcanzo a ver.»

En vez de decir «No soporto esto», reconoce: «Ya he sobrevivido a situaciones como ésta.»

En vez de decir «Tengo un miedo increíble», reconoce: «El miedo no es yo. Tener más miedo no hace nada de esto más real.» (La técnica es aplicable también a sensaciones de ira sobrecogedora, desconfianza, rechazo, ansiedad, etcétera.)

En vez de decir «Estáis todos equivocados y nadie me comprende», reconoce: «En esta situación hay más de lo que puede saber una sola persona.»

La fórmula general en este caso es que, cuando reaccionas con «X tiene que ser así o, si no...», debes apelar a la conciencia y decir: «X sólo tiene que ser como es.»

Cómo desprenderse

En situaciones abrumadoramente emocionales o difíciles, nadie se deja llevar. Uno es humano; cuando el miedo, la ira, la duda o la terquedad son tan poderosos que no queda sino ceder a ellos, es preciso comprender que estamos experimentando una reacción extrema. Es preciso decirse: «Me estoy aferrando, pero esta experiencia no es yo. Es sólo una experiencia que pasará, y entonces me desprenderé de ella.» Aun en las situaciones más extremadas puedes tener la voluntad de dejarte llevar, lo cual supone ya dar un gran paso.

No obstante, por lo general no te encuentras en situaciones extremas y puedes iniciar el proceso de desprendimiento. Como dejarse llevar es una decisión profundamente personal, tendrás que ser tu propio maestro. El proceso se produce en todos los niveles: el físico, el mental y el emotivo; es decir: en cualquier plano donde la energía pueda atascarse o aferrarse. No hay dos personas que tengan exactamente las mismas cuestiones. Tú puedes sentirte a gusto con mucha más liberación física que yo; yo puedo sentirme a gusto con mucha más liberación emocional que tú. Es importante buscar el equilibrio personal correcto.

Dejarse llevar físicamente

Dejarse llevar físicamente es cuestión de liberar tensiones. Por efecto del estrés, el cuerpo se tensa; la respiración se torna superficial y arrítmica; el equilibrio hormonal pasa de sus niveles normales al estado hiperalerta de luchar o huir. O ambas cosas a la vez. En todo programa para el manejo del estrés debes asumir un compromiso a largo plazo, ya sea mediante la meditación, el yoga o cualquiera de otras incontables opciones. El estrés es permanente; por lo tanto, la reducción de estrés también debe ser permanente.

A corto plazo, desprenderse del estrés requiere relajarse. Inspira profunda y acompasadamente; deja que el aire fluya libremente. Acuéstate, en la medida de lo posible, y permite que la liberación se produzca durante el tiempo necesario. Entre los síntomas de una buena liberación figuran bostezos, suspiros, sollozos callados, toses, estornudos y somnolencia. Deja que tu cuerpo haga alguna de estas cosas o todas ellas.

Otros medios de liberación física, además de la respiración, incluyen reír, gritar, salir a caminar, nadar, darse un largo baño, bailar y hacer ejercicios aeróbicos. Desprenderse del estrés da sus frutos, aunque sólo sea en parte. La intención es dejar que el cuerpo se libere de lo que necesita. A tu cuerpo no le gusta aferrarse al estrés; y si lo hace es, esencialmente, por instancias de la mente. Un paso importante es apartar la mente de la situación y dejar que el cuerpo libere sus energías excedentes.

Bajo una tensión extrema, aléjate de la situación: di a quienquiera que esté involucrado que necesitas pasar un rato a solas para ordenar tus pensamientos. Asegúrale que volverás y, aunque el otro te presione para que te quedes, permítete hacer lo que necesites para tu propio bienestar.

Dejarse llevar mentalmente

Ya he hablado extensamente sobre el modo en que la mente se aferra a convicciones, expectativas e interpretaciones. Se requiere toda una vida para acumular estas respuestas condicionadas, pero las desmantelamos segundo a segundo. El mejor momento para empezar es el actual. Cuando te veas en una situación en la que el desastre, la pérdida, el dolor o cualquier otra emoción negativa sea un resultado seguro, utiliza la fórmula más adecuada de entre las siguientes:

> Esto es una experiencia más. Estoy en la tierra para vivir experiencias. No ocurre nada malo.
>
> Mi Yo superior sabe lo que sucede. Esta situación es por mi bien, aunque ahora no sea evidente.
>
> Mis temores pueden estar justificados, pero el resultado no me destruirá. Hasta puede hacerme bien. Esperaré a ver qué pasa.
>
> En este momento experimento una fuerte reacción, pero no es la de mi verdadero yo. Ya pasará.
>
> Lo que temo perder está destinado a abandonarme. Me encontraré mejor cuando reciba nuevas energías.
>
> Diga el miedo lo que diga, nada puede destruirme. La gente no se rompe al caer; rebota.
>
> El cambio es inevitable. De nada sirve resistirse a él.
>
> Aquí hay algo para mí, siempre que tenga la conciencia necesaria para encontrarlo.
>
> Las cosas que más temo ya han sucedido.
>
> No quiero seguir aferrándome. Mi propósito es desprenderme y abrazar lo que venga.
>
> La vida está de mi parte.
>
> Soy amado; por lo tanto, estoy a salvo.

Éstas no son simples fórmulas, sino nuevas convicciones que, s sustentadas con sinceridad, pueden convocar al espíritu para que te ayude. Para construir una nueva realidad necesitas nuevas estructuras mentales. Las situaciones que tu ego rechaza con todas sus fuerzas son justamente las que debería aceptar de buen grado, pues desde la perspectiva espiritual es benéfico todo aquello que desmantele las construcciones mentales restrictivas. Debes derribar lo conocido para permitir el ingreso de lo desconocido.

Dejarse llevar emocionalmente

Las emociones son más persistentes que los pensamientos. El pegamento que te adhiere a tus viejas convicciones y expectativas es la emoción. Cada vez que niegas la posibilidad de dejarte llevar estás haciendo una aseveración emocional. En realidad, puedes dejarte llevar por cualquier situación en cualquier momento. «No puedo» sólo significa: «Temo las consecuencias emocionales que pueda sufrir si lo hago.» Tu ego traza una línea en el suelo y asegura que, si la cruzas, no sobrevivirás a las sensaciones interiores que surjan.

Aquí se autoimpone una poderosa limitación, que en el fondo no es auténtica. Lo cierto es que se sobrevive a cualquier emoción; en verdad, ese miedo excesivo, esa pérdida, esa humillación excesivas, ese rechazo o desaprobación excesivos, ya han sucedido. Has cruzado esa línea muchas veces; de lo contrario, no sabrías dónde trazarla. Lo que está diciendo tu ego, en realidad, es que no puedes cruzar esa línea *otra vez*. Sin embargo, desde el punto de vista del espíritu no necesitas hacerlo.

Según una ley inconsciente, todo aquello que evites volverá y, cuanto más lo evites, más fuerte volverá. Quien jura que no volverá a sentir tanto miedo, tanta ira, tanta devastación, no hace sino prepararse para el retorno del miedo, la ira y la devastación. La negativa a enfrentar ese hecho crea una angustia innecesaria.

En vez de resistirte a una emoción, la mejor manera de borrarla es ingresar por entero en ella, abrazarla y no dejarte engañar por tu resistencia.

Las emociones dolorosas no vuelven por motivos externos. Vuelven porque forman parte de ti; antes de apartarlas de ti, las creaste. Cada emoción que experimentas es tuya. Todos cometemos el error de creer que es algo «externo» lo que nos causa miedo, cólera, depresión, nerviosismo, etcétera. En verdad, los hechos «externos» son sólo desencadenantes. La causa de toda emoción es «interna», lo cual significa que se puede curar con un trabajo interno.

El primer paso, el más importante, es decidirse a efectuar ese trabajo interior. Aun después de años de curación emocional, habrá momentos en que tengas la certeza de que hay otra persona responsable de hacerte sentir determinada cosa. Dedicarse al trabajo interno requiere en todo caso negarse a aceptar esta perspectiva, por muy a menudo que regrese. Espiritualmente, tú eres el creador de tu realidad. Eres el intérprete, el vidente, quien toma las decisiones y quien elige. Cuando te descubras dominado por una emoción negativa, trata primero de liberarla físicamente, pues los efectos corporales son la mitad o más de lo que sientes.

Después de hacer eso, utiliza las fórmulas siguientes para restablecer tu emoción:

- *En vez de decirte a ti mismo que tu emoción es mala, pregúntale a ella qué tiene que decirte*: Toda emoción existe por un motivo y ese motivo es siempre ayudarte. Las emociones existen con un fin.
- *En vez de apartar de ti la emoción, obsérvala con detenimiento*. Pídele que se quite la máscara. A menudo descubrirás que las emociones tienen varias capas. La ira disimula el miedo; el miedo disimula el dolor. Para ir más allá de una emoción tienes que atravesar sus capas hasta llegar a la raíz.
- *Si una sensación es abrumadora, piensa: «Quiero llevar esto hacia fuera antes de observarlo.»* Recuerda que la sensación abrumadora no es tu verdadero yo: es algo por lo que estás pasando.
- *Si reconoces que ciertas situaciones te provocan siempre la misma reacción, pregúntate qué debes saber para que esa reacción cambie.* La repetición es como una lla-

mada a la puerta: cesará cuando la abras y recibas lo que está al otro lado.

- *Cuando te veas a ti mismo trazando una línea en el suelo, deja de hacerlo.* La resistencia sólo empeora las cosas. Deja que la emoción surja. Para liberarla, llora, grita, pierde los estribos, tiembla de miedo o lo que haga falta. Las emociones van y vienen. Recuerda que cada una tiene su ritmo y déjate llevar por ese ritmo. Cuando estás en una ola, la mejor manera de no ahogarte es dejarte llevar por ella.

Cuando comiences a dominar el arte de dejarte llevar, con paciencia, dedicación y amor, tu realidad cambiará. No hay alternativa. Lo «externo» es siempre un espejo de lo que sucede en el interior. En el proceso de desprendimiento, perderás muchas cosas del pasado, pero te encontrarás a ti mismo. No será un yo hecho de creencias, expectativas e interpretaciones, pues estas cosas van y vienen. Será un Yo permanente, arraigado en la conciencia y en la creatividad. Una vez que lo hayas comprendido habrás comprendido el mundo.

EN NUESTRA VIDA

¿Y yo?

Della y Frank habían llegado a un punto en el que todo parecía acabar en discusión, pero al menos estaban de acuerdo en una cosa: cada uno de ellos estaba casado con la persona más egoísta del mundo. Se estaban convirtiendo en maestros de la mordacidad sarcástica y habían desarrollado una gran insensibilidad, capaz de soportar lo que el otro disparara. Aún les era posible, no sin esfuerzo, conservar las apariencias frente a otras personas; pero había mañanas en que la única comunicación entre Della y Frank era una fría nota en la mesa del desayuno.

—Seguimos durmiendo en la misma cama —dijo Della—. Tenemos nuestros días buenos, que a veces se prolongan hasta una semana, pero por algún motivo no podemos dejar de agredirnos.

Algunos de sus amigos murmuraban: «¡Abogados!», y lo dejaban ahí. Ambos se habían conocido trabajando en la revista de la Facultad de Derecho, ocho años atrás. El noviazgo no fue fácil; de hecho, se parecía al cauteloso cortejo de dos erizos: ninguno de los dos se disculpaba por tener una personalidad tan fuerte. Ambos sabían lo que deseaban y nunca dejaban de sacar a relucir las quejas. Cuando las burlas se convertían en altercados y corría la sangre, resultaba difícil establecer las mutuas responsabilidades.

—Nadie imagina lo mucho que nos esforzamos. Desde un comienzo pensamos que este matrimonio tenía posibilidades —dice Della—. Hubo muchos problemas que resolvimos por adelantado. Por ejemplo: Frank accedió a la separación de bienes. Somos muy meticulosos en cuanto a las cuentas, para repartirnos los gastos con justicia. A mi modo de ver, no hay nada peor que esas mujeres que quieren tener su propio dinero, pero obligan al marido a cargar con todos los gastos.

Ése fue uno de los primeros aspectos en que radicó la gran diferencia de sus orígenes. Della pertenecía a una adinerada familia de abogados y jueces de un distrito residencial. Frank se había criado en un barrio pobre y había trabajado en la joyería de su padre para pagarse los estudios.

—Nuestra primera pelea se produjo cuando decidimos comprometernos —dice Della—. Yo quería que mi familia fuera la primera en enterarse. Como a Frank le daba igual, acordamos abandonar la universidad durante un largo fin de semana. Cuando ya teníamos el equipaje listo, le mostré una foto de mis padres. Entonces se volvió loco y se negó a ir a verlos.

—Para mí no era una foto de los padres —contraataca Frank—. Lo que yo vi fue el Bentley y la mansión de dos pisos que servían de fondo. El padre de Della estaba allí como el monarca de todo lo que mostraba. Y pensé: «Ella no necesita a otro hombre para que la cuide. El que ya tiene parece muy imponente.»

En la familia de Frank era natural que una mujer se dejara mantener por su hombre. La de Della contaba con varias generaciones de mujeres independientes en lo financiero. El abismo entre «tu dinero» y «mi dinero» era muy profundo, pese a los cuidadosos acuerdos sobre cuentas bancarias.

Entre las personas que los conocían, yo fui uno de los que más se entristecieron al ver aparecer esas grietas. Había otras: Frank y Della tenían opiniones políticas diferentes y las defendían a voz en cuello, a veces agresivamente. Frank comía carne y Della era vegetariana. Ella quería ahorrar dinero para que los dos hijos estudiaran en un buen instituto privado, mientras que, a los ojos de Frank, la escuela pública servía. ¿Acaso no le había servido a él?

No bastaba exclamar «¡Abogados!» para explicar lo que sucedía entre ellos. A mi modo de ver, pese a sus flagrantes diferencias, compartían una misma visión del mundo, tipificada en la queja: «¿Y yo?» Se amaban, pero el amor no había vencido lo que denomino «el retorno del ego». Su retorno golpea con fuerza la raíz del compromiso. Apenas terminada la luna de miel, si no antes, los dos miembros de la pareja descubren que no son una sola persona. Como esta irrupción en el paraíso provoca inevitablemente un choque de voluntades, casi todas las parejas guardan un vívido recuerdo de la primera pelea importante. La causa inmediata es una insignificancia. Lo que está en juego, en realidad, es el retorno del ego.

Esto involucra cuestiones complejas. Se duda de que el otro sea «la persona adecuada». Generalmente esta duda no es racional, pero a la razón le cuesta contrarrestar el miedo, sobre todo cuando empieza a tornarse obvio que tu amado no siempre es sensible a tus necesidades. En las mujeres, este momento suscita dudas en cuanto a que se las cuide y se las escuche; en los hombres, suele provocar enojo por no recibir apoyo.

Sin embargo, estas reacciones del ego no son del todo honradas. Las cuestiones subyacentes son aún más profundas: ¿Podré confiar en ti? ¿No me harás daño si me acerco? ¿Por qué no evitas que me sienta solo y asustado? «Eres muy desconsiderado» significa, en clave: «¿Por qué no sabes ayudarme?» Della y Frank estaban varados en este punto, lo cual les imposibilitaba continuar avanzando en el mutuo compromiso. La primavera pasada asistieron a un curso de meditación; entonces tuvimos oportunidad de analizar la situación en que se encontraban.

—Me gustaría sugeriros algo —les dije—, pero os parecerá demasiado absurdo.

Della y Frank, dos personas competitivas, aguzaron inmediatamente el oído ante el reto.

—Propongo que cada uno de vosotros se busque un gurú, un maestro espiritual —sugerí—. Al contar con un maestro sabio, contaréis también con asesoramiento espiritual cuando surjan las disputas. Podréis analizar por qué sentís enojo y miedo. Pero, sobre todo, tendréis una fuente de compasión y confianza, alguien que os acepte en el plano más profundo.

Frank expresó inmediatamente sus dudas.

—No sé. No me gusta mucho ese asunto de maestro y discípulo.

—Yo tampoco estoy segura de que me sirva —confesó Della—, pero lo que usted sugiere no tiene nada de absurdo. ¿Quién sería nuestro gurú?

—Cada uno de vosotros sería el del otro —expliqué.

Entonces la atmósfera se resquebrajó. Mi propuesta les parecía tan absurda como yo esperaba.

—Es una opción —señalé—. Si lo pensáis bien, los dos estáis muy bien calificados. Os amáis. ¿Y quién conoce mejor las debilidades de cada uno? Las posibilidades de compasión son infinitas.

Frank soltó una risa nerviosa; Della apartó la vista.

—No quiero tomar a la ligera las tensiones de vuestra relación actual —advertí, con más seriedad—. Los dos os sentís menospreciados y os lo reprocháis mutuamente, lo cual dificulta mucho el pasar psicológicamente a un espacio más libre. Habéis quedado atrapados en las reacciones reflejas que cada uno provoca en el otro. El enojo se ha ritualizado; aunque estáis hartos de esa indignación, la terquedad hace que os aferréis a ella.

»Ahora pensad esto: ¿es en verdad el compañero el que os obliga a ser así? Habéis enfocado este matrimonio como si fuera un certamen, una competición y, en ocasiones, hasta una guerra. Percibo en este combate cierta proporción de goce mutuo, pero al mismo tiempo resulta del todo contraproducente. Con el triunfo en esos pequeños combates diarios, y aun en la guerra entera, no lograréis amor ni aceptación. En ese tipo de ambiente no puede crecer un amor maduro. Sólo crecerá si halláis el modo de enfocar vuestro matrimonio de otro modo. Que cada uno sea el maestro del otro.

—Queremos amarnos —protestó Della—. Es decir, nos amamos, pero no siempre sabemos demostrarlo.

—No sé cómo definís el amor —repliqué—, pero ¿no es sinónimo de cosas como aceptación, agradecimiento y tolerancia? Amar a alguien significa no resistirse a su voluntad; ésa es una de las primeras cosas que deberíais enseñaros mutuamente.

Les expliqué el antiguo concepto de *Upagurú*, palabra sánscrita que se puede traducir como «el maestro que está cerca». A diferencia del gurú, que es un sabio iluminado, cualquiera puede servirte de *upagurú*; sólo es necesario comprender que toda persona puede ofrecernos, en un momento dado, exactamente lo que el espíritu quiere que aprendamos. Pasado el momento, cuando el esclarecimiento se ha producido, el *upagurú* vuelve a ser el amigo, el cónyuge o el desconocido.

Frank se mostraba suspicaz.

—¿Dice usted que yo debería hacer todo lo que ella desee, sin cuestionarlo? ¿Estamos hablando de obediencia absoluta?

—No te preocupes, Frank —interpuso Della, ásperamente—. Para obedecer a alguien, primero tendrías que escucharlo.

Les aseguré que no se trataba de obedecer la voluntad de otra persona.

—El maestro actúa por amor —señalé—, pero ese amor tiene un tono diferente del que experimentamos en general. El maestro no reconoce un abismo entre «yo» y «tú». Lo que puede hacer es llenar ese abismo, que en realidad no existe. La distancia es sólo una apariencia, tanto más destructiva cuanto la gente cree en ella con semejante firmeza.

Della y Frank son personas mucho más completas de lo que parecen en mi retrato; lo que yo les estaba diciendo coincidía con sus experiencias. En ese matrimonio había existido, en otros tiempos, bastante conciencia y una auténtica intención de aprender el uno del otro. Ambos creían sinceramente en la igualdad y la justicia. Frank había visto a su madre, mujer pasiva, convertirse en «la esclava de la casa», como decía amargamente; además, se sintió desprotegido por el padre, que podía mostrarse afectuoso un minuto y muy polémico al siguiente. Por lo tanto, se sentía muy feliz de compartir la vida con una mujer fuerte.

Della también tenía que reflexionar sobre algunas secuelas del pasado; como sus padres, ambos profesionales, se habían dedicado a tantas causas nobles, ella pasaba muchas noches sola en la casa, pensando que tal vez no era tan buena para merecer su atención. Por eso ahora le parecía muy importante que le prestaran atención, aunque también tenía conciencia de que la intimidad reavivaba sus viejas heridas emocionales. Cada uno de ellos sabía estas cosas del otro; por la honestidad con que habían comenzado, su matrimonio no era un mero estereotipo de águilas legales, cuyo mutuo egoísmo imposibilitaba el entendimiento.

Aunque no aceptaron mi «absurda» propuesta, prometieron tenerla en cuenta. Les sugerí que, antes de asumir el riesgo de tratarse mutuamente como maestros espirituales, sería buena idea representar mentalmente esos nuevos papeles. Ellos me pidieron que se lo explicara.

—Cuando experimentéis una reacción de crítica, rechazo o resistencia, imaginad lo opuesto —sugerí—. En vez de ver al otro como adversario, imaginad que está totalmente de vuestro lado. No os concentréis en lo que haya hecho para irritaros; reformuladlo como si fuera un acto de amor puro, surgido para enseñaros la lección perfecta que necesitáis aprender en ese momento. No se trata de un juego mental ni de un truco; en el plano del espíritu, el ser amado actúa sólo por amor, teniendo en cuenta nuestro mayor bien.

—Interesante idea—dijo Frank, en guardia.

Della se mordió los labios, analizando la posibilidad de que en verdad hubiera una salida.

—La resistencia es como una pared que detiene el flujo del amor —dije—. El amor es la ola que trae perdón, bondad y confianza desde el plano del espíritu. Estas cosas no se pueden crear. Sólo es posible armonizarse con ellas; por eso necesitáis rehacer vuestras batallas cotidianas, convertirlas en oportunidades para el espíritu. Cada brecha del tiempo se abre hacia la atemporalidad. ¿Podéis permitiros colaros por ellas?

»En primer lugar, se trata de veros mutuamente bajo una nueva luz. No os estoy pidiendo que cada uno se ponga a disposición del otro y renuncie a sus propias necesidades. Las necesidades no desaparecen así como así. Por otra parte, las proyecciones de culpa también deberían desaparecer; salvo en la percepción de cada uno, no hay motivos para hacer sentir al otro que está equivocado.

—Suena bien, pero ¿qué hacemos? —preguntó Della.

—Dejar de alimentar al monstruo. Ese ser interior que pasa el tiempo gritando «¿Y yo?» es una especie de monstruo, un brote distorsionado del ego.

Hice que la pareja cerrara los ojos para imaginar al monstruo con todo lujo de detalle. Era feo, con escamas de reptil, duro como la piedra; en el lomo tenía un cuerno que llamé «hueso de la disputa». Lucía una permanente expresión de desprecio; la única palabra que había logrado aprender era «¡No!», y la pronunciaba en voz alta y amenazadora.

—Esa bestia se llama resistencia —dije—. Ahora pensad en una situación reciente, en la que cada uno se negara sin más a ceder ante la voluntad del otro. Imaginad a ese monstruo, que sale en vuestra defensa levantando un muro de negativas, mil razones por las que uno tiene razón y el otro está equivocado, una feroz exhibición de desdén total. ¿Cómo os sentís ante eso?

—Duro. Enojado. Furioso —dijo Frank.

—Insegura. Vacía. Sola —dijo Della.

Señalé que todos eran estratos de la misma reacción. A simple vista, el monstruo de la resistencia expresa enojo y dureza, pero lo hace sólo para proteger la incertidumbre y la soledad que acechan debajo. Si retiramos las capas, descubrimos que en verdad la resistencia nace del miedo; éste, a su vez, nace por haber recibido una profunda herida en el pasado.

—Ahora pedid a vuestro monstruo que se quite ese terrorífico disfraz para revelarse tal como es. ¿Qué veis? —pregunté.

Frank se revolvió en la silla, incómodo, sin decir nada. Al cabo de un momento, Della respondió:

—Veo a una niñita. No lleva ropa; parece asustada.

—¿Te dice algo? —pregunté.

—No estoy segura —tartamudeó ella.

—¿Alarga los brazos de alguna manera especial? —insistí.

—Los alarga hacia mí. Quiere que la aúpe —dijo Della con suavidad, emocionada.

—Quiere que la ames, ¿no?

Ella asintió con la cabeza. Me volví hacia Frank.

—¿Y tú?

Él vaciló antes de decir, con voz ronca:

—Básicamente, veo lo mismo, pero me cuesta más hablar de eso.

Les pedí que abrieran los ojos.

—Una vez que se atraviesa el temible exterior, todos los monstruos interiores son débiles, tienen miedo y se sienten solos. Como hace mucho tiempo rechazasteis esa parte de vosotros, ahora se os aparece como un niño fabricado por vosotros mismos, que quiere volver a estar con vosotros. Ahora pensad: ¿por qué se convirtió en monstruo?

—La mejor defensa es un buen ataque —dijo Frank.

—Exacto. Si te sientes débil y asustado, lo último que quieres es que los demás te vean así. Entonces te pones una máscara. En este caso, la máscara es una palabra, «no», que disimula lo mucho que deseáis ser amados y comprendidos. Bajo su disfraz, ese «no» está diciendo: «Ámame.» Creo que por eso cada uno se resiste al otro con tanta fiereza. Apuntáis la agresión contra la persona de la que, en el fondo, esperáis amor.

A esa altura los dos estaban muy callados. El ejercicio del monstruo interior les había hecho ver mucho más de lo que esperaban.

—No quiero que hagáis las paces ahora mismo —continué—. Aquí no se trata de borrar años de agravios con un solo gesto. Pero recordad, por favor, los tiempos en que todo esto no había comenzado. Estáis enamorados, os entusiasma estar juntos. No pensáis sino en veros otra vez. Manteneos en ese espacio y decidme: ¿experimentabais resistencia en esos tiempos?

Menearon la cabeza, sin decir una palabra.

—Me gustaría que cada uno de vosotros me diera un ejemplo de un acto por el que hayáis tenido la certeza de que el otro os amaba.

Della fue la primera.

—Todavía no estábamos comprometidos. Frank volvía de Europa. Había sacado esos billetes antes de conocerme y, cuando llegó el momento de viajar, ya no tenía muchos deseos de ir. Pero como los billetes habían costado mucho dinero, viajó. No veíamos la hora de volver a estar juntos; en cuanto desembarcó en Nueva York, yo empecé a hablarle de todas las cosas que deseaba hacer: ir al teatro, comer en nuestro restaurante preferido... todo lo que había reservado para cuando él regresara.

»Ni siquiera se me ocurrió pensar que estaba exhausto, porque parecía feliz de volver a verme. Tomamos un taxi y fuimos directamente a una función de tarde que me moría por ver. Pero cuando iba por la mitad, oí un ruido: Frank estaba roncando; se había quedado completamente dormido. Entonces comprendí que había ido por mí, pese a lo agotado que estaba, sin pensar en otra cosa.

—¿Y qué hiciste? —pregunté.

—En cuanto me fue posible, lo arrastré al hotel —dijo Della, sonriendo—. Cayó en la cama con la ropa puesta y durmió diez horas seguidas.

—Lo que acabas de describir es entrega —dije—. Frank dejó a un lado sus necesidades inmediatas por cumplir con tu deseo.

—Pero Della hizo lo mismo por mí cuando me llevó al hotel —señaló Frank—. Hacía meses enteros que deseaba ver ese espectáculo y las entradas costaban mucho más de lo que ella podía permitirse pagar.

—¿Cómo os sentisteis al obrar así? ¿Fastidiados? ¿Resentidos? —pregunté.

Los dos sacudieron la cabeza.

—Por insignificante que este incidente pueda parecer a quien lo vea desde fuera —dije—, os estabais enviando mutuamente un mensaje que decía: «No estás solo.» Ésas son palabras que provienen del espíritu. Mientras el impulso del amor está ahí, uno quiere transmitir ese mensaje. Ahí estaba entonces, y no creo que haya desaparecido.

—No —reconoció Frank—, pero las cosas cambian.

—Por descontado. El matrimonio es muy diferente del cortejo —reconocí—. Sin embargo, la memoria os ha recordado algo importante: que ceder ante quien se ama no es derrota. Es gozo; lo que brinda es mucho más que cuanto debimos ceder.

La atmósfera ya no estaba cargada. Della y Frank se retiraron con aire pensativo, prometiendo reflexionar sobre aquella conversación y volver a comunicarse conmigo cuando no estuvieran tan ocupados. ¡Abogados! Pero todos tuvimos la sensación de que se había logrado el avance necesario.

5

El apego ¿es realmente amor?

El camino al amor no termina en la entrega, aunque en cierto modo no hay más que hacer. El espíritu sólo necesita ese proceso de desprendimiento para entrar en tu vida. El resto es un madurar de la unión entre el yo y el Yo. Sin embargo, aún queda por delante una importante cuestión: cómo pueden dos personas rendirse por completo la una a la otra. Por mucho amor que sientas en un principio, debes reflejarlo hacia tu amado. No porque dos personas espirituales vivan juntas lograrán automáticamente una relación espiritual. Por lo tanto, conviene preguntarnos en términos prácticos cómo alimentar el amor entre dos almas. El ego no se deja derrotar fácilmente en su interés por todo lo que *no sea* amor.

La entrega no se logra mientras uno no se rinda por completo a su amado. Para lograrlo, debe renunciar a todo lo que lo prive de amor y sustentar todo lo que provenga del amor.

Una de las maneras en que la gente se priva de amor induce a gran confusión, pues parece un modo de incrementarlo: se trata del apego. En su forma más leve, el apego es el deseo de estar con alguien especial. Un bebé apegado a su madre no aceptará que otras mujeres la sustituyan; la niña de doce años elige a su mejor amiga entre las niñas que conoce. Aun en estas formas preadultas, el apego tiene dos caras: incluye y excluye al mismo tiempo. Las relaciones adultas llevan el apego a un plano más profundo, pero la exclusividad perdura. El voto nupcial, «con exclusión de cualquier otro», no se refiere sólo a la fidelidad, sino a una vida para ser compartida sólo entre dos.

¿No es amor compartir tu mundo con otra persona? ¿No deberían las relaciones íntimas ser justamente así de exclusivas? La respuesta sorprende, pues si miras a mayor profundidad verás que amor y apego no son la misma cosa.

- *El amor da al amado libertad de ser distinto a ti.* El apego pide conformidad con tus necesidades y deseos.
- *El amor no impone exigencias.* El apego expresa una exigencia abrumadora: «Hazme sentir íntegro.»
- *El amor se expande más allá de los límites de dos personas.* El apego trata de excluir a todo lo que no sean esas dos personas.

La mayoría no hace automáticamente estas diferenciaciones, pues el apego nos resulta necesario. Pero una relación basada en la necesidad es, en verdad, sólo ego expandido. Fundir el ego con el de otra persona brinda una sensación de seguridad; justifica el egoísmo, porque es un egoísmo compartido. «Nosotros» tenemos nuestra manera de hacer las cosas, nuestras preferencias y aversiones, nuestra percepción de ser algo aparte de los demás. Llevado al extremo, existe una especie de locura mutua (*folie à deux*) en la que dos personas tratan de poseerse mutuamente en cuerpo y alma. Cuando más se acerca la mayoría a ese extremo es durante una aventura amorosa desenfrenada. En las relaciones ordinarias, el apego parece normal.

La seducción del apego es que brinda una sensación de seguridad mediante el aislamiento con respecto al mundo exterior. Los apodos que nadie más conoce, el lenguaje y los ritos privados, las actitudes tan arraigadas que ni siquiera hace falta mencionarlas: todas estas cosas hacen que la gente se sienta a salvo, pues convierten el «nosotros dos» en un mundo herméticamente cerrado.

Sin embargo, el apego tiene un significado espiritual más profundo. Representa un intento de alcanzar la unidad fundiéndose con otra alma. Aunque no seas del todo consciente, a cierto nivel comprendes que has estado viviendo apartado de Dios, un estado lleno de nerviosismo e inseguridad. Hay una parte de ti que se considera totalmente fragmentada.

Conozco a un hombre que vivió feliz sus dieciséis años de matrimonio. Una mañana vio que, frente a su puerta, había un camión de mudanzas. Cuando preguntó a su esposa qué hacía aquel vehículo allí, ella le dijo: «Me voy; dice mi abogado que puedo llevarme la mitad de todo. Ahora decide con qué prefieres quedarte.»

Ese brutal adiós fue un golpe para mi amigo (al hacer memoria admitió que, en los últimos años, la comunicación con su esposa había sido nula y que, si ella tenía motivos de queja, no había encontrado muchas oportunidades para mencionarlas). Obligado a someterse a la partida de su esposa, en un instante su apego se convirtió en dolor y conjuró celos sexuales (sospechó equivocadamente que había otro hombre en juego), sentimientos de traición, suspicacia y desconfianza. Este dolor se origina en el estado de separación, no en lo que nos hace otra persona. En estado de unidad, el Yo proporcionaría un amor incondicional, con lo cual ninguna traición, ningún abandono podría hacernos daño. En realidad, cuando estás en unidad nadie puede abandonarte.

Pero el estado «normal» de la vida, tal como definimos

«normal» en nuestra cultura, no es estar en unidad. Aun así, es natural que busques nuevamente la integridad, curar el aislamiento fusionándote con otra persona; ese impulso subyacente da un gran poder a las relaciones.

Si el apego funcionara, la gente se sentiría íntegra por el mero hecho de casarse. Pero no es así. El matrimonio puede hacer *pensar* que estás íntegro. Puede aportar más seguridad en ciertos planos. (Esto vale sobre todo para los hombres, que con frecuencia se consideran el sexo más fuerte. En cambio, los estudios sociológicos demuestran que los viudos se las arreglan mucho peor que las viudas, que las licenciadas solteras concluyen sus cursos de postgrado con más frecuencia que sus compañeros solteros y que, en general, las mujeres manejan la soledad mejor que los hombres.) Sin embargo, las posibilidades de unidad no aumentan. Por el contrario: es muy común que dos personas piensen que el matrimonio les ha traído una doble carga de preocupaciones y no una doble posibilidad de ser libres.

La cuestión es, pues, cómo preservar la devoción y la fidelidad del matrimonio sin ceder a la necesidad y al apego. Lo que se requiere es un estado que podríamos llamar de *no-apego*. Este neologismo parece un sinónimo de *desapego*, que implica indiferencia, pero en realidad el no-apego es un estado de libertad que preserva y hasta incrementa tu amor por otra persona. Al desapego se llega por el desamor; al no-apego se llega permitiendo, lo cual demuestra un amor inmenso. Por lo tanto, los esclarecimientos que se aplican al no-apego nos llevan más profundamente hacia la importancia espiritual del dejarse llevar.

> *El apego es una forma de dependencia basada en el ego; el amor es no-apego basado en el espíritu.*

> *Cuanto mayor sea tu no-apego, más auténticamente podrás amar.*

El acto que no vincula proviene directamente del amor; todos los otros actos provienen indirectamente del pasado.

Luchar contra el karma no te librará de su influencia vinculante. Sólo puedes lograr la libertad recordando lo que en verdad eres.

Lo que en verdad eres es un espíritu desvinculado, fuera del alcance del karma.

APEGO ESPIRITUAL O KARMA

El equivalente espiritual del apego se denomina «encadenamiento». Hay encadenamiento cuando te atas a la ilusión del aislamiento; sin eso te verías automáticamente en unión. La raíz del encadenamiento es *Karma*, que en sánscrito significa simplemente «acto». Todo acto de la creación (desde los actos de la naturaleza, tales como la lluvia o la rotación de la tierra sobre su eje, hasta los actos sumamente personales de los seres humanos en su compleja existencia) responde al epígrafe del karma.

El karma forma una incesante cadena de causa y efecto, acción y reacción. No puedes enamorarte (ni odiar) a primera vista sin incorporarte a una danza kármica cuyos pasos se iniciaron en lo más hondo del pasado. El hecho de que no recuerdes ese pasado no anula la memoria kármica. Será útil un ejemplo: si me enamoro de ti y tú me desdeñas, mis anhelos no desaparecen; aún experimento una vinculación kármica, pese a tu rechazo, y mientras tú no respondas o yo no haya superado esa emoción de amor no correspondido, el karma seguirá vinculándonos. Cualquier amor que experimente en el futuro vendrá filtrado por la impresión que causaste en mí; por lo tanto, mi antiguo karma bloquea la entrada de todo nuevo flujo de amor.

Cuando el amor me toca, el karma acumulado en todas las etapas de mi vida sufre una influencia simultánea. Las ansias infantiles de recibir protección, los anhelos confusos del adolescente, el deseo maduro del adulto, todo se revoluciona. Las heridas pasadas por la falta de amor se muestran pidiendo curación; las tiernas esperanzas del corazón vuelven a fluir.

Por ende, el karma tiene un doble efecto: nos encadena simultáneamente a los deseos pasados y a los futuros. Ésta no es una afirmación meramente teórica. Son millones los que luchan inútilmente con su karma. Una relación llena de dolores y frustración no se resuelve manipulando tus emociones, tratando de mantener una ficción de amor en la superficie, huyendo o negando tu sensación de estar atrapado. El apego, nacido del karma, te seguirá adondequiera que vayas.

El karma se ha interpretado erróneamente como fatalismo. Si eres fatalista, estás convencido de que ninguna acción tuya cambiará las cosas. El karma implica justamente lo contrario. Una parte fundamental de la teoría del karma es que «según siembres, así cosecharás». Cuando Cristo pronunció esa enseñanza, estableció la versión del karma que hoy conoce la mayoría en nuestra cultura. Sembrar y cosechar son metáforas de causa y efecto; la enseñanza indica que, cuando aportes algo al universo, el resultado estará en relación a tu aporte. Si das dinero, dinero será lo que vuelva. Si das amor, amor será lo que recibas. Se considera al universo, por la gracia de Dios, un lugar donde ninguna deuda queda impagada. Como se extiende a lo largo de muchas vidas, el balance kármico no se elabora de día en día. Como bien sabemos, es perfectamente posible a corto plazo dar dinero y no recibir nada a cambio, amar profundamente a alguien y ser rechazado. ¿De qué modo se puede utilizar, pues, el concepto del karma en la vida cotidiana?

La doctrina de que «según siembres, así cosecharás» requiere prueba de que el universo pesa los actos humanos y aplica justicia. ¿Es esto posible, cuando resulta obvio que muchas personas malvadas reciben su recompensa, mientras que el bien queda a menudo sin premio? Hace poco supe de un gran jefe de la mafia de Chicago que murió apaciblemente mientras dormía, tras haber eludido muchas veces la cárcel y pese a los esfuerzos para atraparlo realizados por la justicia a lo largo de cinco décadas. Todos sus juicios terminaron en absoluciones o quedaron en suspenso porque los miembros del jurado no consiguieron un fallo unánime. Llevó una vida próspera desde los tiempos de Al Capone, manejando los círculos de apuestas, prostitución y licores hasta pasados los ochenta años, sin sufrir ningún daño a manos de sus rivales. Analizando su vida, me parecería justificado pensar que una persona muy mala se ha salido con la suya en todo. ¿Cómo justificaría la teoría del karma que pensáramos lo contrario?

La prueba del karma no reside en recompensas y castigos aplicados por un juez cósmico. Cuando la gente habla informalmente de «buen karma» o «mal karma», está confundiendo el karma con recompensas y castigos, pero ésa es una fuerza que opera en un nivel mucho más profundo.

Si existieran el karma bueno y el karma malo, el espíritu no sería amor, pues sólo se aplican al estado de aislamiento. El espíritu no está en aislamiento, y tampoco Dios. Lo divino jamás castiga, pues ¿a quién estaría castigando, sino a sí mismo? No existe nada más. Según nuestra percepción, el jefe mafioso es un mal hombre; según la percepción divina, es igual a un santo.

Nuestro karma nos pone en el papel de santo o pecador, hombre o mujer, rey o campesino; pero estos papeles son temporales y cambiantes. Ninguno de ellos es tu verdadero yo. El espíritu usa esos papeles como el dramaturgo utiliza a los actores. Por muy convincente que sea alguien representando a Hamlet, nadie cree que lo maten en el quinto acto con una espada envenenada. Resulta más difícil separar el personaje de la realidad cuando se trata de nuestro propio papel en la vida. Pero el santo es sólo el pecador con otro disfraz; si esperamos un poco, al pecador le tocará vestir las túnicas del santo. ¿Por qué representamos esos papeles? Para acumular experiencia, para crecer, para hallar nuestro camino de retorno a Dios. En último término, todo karma cumple sólo una de dos finalidades: o bien es una señal de amor emitida por el espíritu, o bien una lección pensada con amor.

En las escrituras védicas, la palabra que se aplica al karma con más frecuencia es «insondable». Sólo podrías saldar todas tus deudas kármicas si comprendieras todos los actos de tu vida, por ínfimos que fueran. Ésta no es una aseveración fatalista; sólo indica la fuente real de libertad, que está en el interior.

El placer de cualquier apego exterior (al dinero, al poder, al trabajo o a otra persona) puede convertirse en dolor sin previo aviso. En términos espirituales, dolor y placer son igualmente vinculantes; porque el hecho de que todo acto pueda acarrear sufrimientos es la razón por la cual los antiguos sabios deseaban desprenderte del ciclo del karma. En el *Bhagavad-Gita*, Krisna declara que quien viva para el resultado de sus actos es «digno de compasión» y está destinado a padecer las «cadenas del nacimiento» y «el miedo nacido de la dualidad». El karma es una rueda que nos lleva del bien al mal, de la ignorancia al entendimiento, del sufrimiento a la bienaventuranza, una y otra vez.

En nuestra cultura, donde la teoría del karma no tiene una aceptación amplia, ni siquiera en su versión cristiana, rara vez se entiende la existencia de un equilibrio espiritual. Para creer que es posible percibir la misericordia, la gracia y el amor divino, resulta preciso hacer un trato con uno mismo. Para quien está en el sendero espiritual, hay una enorme recompensa en el descubrimiento de que existe esa promesa de gozo eterno, paz, conocimiento y creatividad. La verdad no se revela de inmediato, pero tampoco pasa un día sin que veamos fortalecida nuestra fe en que el amor es un poder auténtico. Si vives acorde a la convicción de que existe el Camino, el Camino se abrirá. A eso se refería Cristo cuando decía: «Pedid y se os dará; [...] llamad y se os abrirá.»

El karma no puede ser simplemente un sistema de recompensa y castigo; es el camino hacia el amor.

Visto desde sus mayores profundidades, el camino hacia el amor es el mismo para santos y pecadores, pues ambos deben dejar de creer por completo en los papeles que momentáneamente representan. Existe un famoso texto místico cristiano, *La nube del desconocimiento*, que data del siglo XIV. Su escritor, que permanece anónimo, dice que el Dios amante no puede amar a nada que tú conozcas o puedas localizar. El amor, en el sentido espiritual, requiere desprenderse de todo lo conocido:

Despréndete de este «en todas partes» y este «algo», a cambio de este «en ninguna parte» y esta «nada». No te preocupes si tus sentidos no logran comprender la nada, pues por eso la amo más... ¿Quién la llama nada? Sin duda, es nuestro hombre exterior y no nuestro hombre interior. El hombre interior la llama Todo.

Este místico anónimo ha tocado una profunda verdad: la mente pensante, inmersa en «algo» y que busca «en todas partes», no puede alcanzar lo divino. Dios está más allá del karma y, por lo tanto, también lo está el espíritu, puesto que Dios no es otra cosa que espíritu en una escala que todo lo abarca. El «hombre exterior» percibe el mundo de una manera muy diferente a como lo hace el «hombre interior». Si pregunto quién soy, un tipo de respuesta se refiere sólo a lo externo: soy un hombre de cuarenta y nueve años, nacido en la India, que ha ejercido la medicina en Norteamérica y está casado, con dos hijos, etcétera. Todas éstas son cualidades kármicas, resultado de hechos específicos o acciones que me corresponden. Ellas me dan etiquetas con las que me puedo identificar.

Sin embargo, de una manera más profunda, estas cualidades no me definen en absoluto, aun cuando agregue miles más a la lista. Nada de lo que puedan atribuirme es realmente yo, el yo definido como esencia interior, libre albedrío, conciencia silente, potencial infinito, espíritu ilimitado. Ese yo, el «hombre interior», es ajeno a todo vínculo. Puede ser «sentido antes que visto», según dice nuestro místico medieval, y se lo describe mejor como «nube del no saber». Esta nube es como un fulgor en el corazón, del cual emana un sentido de lo divino; sin embargo, en modo alguno podrían los cinco sentidos captarla, ni conocerla la mente racional, lineal, ceñida a causa-y-efecto.

PERMISIÓN Y DOMINIO

Si la teoría del karma es válida, el no-apego es la expresión más verdadera del amor. Comprendo que esto es muy abstracto. No obstante, puedo volver a expresar las cosas en función de la conducta cotidiana y, de ese modo, bajar las abstracciones a la tierra. Todos deseamos que se nos permita hacer nuestra voluntad; cada vez que alguien trata de dominarnos, en el corazón nos surge un impulso rebelde. Estas dos palabras, «dominar» y «permitir», son sinónimos de apego y no-apego. Si permites, te desprendes de los otros en el amor; si dominas, en cambio, los atas a tu propio modo de hacer las cosas, a tus convicciones y expectativas. La cuestión en juego es muy inmediata en lo psicológico y figura en casi todas las relaciones, de una manera u otra.

Cuando en una relación una persona trata de dominar a otra, es habitual que no admita lo que sucede. Por el contrario, da a sus motivaciones el aspecto de amor. ¿No es amor proteger a tu pareja, cuidar de sus intereses, supervisar sus deseos? Para muchos, esto pasa por auténtico amor.

Un ejemplo puede ser el de esas relaciones en las que el hombre insiste en mantener a la mujer apartada de todos los asuntos financieros. No le permite ver la cuenta corriente; nunca dice claramente cuáles son sus ingresos; rechaza o anula a fuerza de discusiones cualquier intento por parte de ella de ganar su propio dinero. Aunque en otros tiempos esto era habitual, dado el desarrollo que ha alcanzado la dignidad de la mujer, cualquier hombre que intente reducirla a la impotencia financiera está expresando muy claramente sus intenciones: quiere dominarla.

La raíz de este tipo de dominio masculino parece ser la creencia de que las mujeres son demasiado infantiles, irracionales o superficiales para manejar dinero. (Desde luego, los sociólogos han desechado hace tiempo esas creencias demostrando que, en todo caso, ellas son más conservadoras y sobrias en su enfoque de las finanzas. Ninguna mujer ha arruinado una sociedad de ahorro y préstamos ni ha llevado a la bancarrota una hacienda pública.) Pero este intento de concentrarse en las deficiencias femeninas oculta un motivo más profundo en el hombre: su temor de que, sin un completo control financiero, no podrá sobrevivir. Casi siempre hay también otro enfoque: si no controla el dinero, no podrá retener el amor de la mujer, pues los dominadores temen intensamente el abandono.

Imaginemos que a un hombre así se le dice que debe renunciar al dominio revelando a su esposa todos sus secretos financieros; por añadidura, ella podrá tomar una parte del dinero para utilizarla como quiera, sin pedirle aprobación. Ésta sería la manera más directa de enfrentar el miedo; expondría la falta de amor que oculta esa conducta. Pero la imposición de ese cambio no serviría para curar el miedo; eso sólo puede suceder si se produce un cambio en la conciencia.

Dominar es la manera que el ego tiene de «solucionar» el problema del miedo. Cada vez que alguien cae en una conducta dominante, en el inconsciente se ha puesto en funcionamiento uno de los siguientes escenarios:

Tememos que alguien nos rechace.
Tememos fallar.
Tememos estar equivocados.
Tememos ser impotentes.
Tememos ser destruidos.

Ninguno de estos miedos te convierte en una persona mala o débil. Todo el mundo se enfrenta a temores similares; sin embargo, sólo quienes no pueden reconocer esas secretas sensaciones de amenaza recurren al dominio para soportarlas.

La persona dominante parece estar libre de miedos; ésa es la fachada que el dominio presenta al mundo. Como otorgamos un gran valor social a la apariencia de ser una persona que maneja bien su vida, eso fomenta aún más la creencia de que la conducta dominante da resultado. El problema que así queda sin enfrentar es que el dominio nunca resuelve definitivamente la inseguridad subyacente. Por el contrario: al negar la existencia del miedo, lo incrementa.

¿A qué conductas me estoy refiriendo? En psicología clínica son muchos los tipos de conducta que se consideran dominantes: el perfeccionismo, el aferrarse tercamente a un punto de vista, la intolerancia, la tendencia a atender las necesidades de otros, la desilusión cuando no se satisfacen nuestras expectativas, las falsas expectativas, la actitud posesiva, la codicia y la tendencia a encolerizarse ante cualquier oposición o confrontación. Esta lista cubre un enorme espectro de conductas que muchas personas considerarían normales. Examina la lista siguiente a la luz de tu propia conducta:

12 - 12 - 15. Sab

¿Ocultas cosas a tu pareja, sobre todo las referidas al dinero?

¿Dominas la conversación y esperas que tu punto de vista sea aceptado como correcto?

¿Llevas mentalmente la cuenta de las veces que un ser amado te ha desilusionado? ¿Guardas rencores?

Cuando haces una sugerencia, ¿te ofende o te fastidia que no la acepten? ¿Sigues convencido de estar en lo cierto, aunque ignoren tu consejo para actuar según su parecer?

¿Estás convencido de saber cómo funcionan las cosas, en general? ¿No te incomoda cambiar tus convicciones cuando se te contradice o cuando te demuestran que estabas equivocado?

En el nombre del amor, todos recurrimos a estas conductas nada amorosas en un momento u otro. Decimos a alguien «te amo», cuando en secreto llevamos la cuenta de sus deficiencias. Esa conducta comienza a llegar a su fin cuando comprendes que el dominio es incompatible con el amor. «Te amo» y «Espero que te comportes como yo digo» provienen de dos partes de la psique completamente separadas: uno corresponde al espíritu; el otro, al ego.

Aunque proteger a alguien parezca una manera de ampararlo dentro de tu poder, también le impide desafiar ese poder o afirmar el propio. Si no te resulta fácil comprender la verdad de este argumento, piensa en los dictadores, que siempre toman el poder convencidos de hacerlo por el bien del país. Entonces el pueblo se convierte en un montón de niños impotentes, que viven por la benévola gracia de una paterna figura política. Sin embargo, por muy dispuestos que estén a procurar el bienestar del pueblo, los dictadores viven inevitablemente con miedo. Nadie inspira tanto temor como la persona a la que has privado de su poder, aun con su aquiescencia. A fin de proteger ese poder, el dictador se ve obligado a imponer controles cada vez más duros, a inspirar el terror a más personas, hasta que las cosas escapan a su control y el pueblo se rebela.

Muchas relaciones funcionan sobre la misma base. En nombre del amor, una persona asume el poder y la otra lo cede. Luego descubren que, en vez de intimar, se están alejando cada vez más, pues quien detenta el poder se siente culpable o dominante, mientras que el impotente siente resentimiento y acaba por rebelarse. El dominio no es solución para el problema del miedo.

CÓMO SUPERAR EL MIEDO

Las falsas soluciones señalan los verdaderos problemas. La mayoría entabla una relación amorosa en busca de seguridad; queremos estar con alguien que nos haga sentir a salvo. Dos personas son mejor que una como unidad defensiva contra los percances y las tragedias. Pero estar con otra persona, aunque sea en pie de igualdad, no resuelve el miedo. En lo espiritual, la manera de solucionar el miedo es sencilla: ya estás a salvo. Si te sientes realmente a salvo no surgirá el miedo. Desde la perspectiva del espíritu, todo miedo es una proyección del pasado; mientras esas proyecciones persistan, seguirás generando situaciones temibles para satisfacerlas. «Aquello que más temes (abandono, rechazo, fracaso, pérdida, humillación) ya te ha sucedido.» Las amenazas que percibes a tu alrededor o que te esperan en el futuro son las largas sombras arrojadas por tu pasado.

Si el amor romántico te hace sentir tan a salvo no es porque cuentes con otra persona que te custodie, sino porque el *amor* mismo te custodia. La mayoría piensa que el amor tiene ese poder sólo en la primera infancia. De pequeños fusionamos el amor con la presencia de unos padres afectuosos. Mientras ellos estén allí para cuidarnos nos sentimos amados y protegidos. Sin embargo, al crecer descubrimos que los padres tenían sus propias fragilidades y temores, que no estábamos en el mundo tan seguros como pensábamos. Por lo general, esta lección se nos presenta de tal modo que provoca desilusión y una desagradable sorpresa. Llega el día en que tu padre no puede protegerte de un camorrero porque no está contigo, o tu madre no puede alzarte en brazos para calmar un dolor. Enfrentado a la soledad, el niño se ve expulsado a un tiempo del amor y la seguridad.

Pero es allí donde se comete subrepticiamente la equivocación, pues una lección es cierta (los padres no siempre pueden protegerte) mientras que la otra no lo es (el amor no puede protegerte). Si «olvidas» la segunda lección, ya no te será necesario dominar a otros, pues fue en la primera infancia, casi exactamente en el momento en que te viste por primera vez librado a tus propios recursos, cuando comenzaste a sentir el impulso de establecer tu propio control.

Por lo tanto el dominio, pese a su aspecto de normalidad, se basa en un error; ese error arraiga en el aislamiento. Es preciso corregir ese error para poder renunciar al dominio. Descubrir que el mundo es un lugar seguro no es algo que suceda de la noche a la mañana. El mundo, en conjunto, es demasiado abrumador, teniendo en cuenta todos los miedos y la desconfianza que cada uno hereda. Pero el amor que te inspira determinada persona es una zona segura; allí tienes un buen sitio por el que comenzar. El amado es como un puerto en el que tu corazón busca refugio. En un universo indiferente y hostil hay siquiera una persona que comprende, simpatiza y tiene en cuenta tus necesidades. De algún modo, milagrosamente, esa sola persona basta para compensar la hostilidad del mundo.

Cada día brinda muchas oportunidades para reemplazar el dominio por permisión. Si puedes extender la permisión a quien amas, el efecto será liberarte del apego; el mismo acto beneficiará espiritualmente a los dos. Los pasos clave para renunciar al dominio son todas las formas de permisión: aceptación, tolerancia, falta de resistencia. La necesidad de controlar la vida, sea la tuya o la de otro, se basa en la desesperación espiritual. Analiza tu interacción con la persona que amas y enfrenta francamente cualquier conducta basada en el miedo que puedas presentar. Cuando el dominio está listo para aflojar su presión se produce una clara relajación. Comienza a fundirse la fachada de la persona exigente y crítica, siempre dispuesta a echar culpas. Puedes volver a experimentar el amor, no como idea, sino como una sensación en el corazón. Y por fin descubres que es posible permitir.

Cuando llegas a esta etapa con la persona que amas, el proceso de curación empieza a expandirse a otros aspectos de tu vida. Con frecuencia se presentan estos cambios:

- Dejas de evaluar a los otros según respondan o no a tus expectativas. Empiezas a resistirte al impulso de corregir sus errores y dar consejos que nadie te ha pedido.
- Disminuyes tu tendencia a cuidar de otros sin que en realidad te interesen.
- Te fatiga tratar de tener en cuenta todos los detalles de tu vida y te aburren aquellos que siempre cedieron ante ti.
- Empiezas a prestar atención a las objeciones y los desacuerdos, en vez de utilizarlos como desencadenantes de tus propias convicciones.
- Comienzan a aflorar emociones inesperadas. Esto suele provocar la autocrítica, porque ya no puedes dominar tus sentimientos como antes. Sin embargo, en otro plano esta erupción de emociones te provoca un gran alivio.
- Empiezas a ser menos impaciente. Dejas de vivir guiándote por el reloj.
- Tomas en serio el estrés, en vez de creer que te hace bien.

- Prestas atención al cuerpo, que desde un principio ha tratado de hacerte llegar señales de tensión, fatiga, contracción y estímulo excesivo.
- Tu mente renuncia a calcular por anticipado todos los movimientos, dejando algún lugar a la espontaneidad.
- Dejas de albergar rencores y recordar desdenes. El resentimiento va dando paso a la tolerancia.
- Dejas de fijarte objetivos externos y de creer que serás mejor persona si los alcanzas mejor, más deprisa y más incansablemente.

La mejor muestra de amor que puedes dar a quien amas, si él o ella se las está viendo con el dominio, es alentar estos cambios; pero eso es algo imposible para quien se encuentra todavía en estado de necesidad. En la mente de la persona necesitada, cualquier pérdida de apego equivale a una pérdida de amor. No obstante, en realidad sucede lo contrario. Son las ansias de poseer y de aferrarse las que sofocan al amor. El apego es ese estado en el cual tus necesidades oscurecen tu espíritu. Por ende, ¿cómo puedes amar sin necesitar?

Recuerda la diferencia entre ego y espíritu. El ego necesita; el espíritu, no. Existe para dar, no para tomar. Quiere brindar gozo, no tiene sed de aprobación. No ansía la obediencia o la aceptación de otra persona; vive más allá de toda exigencia. Cuando te veas de esta manera, tu relación se tornará sagrada.

Esto no puede suceder sin el no-apego. Siempre has tenido la facultad de escoger entre lo sagrado y lo profano. Y siempre será verdad que escoger lo sagrado es escoger el amor.

PRÁCTICA DE AMOR

Satisfacer las necesidades interiores

Cuando iniciamos una relación, todos le aportamos nuestras necesidades; pero éstas no tienen por qué convertirse en apego. El apego se produce cuando no se las entiende ni se las enfrenta. Las necesidades que antepongas a la persona amada jamás se resolverán definitivamente; por ende, aunque ésta se desviva para satisfacer todos tus requerimientos, el resultado final será el mismo que si no hubiera satisfecho ninguno: tendrás que preguntarte por qué necesitas esas cosas. Para responder a ese porqué debes analizar qué sientes al pensar en el aislamiento, pues lo que creó la necesidad, en un principio, fue la ansiedad subyacente de estar aislado de Dios, el espíritu y el Yo.

> *Cuando cures el aislamiento, tus necesidades no reflejarán miedo e inseguridad.*

Las relaciones existen para curar el aislamiento; por lo tanto, la actitud correcta que debemos asumir ante una necesidad es la voluntad de curarla. Sin embargo, en muchas relaciones hay un confuso desajuste entre lo que uno y otro consideran importante. ¿Cómo es posible curar la necesidad, si ambos viven en constante disputa por lo que desean? Debemos establecer una diferenciación entre las necesidades externas, como el techo y la comida, y las internas. Las necesidades internas se reducen a lo que te hace sentir a salvo, según se determina en el siguiente cuestionario.

PRIMERA PARTE

Estudia las frases siguientes, a ser posible con tu pareja, y marca la conclusión que más concuerde contigo. Hazlo en todos los casos, aun cuando ambas alternativas te parezcan remotas o improbables.

1. Me sentiría mortificado si mis amigos descubrieran que *he perdido todo mi dinero* o *me he hecho la cirugía plástica*.

2. Me gustaría *recibir un ascenso* o *estar en mi peso ideal*.

3. Me sentiría mucho mejor si dedicara más tiempo a *recuperar la forma* o *mejorar mi dieta*.

4. Me gustaría ser *respetado* o *aceptado*.

5. Guardaría en secreto mi deseo de *buscar otro empleo* o *tener una aventura amorosa*.

6. Me gustaría que mis hijos me recordaran como quien les enseñó *a distinguir el bien del mal* o *a no hacer sufrir a otros*.

7. En una inundación me gustaría ser quien *rescatara a las víctimas* o *albergara a los desalojados*.

8. Resolvería todos mis problemas si tuviera *más dinero* o *más conocimiento de mí mismo*.

9. Eres amigo mío si *me apoyas* o *me escuchas*.

10. Si suspendiera un examen escolar, sería porque no estaba *bien preparado* o *de humor*.

11. Lo peor que mis enemigos podrían decir de mí es que soy *débil e incompetente* o *egoísta e indiferente*.

12. En mis pesadillas el mundo entero opina que soy *estúpido* o *feo*.
13. Me gustaría ser *productivo* o *feliz*.

Calcula ahora los dos totales: todos los puntos que anotaste en la columna izquierda y todos los de la derecha. Al evaluar tu puntuación, consideraremos la columna izquierda como masculina y la derecha, como femenina.

«Si eres mujer», tu puntuación tenderá a ser mayor en la columna derecha. «Si eres hombre», tenderás a obtener una mayor puntuación en la columna izquierda. Esta diferencia, por sí sola, puede provocar conflictos en una relación. La sociedad nos enseñó a todos a buscar seguridad en distintas fuentes.

Los hombres tienden a encontrar seguridad en el poder, la carrera, la destreza, la información, la inteligencia, los triunfos y la fuerza física. Las mujeres tienden a encontrar seguridad en la familia, un compañero fuerte, el compartir, la comunicación, sus propias emociones y el hecho de ser amadas.

Si tienes más de cinco respuestas en la columna que no corresponde a tu sexo, es probable que puedas definir tus necesidades sin referencia a las normas de la sociedad. Si tienes más de ocho respuestas en la columna derecha, tu naturaleza femenina es bastante fuerte. Hombre y mujer, das gran importancia a las emociones y a la sensación de bienestar. El autoconocimiento es uno de tus valores más altos; antepones tu propia plenitud a las motivaciones externas.

Ahora compara tu puntuación con la de tu pareja. Aquí no hay uniones buenas ni malas, pero las puntuaciones son muy reveladoras de la dinámica de una relación. Un matrimonio en el que la mujer tiene alta puntuación masculina y el hombre alta puntuación femenina, suele señalar un intercambio de roles sociales. El motor de la mujer es el éxito; el del hombre, las emociones. Si ambos anotaron una puntuación elevada en la misma columna, comparten una misma visión del mundo, pero puede faltarles equilibrio. Un matrimonio muy masculino o muy femenino puede ser feliz, pero en momentos de tensión la predominancia de un solo punto de vista puede hacer que no encuentren las facultades necesarias para salir del paso. Surgirán tensiones, por ejemplo, si ambos son tan emotivos que no es posible tomar decisiones sin grandes dramas y pocas concesiones a la razón.

Por fin, si el hombre es muy masculino (diez o más) y la mujer muy femenina, esto puede indicar un conflicto de valores y, por lo tanto, un conflicto de necesidades. La sociedad presenta como pareja ideal la que está formada por un hombre muy viril y una mujer muy femenina; pero, en realidad, si él se ve motivado por el poder y la posición social, mientras que las motivaciones de su compañera son las emociones y la comunicación, será difícil mantener la igualdad. No se está en un camino compartido, sino en dos caminos diferentes. De un modo u otro, el más débil terminará cediendo ante el más fuerte o uno de los dos reprimirá sus verdaderas necesidades, con la esperanza de hallar la felicidad mediante el sacrificio.

Esto rara vez resulta, si acaso. Ceder a las necesidades ajenas es, en realidad, una forma de apego. Tras haber descartado tus propios deseos, te verás obligado a aferrarte al otro para que te brinde satisfacción. Ésta es una manera de aislarte de tu verdadera identidad; y, en último término, ningún aislamiento puede llevar a la unidad.

Dicho todo esto, ¿qué se puede hacer? Es preciso reconocer los desequilibrios allí donde existan y aceptarlos como responsabilidad propia. El hombre que tiene muchas necesidades femeninas no debería dejar todas las necesidades por cuenta de su esposa, así como la mujer con fuertes necesidades masculinas no debería ignorar las emociones de su pareja. El objetivo es hallar el equilibrio masculino y femenino dentro de uno mismo, en vez de buscar el camino fácil, que es apegarse a la fuerza de otra persona para compensar las propias debilidades. Ahora veremos cómo se puede cambiar esta dinámica.

Para satisfacer las necesidades interiores es preciso profundizar más de lo que requerirían la sociedad o el ego. Estar aislado es, por definición, carecer de seguridad.

Hay que enfrentar la necesidad interior para sentirse seguro.

Es saludable tener conciencia de la necesidad interior; negarla, en cambio, es perjudicial. Todos aportamos necesidades a una relación y, al admitirlo, la tornamos más honesta. Aun así la necesidad interior puede llegar a ser tan grande que distorsione la visión que tienes de ti mismo. La persona dominada por la necesidad tenderá a albergar este tipo de pensamientos recurrentes:

No soy lo bastante inteligente.
No soy lo bastante atractivo.
No soy lo bastante deseable.
No soy lo bastante digno de amor.
Siempre me equivoco.
Hay algo que falla en mí.
No soy tan bueno como X.

No importa cuál sea la causa de estas creencias y lo asumidas que las tengas, son totalmente falsas. A la luz del espíritu, eres la integridad y, por lo tanto, no careces de nada. Eres el amor y, por ende, debes ser deseable y digno de amor. Eres único y, por ende, no se te puede comparar con ningún otro.

A los ojos del espíritu siempre te bastas.

Toda relación debería reforzar constantemente la convicción de que ambos dan la talla, de que la plenitud está dentro de su misma naturaleza. «Yo soy» es la sensación primordial de la existencia; dentro de «yo soy» existen paz y seguridad totales. Sin embargo, con mucha frecuencia las relaciones están desequilibradas. Uno de sus miembros experimenta mucha más inseguridad, más necesidad interior. El siguiente cuestionario evalúa este desequilibrio:

Responde, con la mayor sinceridad posible, cuáles de las siguientes frases se pueden aplicar a ti.

En mi matrimonio, yo soy quien

1. Se siente más desdichado si se queda solo por la noche.
2. Tiene más dificultades para tomar decisiones.
3. Pide ayuda con más frecuencia.
4. Tiene más miedo de no ser amado.
5. Se sentiría más culpable si tuviera una aventura.
6. Respeta los planes una vez que están hechos.
7. Detesta discutir.
8. Pregunta con más frecuencia: «¿Cómo estás?»
9. Mantiene a la familia unida.
10. Querría que todos se sentaran a la mesa en vez de mirar la televisión.
11. No puede dejar de expresar lo que siente.
12. Escribe todas las tarjetas de Navidad.
13. Se esfuerza más por no herir a los demás.
14. Prefiere cooperar antes que provocar desacuerdos.
15. Confía en la opinión de los médicos.
16. Tiene más dificultades para defenderse solo.
17. Sufre en silencio.
18. Necesita a alguien que lo mantenga.

19. Desearía que todos se portaran bien en Navidad.
20. No denunciaría jamás a un amigo.
21. Tiene más dificultades para pedir un aumento.
22. Está mejor dispuesto para los trabajos voluntarios.

Anótate un punto por cada respuesta que se aplique a ti y suma tu puntuación.

15-22 puntos. Tienes una profunda veta de dependencia y buscas seguridad en un compañero más fuerte. Te sería difícil aceptar la afirmación «Yo me basto», porque te identificas mucho con la familia. Te asusta la posibilidad de reclamar poder dentro de tu relación; para ti eso es equiparable a perder amor. Esta puntuación es más frecuente entre las mujeres.

8-14 puntos. No te cuesta ceder algo de poder en tu relación a fin de sentirte seguro. La afirmación «Yo me basto» parece creíble, pero quizá no muy importante. Satisfacer por cuenta propia tus necesidades interiores no es algo que te propongas conscientemente, si no es de manera limitada. Tu lema sigue siendo: «Dos pueden vivir con más fuerza que uno.» Es la categoría mayoritaria, aunque muchos hombres anotan una puntuación inferior al de sus esposas.

0-7 puntos. Tu sentido de la relación se basa en el ego y en el dominio. Prefieres la idea de ser el miembro fuerte de la pareja, antes que considerar la posibilidad de ser, antes bien, el egoísta. Para ti, «Yo me basto» significa «Consigo lo que quiero». Si, por el contrario, te conoces lo bastante bien como para asegurar que esta descripción no se aplica a ti, perteneces a la categoría más rara: has asumido toda la responsabilidad de tus necesidades interiores y te has esforzado por satisfacerlas sin apegarte a otra persona. «Yo me basto» es un credo espiritual según el cual has aprendido a vivir tras años enteros de elevar tu propia conciencia.

TERCERA PARTE

Estamos ahora en el nivel de necesidad interior donde el concepto espiritual de «Yo me basto» resulta verdaderamente crítico; mientras habites en niveles de necesidad más superficiales, mientras te apoyes en una persona más fuerte para avanzar, la ansiedad del aislamiento quedará disimulada... y eso puede ser lo que necesitas por el momento. Hace falta un verdadero compromiso espiritual para exponer las heridas del aislamiento ocultas en el inconsciente.

Si miras muy en tu interior, estas heridas son como agujeros negros en tu sentido del yo. Como los agujeros negros del espacio, que se llevan la energía del universo, los de la psique se llevan la fe en ti mismo, tu sentido de la propia valía, la seguridad de poder sobrevivir. Cuando te acercas al más pequeño de esos agujeros puedes experimentar una drástica variedad de sensaciones, ninguna de ellas agradable. La leve inquietud y la incorporeidad dan paso a nerviosismo, mareos, náuseas, vértigo, ansiedad, pánico, terror y miedo, según disminuya la distancia con respecto al agujero negro. A veces sientes un agujero en el pecho o en el abdomen, cuando no una presión sofocante, como si te extrajeran el aire de los pulmones.

Por terribles que sean estas sensaciones, no tienen realidad espiritual; son reacciones condicionadas. El miedo acumulado magnifica la experiencia del agujero negro, debido al esfuerzo que todos hacemos por evitar la angustia existencial, el miedo al mero existir en esta tierra. Mantenerse lejos del agujero negro parece una buena táctica, pero no es lo mismo que curarlo. Si se lo deja sin atención, continúa aumentando de tamaño hasta convertirse en una herida abierta. La herida más grande que se puede tener es la del aislamiento, el trauma de haber perdido el amor, el espíritu, a Dios. Ése es el agujero negro primordial, el que te separa de la fuente de amor, paz y gozo.

Quien no haya curado esa ausencia primordial no tendrá energías para vérselas con la vida sino de la manera más básica; el agujero negro parecerá socavar el optimismo y la razón de ser; habrá una flotante sensación de miedo que, aunque no se la experimente directamente, agota la vitalidad de la existencia. Es ese estado que conocemos como desesperación. Acercarse al agujero negro primordial provoca sensaciones de devastación, privación y despojo, además de un enorme miedo a la muerte. La prueba que sigue está basada en los miedos primordiales sobre la supervivencia.

Responde con la mayor sinceridad posible: ¿cuántas de las frases siguientes podrían aplicarse a ti antes de que cumplas los setenta años? (Si ya tienes más de setenta, ¿cuántas de estas cosas podrían aún sucederte?)

Podría perder mi trabajo y no conseguir otro por un año.
Podría perder mi casa.
Podría ser inspeccionado por Hacienda.
Podría enfermar de cáncer.
Podría ser arrestado.
Podría ir a la bancarrota.
Podría perder a mi familia.
Podría divorciarme.
Podrían despedirme.
Podría sufrir una humillación por una aventura u otro tipo de desliz sexual.
Podría sufrir un ataque al corazón.
Podría perder mucho dinero por una estafa.
Podrían demandarme.
Podría caer en el vicio de la bebida.
Podría verme imposibilitado de pagar mis cuentas.
Podría morir.

Suma tus puntos. El máximo es 16. El objetivo de esta prueba es descubrir si estás dominado por los miedos de supervivencia.

Una puntuación de 9 o más, significa que experimentas gran ansiedad en cuanto a tu supervivencia. Encaras la vida a la defensiva; difícilmente seas el tipo de persona que ha hallado una visión espiritual o algún otro potente sentido interior a la existencia. Preocupado u obsesionado como estás por todas las terribles cosas que podrían sucederte, no te queda mucho tiempo para buscar una satisfacción más elevada.

Si tu puntuación es de 8 o menos, tienes una visión realista de los peligros de la vida. Puedes ser espiritual o no; quizá no crees estar siquiera en la búsqueda, pero al menos has creado una expansividad interior suficiente para que el espíritu pueda ponerse en contacto contigo. Te sientes abierto al mundo e interesado en sus posibilidades. Mientras que la persona con fuertes miedos de supervivencia piensa que la vida es peligrosa con islas de seguridad, tú piensas que la vida es segura con unas pocas islas de peligro.

Si tu puntuación es 0, estás negando la realidad. O bien no te has tomado la prueba en serio o bien vives en una fantasía de invulnerabilidad. Tiendes a asumir grandes riesgos que pueden acabar en un desastre, aunque serías el último en admitirlo.

El miedo de supervivencia es la motivación más profunda para el apego. Cuando sientes que debes aferrarte a algo para sobrevivir, estás suspendido sobre un agujero negro. Pese a lo potente de esta metáfora, muchos no creen en la existencia de los agujeros negros. Tomemos un ejemplo específico: el aspecto físico es fuente de inseguridad para casi todos, hombres y mujeres por igual. Las mujeres tienden a expresar directamente su inseguridad, con pensamientos tales como: «No soy bonita», «Estoy demasiado gorda», «Me falta pecho», «Ya no soy joven». Los hombres tienden a expresar indirectamente la misma inseguridad, con pensamientos tales como: «No estoy en forma», «Ya no soy tan potente como antes», «Las mujeres no se fijan en mí», «Puedo darme por satisfecho si alguien me acepta».

Si nos aferramos a todos estos pensamientos negativos es por una sola razón: nos estamos protegiendo de pensamientos subyacentes aún peores. Por ejemplo, la mujer que dice «Detesto este vestido» podría estar defendiéndose de la idea «Estoy demasiado gorda», que a su vez podría ser protección contra «Todo el mundo me encuentra fea», la cual, una vez desprendida, revelaría algo así como: «No merezco ser amada.» Por horrible que sea vivir con esa idea, también es una defensa a la que tu psique se aferrará, si es necesario, porque la capa siguiente dice «No merezco vivir», y bajo ella existe: «Soy nada.» La peor experiencia que puedas imaginar es aproximarte a un agujero negro; por ende, lo cubres con capas y capas de defensas. Ninguna de ellas es positiva: todas son negativas, aunque algunas lo son más que otras. Pero una vez que hayas enfrentado tus temores con respecto a la supervivencia no queda nada a lo que puedas aferrarte: sólo un agujero negro.

Por suerte, es posible desarmar el terror del agujero negro antes de que sobrevengan una crisis o un trauma. Es muy sencillo:

> *Los agujeros negros se curan llenándolos con espíritu. Pese al terror, son sólo falta de amor.*

Las afirmaciones siguientes expresan una actitud curativa con respecto a cualquier miedo extremo o la necesidad que éste provoca:

No me falta nada.
El miedo es siempre un error: aunque suceda algo malo, servirá para crecer en fuerza y conocimiento.

Mi vida es mía y yo debo ocuparme de ella. Soy capaz de hacerlo.

El espíritu es mi eterno aliado.

Pase lo que pase, me basto.

¿Qué papel juega tu pareja en esto? Ambos podéis iniciar el viaje curativo, basado en la seguridad que encontrasteis al principio en el amor. El enamoramiento calma el dolor inmediato de la pérdida y te permite saborear la sensación de estar íntegro y pleno. La sabiduría nos dice que esto es sólo pasajero. El amor proveniente de una fuente externa jamás puede elevarse por sobre el terreno del cambio. La única relación eterna que podemos tener es con el Yo superior. A veces, en la loca pasión del idilio, llegas a sentir que tienes al amado dentro del corazón. Esta sensación se debe a que se ha llenado un espacio carente de amor.

El verdadero trabajo espiritual es llenar tú mismo esa carencia, lo cual es una especie de proceso circular. Es posible adiestrar la mente para que se ame a sí misma, demostrándose una y otra vez que el Yo superior es un refugio de amor y protección. El Yo superior no puede protegerte a menos que busques su seguridad; este proceso se inicia cuando dedicas tiempo y energía a amarte tú mismo. El amor por ti mismo crece cuando te niegas a obedecer los impulsos del miedo y la ira; cuando confías en que el universo está de tu parte; cuando formulas tus deseos desde el corazón y ves al Yo superior llevarlos a cabo; cuando estás convencido de bastarte en ti mismo y por ti mismo; cuando atiendes a la ternura de tu amor por otros; cuando aplicas tu atención a las energías positivas de cada situación; cuando satisfaces tus propias necesidades sin tener que buscar la aprobación exterior y cultivas la paz del silencio interior.

Cuando pones estas cosas en el primer plano de tus relaciones, ayudas a quien amas a amarse a sí mismo, en vez de esperar que dirija constantemente su amor hacia ti. La mayoría encara las cosas a la inversa, lo cual es un error. Como si fuéramos niños, comenzamos por querer que otra persona nos haga sentir a salvo volcando sobre nosotros su afecto y su aprobación. Pero tú eres la fuente de amor, que está llena a rebosar. Cuando hayas cumplido con tu trabajo espiritual, rellenarás los agujeros negros que te impiden llegar a esa fuente. El desprendimiento, aunque inspire miedo al ego, es en verdad ingresar en el ilimitado océano del amor.

Pienso en Walt Whitman, que volcó su exuberancia abrazando con entusiasmo cuanto lo rodeaba, pero fue también el observador sin apegos que permanece en paz dentro del hombre interior:

> *Existo como soy, con eso basta;*
> *si nadie más en el mundo lo piensa, me doy por*
>   *satisfecho,*
> *y si todos y cada uno lo piensan, me doy por satisfecho.*
>
> *Hay un mundo consciente, que para mí es el más*
>   *grande: yo mismo,*
> *y ya lo alcance en este día o en diez mil o en un millón*
>   *de años,*
> *puedo tomármelo alegremente ahora o esperar,*
>   *con la misma alegría...*
>
> *Me río de lo que llamas disolución, y reconozco*
>   *la amplitud del tiempo.*

En algún punto, toda historia de amor alcanza ese estado de paz interior que todo lo abarca. No hay manera de alcanzar la auténtica satisfacción, la auténtica plenitud, si no es a través del Yo.

En nuestra vida

La historia de Connor

Connor, un anciano que había sido paciente mío, vino a verme hace poco, profundamente afligido por lo que sucedía con Mary Patrick, con quien llevaba treinta años casado. Ambos eran originarios de Irlanda, donde se habían casado a edad ya madura. A los setenta años seguían siendo apuestos y vigorosos. Tras un largo período de calma y felicidad, el menor de los hijos murió de sida. La familia quedó destrozada, pero la madre se sobrepuso al dolor ayudando al prójimo. Mary Patrick se dedicó por entero a las víctimas del sida. Trabajaba en varios frentes políticos, pero pasaba gran parte de su tiempo ofreciendo ayuda personal: llevaba a los enfermos a comprar sus provisiones, los visitaba en el hospital y buscaba el modo de que pudieran cubrir los enormes gastos médicos.

—Se diría que su esposa es una santa —dije a Connor, sin que me avergonzara usar esa frase trillada, pues venía muy a cuento.

Connor me miró con expresión desafiante.

—¿Le parece? Explíqueme, entonces, por qué la semana pasada le diagnosticaron un cáncer de pulmón avanzado —exigió, amargado.

Fue un verdadero golpe. Me ofrecí a ayudar en lo que pudiera.

—¿Su esposa fumaba? —pregunté, puesto que el cáncer de pulmón es sumamente raro entre quienes no fuman.

Connor sacudió la cabeza.

—No fuma ni bebe. No he conocido a nadie que esté tan lleno de amor. ¡Y tenía que pasarle esto!

Guardé silencio por un momento; por la mente se me pasaban pensamientos diversos. «Esa mujer tiene setenta años —me dije—, edad en la que el cáncer es común.» En general, los descubrimientos médicos indican que en casi todos los ancianos hay tumores, aunque no haya malignidad manifiesta en los síntomas declarados y no se conviertan en causa de muerte. Todos nos hemos habituado a que las enfermedades ataquen al azar, desde el punto de vista estadístico, afectando a buenos y malos por igual. Pero nos cuesta aceptarlo cuando el enfermo es un ser querido.

Mis pensamientos parecían ínfimas racionalizaciones frente a la amargura de Connor. Los dos sabíamos lo que él quería decir: uno trata de ser bueno, afectuoso, y le suceden estas cosas.

Pregunté cuál era el pronóstico. Connor meneó la cabeza.

—No hay esperanzas —dijo—. Se ha extendido por todas partes.

—Y su esposa, ¿cómo ha tomado todo esto?

Su expresión se tornó menos desafiante.

—Mucho mejor que yo. Sigue trabajando como voluntaria, con una increíble paz anímica, pero en el fondo sé cuánto está sufriendo.

«¿Lo sabes?», pensé. Habría podido darle la razón, simplemente como demostración de simpatía, pero manteníamos una relación sincera. Durante un rato no nos dijimos nada. Según mi experiencia, lo que es tragedia para una persona suele no serlo para otra; si Mary Patrick tenía tanto amor como yo creía, era muy probable que hubiera encontrado la paz interior necesaria para ver más allá de su «temible» enfermedad.

—Hasta los santos mueren —dije en voz baja—, y no todos se van orando de rodillas.

Supuse que Connor volvería a clavarme una mirada fulminante o que rechazaría mi comentario, pero no fue así. Hizo una pausa, como si esperara oír algo más.

—Lo que quiero decir es que la muerte no derrota al amor. Su esposa ha descubierto algo que la muerte no puede tocar, con usted y con su hijo, y eso hace que su situación sea muy diferente de la de quienes ven la muerte desde la perspectiva del terror y la pérdida definitiva. ¿Y si la muerte no fuera pérdida? Puesto que usted y yo no la hemos experimentado, proyectamos en ella nuestros propios sentimientos. Pero existe otro enfoque. Uno puede fortalecerse con el amor, no como emoción, sino como sentido de identidad.

La vida acarrea pérdidas de todo tipo; la muerte no es sino la más drástica e incontestable. Hasta cierto punto, todos sabemos que es inevitable, pero antes que descubrir el no-apego brindado por el amor, nuestra reacción es aferrarnos: al otro, a las cosas, a la vida misma. ¿Quién puede aferrarse a la vida, si es cambio constante? Sería como tratar de aferrarse a un río.

Cuando un esposo doliente dice, respecto a la muerte de su mujer, «fue como perder una parte de mí mismo», el fenómeno es físico, hasta visceral. Para el ego, la pérdida de un ser amado es una amenaza contra la supervivencia, pese al hecho obvio de que tu cuerpo no ha perecido. Esa otra persona estaba tan estrechamente identificada contigo que la identificación se extendía más allá de sus límites en el tiempo y el espacio. De ese modo, el dolor imita al amor. En ambos casos, dos parecen ser uno.

Connor reaccionaba ante la crisis de su esposa sintiendo ira, una de las primeras respuestas del ego a cualquier pérdida. La ira dice: «Esto no es justo; es indignante.» La pérdida parece totalmente injusta. Si nos hubiéramos encontrado en otro momento, Connor podría haber reaccionado negando la situación. Quien niega dice: «Esto no puede estar sucediendo.» De ese modo se rechaza la pérdida, se la torna irreal. También podría haber reaccionado con miedo, una emoción más profunda que la ira o la negativa. La voz del miedo dice: «No sobreviviré.»

Aunque era la esposa quien sufría de cáncer, Connor podría haber pasado fácilmente por todas las etapas, ya familiares, del morir. En el proceso del morir, las etapas finales son la aceptación y la trascendencia. Sólo cuando se llega a ellas se deja de regatear inútilmente con lo inevitable.

A diferencia de las reacciones del ego, la aceptación es un estado espiritual. La aceptación dice: «Ésta es la realidad, y estoy en paz con ella.» Los moribundos la describen como un bello estadio, a menudo sin parangón en su vida. Se abre la vía para desprenderse de todos los derechos sobre este mundo, para adquirir una visión superior, que es el estadio de trascendencia. Pero los moribundos no vuelven a nosotros y, por lo tanto, cada uno debe hallar su propia aceptación ante la crisis de la muerte. Por eso tantas tradiciones espirituales hablan de «morir todos los días» o «morir a la muerte». Ambas son metáforas referidas al no-apego, ese estado que Cristo consideraba estar en el mundo pero no pertenecer a él.

Connor y yo no volvimos a vernos hasta pasado casi un año. Para entonces, su esposa había muerto. Pese a un extenso ciclo de radiaciones, el estado de Mary Patrick se deterioró rápidamente. A veces, los afectados por el cáncer de pulmón pueden mantenerse muy activos hasta los últimos días. La esposa de Connor continuó visitando a los enfermos de sida hasta que se vio obligada a internarse ella misma. Murió apaciblemente, rodeada de su familia, tras haberse despedido de todos y solicitado que no se prolongaran sus últimas horas de manera artificial.

Exteriormente, Connor parecía haber superado el trauma inmediato del dolor, pero al relatarme esos detalles su voz revelaba gran parte de la amargura interior. No le era más fácil que antes hablar de la muerte de su esposa.

—¿Piensa mucho en la muerte, Connor? —le pregunté.

—Nunca —me respondió con vehemencia—. Si de mí dependiera, me negaría a morir. Me enojo muchísimo cada vez que muere alguien.

—En otras palabras, le gustaría ser inmortal.

Connor asintió con la cabeza.

—¿Y si resultara que usted es realmente inmortal? —sugerí—. ¿Y si la muerte de su esposa estuviera tratando de demostrárselo?

—Me está hablando con paradojas —advirtió Connor, abruptamente—. Cualquiera diría que los moribundos nos recuerdan nuestro propio miedo a la muerte.

—Ésa es una interpretación. Pero ver morir a alguien no es sólo penoso o cruel. Es real. Y en lo real debe de haber una chispa de espíritu.

—Creo que morir podría ser demasiado real —adujo él, con gran convicción.

—Demasiado abrumador, es lo que usted quiere decir. Según mi experiencia, la expectativa de la muerte siempre es irreal. ¿Cómo la imaginamos, típicamente? ¿Es extinción? ¿Es caer por un agujero interminable? ¿Es quedar inconscientes para siempre? Pero éstas son sólo proyecciones. ¿Puede imaginar el día en que usted ya no exista? ¿Puede imaginar el día antes de que usted existiera? Ambos son esencialmente iguales, ¿verdad? Por lo tanto, ¿no podrían ambos ser sólo etapas de la vida con las que no estamos en contacto?

—Supongo que eso es creíble para quien tenga mucha fe —dijo Connor.

—No es cuestión de fe. Si uno entrara en el proceso de aceptar lo real, para lo cual es preciso prescindir de lo que es irreal, se podría liberar de la muerte aquí y ahora. Nuestra visión del mundo da por sentado que la muerte es un final, cuando en realidad es una transición.

—¿Una transición a qué? —preguntó Connor.

—¿Por qué no averiguarlo ahora, en vez de esperar? —pregunté—. Por mucho que la imaginemos por anticipado, nunca tenemos una visión previa de la muerte. El miedo, la ira y la negativa son recursos mentales para apartarla y rechazarla. ¿Por qué no entramos directamente en el miedo, la ira y la negativa, para descubrir qué hay debajo? Porque nos hemos condicionado para creer que la única manera de enfrentarse a la muerte es aferrándose a la vida. En realidad, ésa es la peor manera. Es una respuesta arraigada en el miedo y la ignorancia; sólo cuando dejamos de aferrarnos cabe la esperanza de hallar la realidad oculta bajo la ilusión: presumiblemente, lo que descubrimos al morir. La realidad está siempre en movimiento, quitándonos lo conocido de debajo de los pies y dejando a la vista lo desconocido. Morir a lo conocido brinda un conocimiento que no se puede adquirir de ninguna otra forma. Las escrituras lo han denominado «morir a la muerte».

Un postulado común de la psicología afirma que la muerte es nuestro modelo de pérdida; por eso cualquier tipo de pérdida (dinero en el mercado bursátil, la casa por un incendio, el empleo) crea un profundo terror inconsciente, similar al terror de la muerte. Pero en términos espirituales la pérdida no es una realidad, sino un concepto creado en la mente. Cuando la mente aplica el juicio al cambio lo que se crea es pérdida. El sol que sale por la mañana es la pérdida de la noche. Comprar un coche nuevo es perder dinero. Enamorarse es perder la soledad. No consideramos que esas cosas sean pérdidas porque no dictaminamos contra ellas. La mente debe decidir que algo es malo para que el concepto de pérdida adquiera significado.

La ley del karma nos asegura que toda deuda se paga; por lo tanto, nada se pierde jamás. Cuando algo desaparece de la vista, damos por sentado que se ha perdido. Pero en términos kármicos eso no es posible: cuando algo se pierde, lo que en verdad sucede es que su energía ha sido desplazada. La manzana caída se desintegra para fertilizar el nuevo crecimiento del manzano. La gacela que cae ante el león vuelve a la vida en las células de la fiera. El ciclo de vida y muerte, el ritmo de las estaciones, el ir y venir de las especies se produce a escala kármica, pasando los ingredientes de la vida de un sitio a otro sin perturbar el exquisito equilibrio del todo.

—¿Aún lleva usted a Mary Patrick consigo? —pregunté a Connor.

—Sí, pero no del modo en que se podría pensar —respondió—. Sé que es muy común entre los deudos sentir que el ser querido está aún en la habitación, cuidando de ellos y ofreciéndoles consuelo. Mary Patrick no me acompaña de ese modo. Simplemente, no se ha ido. ¿Tiene eso sentido? ¿Estoy loco?

—No. Lo que usted percibe es cierto —dije—. Y esa percepción ¿viene y va?

Connor meneó la cabeza.

—¿Ve usted la cara de su esposa, oye su voz?

—De eso se trata: no —respondió él, con cara de desconcierto—. Lo que percibo no es la mujer con la que me casé, sino otra persona.

—La mujer con quien se casó no está aquí —expliqué—, pero lo que usted amaba en ella no está aquí ni allá. Existe, simplemente. Su realidad es parte de algo íntegro. Creo que su matrimonio fomentó el tipo de amor capaz de esta resistencia, porque ustedes encontraron un camino hacia el amor más allá de la personalidad; ése es un logro muy raro.

Connor asintió lentamente, asimilando mis palabras con agradecimiento y apreciación.

—Los sacerdotes de Cork me enseñaron que, cuando morimos, el alma va al cielo. Tal vez sea así, no sé. Pero Mary Patrick no se ha ido; de eso estoy seguro. Pasaré mucho tiempo tratando de resolver el misterio. Si eso es a lo que usted llama «morir a la muerte», eso haré.

6

¿Por qué necesitamos la pasión?

Hasta aquí hemos hablado de la dimensión cósmica de nuestro yo, como Yo que vive más allá de la realidad tridimensional. Pero aún no hemos abordado plenamente la dimensión cósmica de tu relación. ¿Qué es tu matrimonio, en términos de Yo y Yo: dos espíritus que se unen? Puesto que en tu Yo superior no careces de nada, a primera vista parecería que tu Yo y el de quien amas no necesitan relacionarse. Pero, en verdad, el mismo hecho de que os améis en carne y hueso tiene sus orígenes en el espíritu.

Tu matrimonio es un juego de lo divino. Dos espíritus fingen estar aislados por el puro gozo de unirse en el amor.

La diferencia entre un amorío cósmico y otro terrestre es la diferencia entre juego y necesidad. En toda relación del mundo material entra algo de necesidad, pues la supervivencia es un asunto demasiado apremiante como para sentir que la vida es puro juego. Pero en espíritu no hacemos sino jugar. Tu finalidad no es sobrevivir, sino expresar cada grano de pasión que el amor despierta en ti. En términos védicos, sólo se ha producido un matrimonio: la unión de Dios, como varón, con Dios, como hembra. Cuando estos dos polos se encuentran vuela la pasión entre ellos. Pero esa pasión debe ser juguetona, pues Dios sabe que, en realidad, lo masculino y lo femenino son Uno. Hubo un solo propósito divino para dividirse en dos sexos, y ése fue el gozo de la unión sexual.

> *La unión sexual imita a la creación divina. Lo que expresas mediante tu pasión es el amor de Dios por Dios.*

Por ende, lo que necesitas explorar a continuación es cómo se puede profundizar un matrimonio para justificar su finalidad cósmica. Si pudiéramos recordar cómo fue enamorarnos, no nos preguntaríamos por qué necesitamos pasión. Lo inmediato del amor romántico no provoca dudas: la experiencia lo abarca todo.

La pasión pone a dos amantes en un mundo propio, como lo exaltaba Whitman en uno de sus poemas de mayor carga erótica: «De dolientes ríos reprimidos»:

> *¡Oh, tú y yo! ¿Qué nos importa lo que el resto*
> *piense y haga?*
> *¿Qué es todo lo demás? Sólo que nos gocemos uno*
> *al otro, aun hasta agotarnos, si es preciso...*
> *Del sexo, de la urdimbre y de la trama...*
> *Del suave deslizar de manos sobre mí y el hundir*
> *de los dedos en mi pelo y mi barba,*
> *del largo beso sostenido en la boca o el seno,*
> *de la estrecha presión que embriaga a cualquier*
> *hombre, rindiéndolo de exceso.*

Este poema se acerca a lo inmediato del vínculo sexual tanto como pueden hacerlo las palabras. Por emocionantes que sean las palabras, la pasión en sí no puede ser capturada fuera del momento. En eso es como la felicidad. Quien se siente feliz no tiene motivos para dudar de qué es la felicidad. Pero una vez que se le ha escurrido, aunque sea en una leve parte, con formular preguntas sobre la felicidad no la recuperará. El mecanismo del deseo es aún más delicado. En cuanto la pasión erótica se eclipsa por dudas o temores nimios, la espontaneidad desaparece.

Como nuestra cultura define la pasión tan exclusivamente en términos sexuales, la gente se desconcierta cuando en una relación se esfuma el interés sexual. A veces sobreviene un amor más maduro, parecido al que existe entre amigos; otras veces, sólo queda indiferencia. Reavivar la pasión en términos asexuales es algo sobre lo cual nuestra cultura no sabe mucho. Por ende, el secreto de muchos matrimonios pasada una década o más, es que sus miembros se debaten con el tedio. El desvanecimiento de la pasión ha llevado al tedio; ninguno de los dos sabe qué hacer al respecto, salvo vivir en la nostalgia. Por mucho que cueste admitirlo, las relaciones que se inician en los fuegos intensos de la pasión suelen terminar en las cenizas más frías. Sin embargo, la relación debería consistir en unirte con tu amado en una pasión de por vida, no sólo por el sexo. Una pasión duradera y real debe provenir de un plano más profundo.

La intensidad del deseo sexual humano es un pálido reflejo de las ansias reprimidas que nos impulsan a la búsqueda del amante último, el Yo. La pasión no es personal, aunque la despierte otra persona; la pasión es universal. Cuando Rumi declara que «todas las partículas del mundo están enamoradas y buscan amantes», está confiriendo pasión hasta a la fuerza de gravedad. Al mismo tiempo, devuelve al espíritu una de sus cualidades más importantes: el poder.

Sin el poder, el espíritu podría ser amante e inspirador, pero no cambiaría el resultado de las cosas, sería una abstracción muy alejada de los sucesos cotidianos. Por cierto, eso es lo que muchos piensan del espíritu; pero el alma está dotada de un único tipo de poder, que en sánscrito se denomina *Shakti*. Según la cosmología india, Shakti es el principio femenino de la creación, la esposa de Shiva, que se presenta como principio masculino. Shiva no actúa en el mundo; es inmanifiesto e invisible. Shakti es la creación visible; es como la madre que atiende a su hijo, consciente de cada movimiento, por diminuto que sea, del universo manifiesto. En el amor sexual repetimos la unión de esas dos fuerzas; cuando nos sentimos amados estamos sintiendo, en realidad, la atención de la mujer cósmica, madre, consorte, seductora y amante.

Se representa a Shakti en todas esas formas y en muchas más. La tierna madre cósmica es Shakti, pero también lo es Kali, la destructora, con sus colmillos y su collar de cráneos. Muchas de las formas de Shakti son sexuales: es la pasión de Shiva por Shakti lo que la inspira para realizar su danza cósmica de la creación, a fin de deleitarlo. Todo el universo es, por lo tanto, un gesto de amor erótico; cada molécula danzante se mueve por anhelo de un amante invisible. Rumi se hace eco de esta idea cuando dice:

> *Hay alguien que cuida de nosotros*
> *desde detrás de la cortina.*
> *En verdad, no estamos aquí.*
> *Esto es nuestra sombra.*

El divino amor de Shiva y Shakti es lo único que en realidad existe; todo lo demás es apariencia: el vestido de la bailarina más que la bailarina en sí.

Pero ¿qué es Shakti fuera de la mitología? Shakti no tiene un sencillo equivalente en otros idiomas: incluye tanto la energía infinita del universo físico como la energía espiritual, que nuestros físicos modernos aún no reconocen. Las galaxias giran en el espacio propulsadas por Shakti, pero ella también lleva las plegarias silenciosas al oído de Dios. Shakti fluye por la creación como el impulso evolutivo que impide al orden disgregarse en el caos, pero su existencia es tan íntima que no es posible detectarla con ninguno de los instrumentos hasta ahora inventados.

Cuando la Biblia habla de «la luz» que emana de Dios para crear el mundo, está describiendo a Shakti, aunque despojada de su sexo. Pero Shakti no apareció sólo en el momento del comienzo. La Creación continúa mientras el universo exista; es el modo en que el espíritu expresa sin cesar su amor por la vida.

Shakti es pasión cósmica; cuando sientes pasión por algo, estás expresando a Shakti a través de ti mismo.

Aunque casi todos nos consideramos afortunados si, con el paso de los años, aún podemos sentir pasión por algo, apasionarse por el trabajo, la política y hasta por el sexo no es lo mismo que sentir pasión por la vida. No se trata de que la vida sea más grande que el trabajo, la política o el sexo. Shakti es la vida misma; está presente en todas las pulsaciones rítmicas de la existencia. La pasión por la vida implica que tú eres pasión; está en tu mismo ser. Por lo tanto, la manera más natural de ser es ser apasionado; el lento menguar de la pasión es antinatural.

Si lamentas el desvanecimiento de la pasión, debes comprender que nada perdura en la superficie de la vida, donde el cambio es la única constante. Las cosas van y vienen, la gente viene y va; aunque en otros tiempos hayan alimentado los fuegos del entusiasmo, tarde o temprano la temperatura desciende. Esto se aplica sobre todo al deseo sexual. La atracción erótica no es un estado permanente, sino una apertura que nos permite, momentáneamente, superar los límites del ego para entrar en los amores de Shiva y Shakti. Esto significa que la sexualidad es una oportunidad de estar en unidad, fuera de las limitaciones del yo dominado por el ego. Es preciso aprovechar la oportunidad que se nos ofrece; de lo contrario, perderemos a Shakti: la energía liberada en el sexo.

En términos espirituales, Shakti no fluye sólo en el sexo, sino en cualquier situación que despierte interés, entusiasmo y atracción. El peor de los derroches es agotar la pasión en necesidades e impulsos egoístas, carentes de espíritu. Entre estos derroches figurarían la acumulación material, la codicia, el deseo de dinero y poder por sí solos, la actividad sexual falta de amor y la obsesión. Shakti es el metal en bruto de la vida, que espera ser refinado y moldeado. Por ende, los esclarecimientos sobre la pasión tienen siempre que ver con el sustentar a Shakti en uno mismo y transmutarla en amor y unión dentro de una relación:

Pasión es la energía que crea el amor, sin más objeto que sí mismo.

La energía nacida del amor es creativa; renueva todo lo que toca. Para saber lo apasionado que eres, contempla lo que has creado.

La fuente de pasión está dentro de ti mismo. Cuando la pasión mengua, es preciso reavivarla en su fuente.

PASIÓN DE LAS CENIZAS

—¿Qué pretende que haga? Durante quince años me jugué la vida cada día, ¡y ahora soy un trapo viejo! Es una barbaridad. Si tuviera agallas les entablaría pleito a todos.

Jarret se encorvó en la silla, ya pasado el arrebato. Hablaba a solas conmigo; mientras tanto Gail, su esposa, esperaba fuera. Llevábamos media hora conversando en vano. Jarret estaba deprimido e inquieto ante su nueva situación: había sido despedido de la empresa que ayudara a fundar y en la que llevaba mucho tiempo trabajando. Apenas logró elevarse por encima de sus débiles quejas para ese brusco estallido, que fue casi un alivio.

—No pretendo nada —respondí—. Usted tiene dinero y puede arreglárselas. ¿Qué piensa hacer ahora?

Apartó la vista, suspirando. No tenía energías para lo que viniera.

—Gail quiere que nos mudemos a Florida, pero allá me sentiría realmente inútil.

Yo había conocido a esa pareja en mi consultorio médico; Gail casi había obligado a su esposo a visitarme, con el pretexto de que su depresión podía tener alguna causa física. En realidad, lo que deseaba era que alguien escuchara las interminables protestas de Jarret sin enloquecer, como le sucedía a ella.

—Gail no parece ser de las que archivan la vida en una comunidad de jubilados —observé—. A los cincuenta y tres años, no. Tal vez Florida represente para ella un nuevo comienzo.

Jarret se encogió de hombros.

—Allá, en otros tiempos, trabajábamos con barcos. Éramos muy jóvenes.

Le pregunté qué tipo de trabajo hacían.

—Carreras náuticas. Los dos nos criamos cerca del agua. En realidad, Gail se interesó por mí al verme como tripulante en la balandra de un amigo. Pero eso es otro cantar.

A mí no me lo parecía.

—¿Se molestaría, Jarret, si hiciera pasar a Gail? —pregunté.

Él se encogió de hombros, sumido en sus tribulaciones y fastidiado ante mi renuencia a seguir hablando de ellas.

Gail volvió a entrar; parecía preocupada, pero sin agotamiento ni desesperación. Si había esperanza en la situación era por ella.

—En primer lugar, su esposo no tiene ningún problema físico —le dije, para gran alivio suyo—. Y tampoco problemas psicológicos.

Los dos se mostraron sorprendidos; Jarret protestó:

—Si cree que no me pasa nada malo, doctor, trate de ponerse en mi lugar.

—Me gustaría —respondí—. Son pocos los que tienen la suerte de hallarse en una encrucijada; es una oportunidad increíble. El problema es que usted la enfoca mentalmente como si fuera una pérdida: la pérdida de su razón para vivir. Ese empleo suyo, ¿era su razón de vivir?

—Sin mí, esa empresa no existiría —replicó Jarret, evadiendo la pregunta.

—Eso explica por qué usted puso en ella toda su alma hace quince años, pero ¿cómo se sentía allí últimamente?

—Estaba perdiendo el tiempo —intervino Gail.

Jarret le lanzó una mirada fulminante. Su comentario no me sorprendió, pues ella me había informado previamente de que la mayor habilidad de Jarret (aportar ideas innovadoras a la producción) ya no contaba mucho en la empresa informática que él había ayudado a crear. La compañía estaba ahora en una fase de consolidación, en la que las técnicas gerenciales eran mucho más importantes que la innovación; Jarret ya no era útil, cosa que él resentía amargamente.

—Su situación ha cambiado, pero usted no quiere aceptar las emociones que acompañan al cambio —señalé—. No le pido que finja no estar enojado. Aunque sea más difícil admitirlo, no dudo que también está dolido. Debe de sentirse traicionado por quienes más gratitud le deben.

—Eso es muy cierto, qué diablos —gruñó él.

—Pero al enfocar esto como situación negativa —dije—, usted pasa por alto la parte más bella del cambio, que es renovar la pasión. Eso es lo que necesita.

Le pedí que imaginara qué le gustaría hacer si tuviera todo el dinero y el tiempo del mundo. Meneó la cabeza.

—Nada —respondió.

—Es su resistencia la que habla. Usted se ha revestido de emociones negativas y, como resultado, ha pasado por alto la fuente de pasión que tan cerca tiene en su vida.

Jarret se mostró confundido.

—Vuélvase hacia la derecha —indiqué—. Ahí la tiene.

Entonces fue Gail quien pareció confundida y azorada.

—En su certidumbre de que este problema está sólo en usted, Jarret, ha cerrado el flujo de la pasión interior y, al mismo tiempo, ha dejado a Gail fuera. Tiene una estupenda oportunidad de renovar su trato con la vida, pero la está desperdiciando.

Él se arrellanó en el asiento, mortificado.

—No es mi intención atacarlo —aclaré—, pero usted ha estado haciendo sufrir mucho a Gail sin darse cuenta. Lo que debemos discutir es cómo puede utilizar su matrimonio para hacer de la vida algo digno de ser vivido, en un plano muy profundo. En un tiempo había pasión en los motivos que lo llevaban a dedicarse a su empresa, pero creo que ahora sólo echa de menos las cosas exteriores: poder, dinero, posición social, respeto. En mi opinión, a estas alturas ya no volverá a tener esa pasión.

La pareja parecía estupefacta; noté que Gail quería saltar en defensa de su esposo. Sin embargo, dijo:

—Es que en esa compañía ya no lo están aprovechando bien. Por eso se me ocurrió que podríamos construir veleros o volver a las carreras.

—Porque usted ve a Jarret desde más profundidad de lo que se ve él mismo —expliqué—: usted lo ve desde el plano del amor. Quiere sacar a la superficie su pasión, porque pasión es vitalidad; eso es lo que constituye un matrimonio: la dedicación al estar vivos. Pero su vitalidad, Gail, es tan importante como la de su esposo, y no veo que él haga mucho para sustentarla.

—Se equivoca, doctor —adujo Gail—. Cuando hacemos cosas juntos me siento más viva que nunca.

—Pero supongo que últimamente no han tenido mucho tiempo para eso. Deberían pensar seriamente en navegar o en hacer cualquier cosa que puedan compartir con mutuo gozo, como propósito común en la vida, no como diversión para pasar el rato cuando lo permite el trabajo... o la falta de trabajo. Desde mi perspectiva, el hecho de que Jarret se vea obligado a retirarse siendo todavía joven es lo mejor que les ha podido suceder.

Jarret parecía pensativo. Su actitud, autocompasiva e introvertida, había cambiado. Se le notaba algo enfadado (lo cual, al menos, lo devolvía a la vida), pero toda su existencia se había basado siempre en los desafíos. Si lograba tomar mis palabras como desafío, se levantaría para enfrentarlo.

—Sé que ahora usted está rodeado de miedo —observé, con más suavidad—. Pero la mejor manera de dejar el miedo atrás es buscar una nueva meta; de lo contrario, el miedo no hace sino dominarnos cada vez más. La meta más elevada que usted puede tener incluye a su esposa. La fusión de dos energías, femenina y masculina, es mucho más grande de lo que se puede expresar por medio del sexo o la amistad. Allí existe un potencial espiritual que espera realizarse. Entre en él, Jarret, averigüe qué puede brindarle su matrimonio que vaya más allá de la personalidad individual y la necesidad aislada.

Me volví hacia Gail.

—Y lo mismo vale para usted. Haga de esta palabra su lema: coraje. El amor y la ternura no son impotentes; la paciencia y la tolerancia pueden producir cambios tremendos. Sin embargo, es preciso utilizar esas energías, no para someterse o resignarse, sino para la pasión.

La pasión por la vida es pasión por lo completo. Esto significa, en su plano más primordial, fundir lo masculino y lo femenino dentro de uno mismo. El matrimonio de Shiva y Shakti trata del potencial espiritual, nada menos.

En los hombres, esto representa el advenimiento de la ternura, el sustento y la confianza. No basta conque una mujer aporte estas cualidades. Los atributos masculinos de fuerza y violencia han sido grotescamente exagerados en este mundo, porque los hombres dejan las energías femeninas a las mujeres. La agresión y la violencia se tornarán innecesarias cuando las energías oscuras que ocultan (miedo e impotencia) salgan a la superficie para que se las reconozca y se las cure. Entonces, mostrarse vulnerable no será una debilidad que reduzca a un hombre a la mitad, sino una cualidad humana. La competencia basada en el ego iracundo (e inseguro) disminuirá al curar, y aumentará la capacidad de colaborar.

El valor de las mujeres se elevará a los ojos de los hombres cuando éstos dejen de definirse como el opuesto de lo femenino. En un sentido espiritual, lo masculino es el complemento de lo femenino. Una vez aceptado esto, se podrá producir el despertar de la espiritualidad masculina, puesto que se requiere una infusión de energía femenina para que el cuerpo y la mente se fundan totalmente con el campo silencioso de la energía pura. Al acoger a Shakti, el hombre puede ser realmente Shiva.

Para las mujeres, el viaje a la integridad es diferente, pues requiere elevar primero las cualidades femeninas al mismo rango que las de los hombres. La mujer debe incrementar sus energías, a las que la sociedad impuso sumisión durante tanto tiempo; mientras que el hombre, para variar, debe disminuir la dominación de las suyas. En ambos casos, lo que se logra es equilibrio. Nadie ha dicho nunca que en el mundo sobren afecto, ternura, sustento, intuición y belleza (todas ellas cualidades espirituales femeninas); en cambio, es demasiado obvio que la agresión, la fuerza, la lucha y la competencia (cualidades masculinas exageradas) han ido demasiado lejos.

La mujer debe tomarse todo el tiempo necesario para destinar la energía Shakti a cumplir lo que ha estado reservado al ego masculino. Esta energía circula en todos, pero a las mujeres se las ha dotado de feminidad para acentuar la diferencia entre Shakti, que es sutil y espiritual, y la fuerza bruta. Esta diferencia se puede resumir del modo siguiente:

Shakti comprende. En vez de imponer, comunica.

Shakti tiene paciencia. En vez de forzar la respuesta, espera a que el espíritu la produzca.

Shakti es tierna. En vez de ignorar las emociones, las utiliza para saber cuándo otra persona está dispuesta a escuchar y actuar.

Shakti es apacible. Ninguna situación requiere de fuerza.

Shakti es creativa. Crea respuestas donde antes parecían no existir.

Shakti es sabia. Analiza todo el conjunto y no unas pocas partes; toma la perspectiva cósmica, que siempre proviene del amor.

Vi que Gail exhibía esas mismas cualidades al encarar el aprieto de su esposo. Tenía la capacidad de solidarizarse, de ser paciente, de ofrecer apoyo emocional, permitir y mostrarse tierna. Éstas no son simples maneras de buscar una solución: «son la solución».

—Si usted se tratara tan bien como lo trata Gail —dije al terminar la entrevista—, si se comprendiera tan bien como lo comprende ella, con tanto amor y falta de egoísmo, habría resuelto su problema meses antes. Espero que acepte la perspectiva de su esposa como lo que es: algo realmente precioso.

Jarret asintió. No podía decir «Lo intentaré», porque aún estaba demasiado aferrado a sus viejas costumbres como para admitir que podía haberse equivocado. Pero percibí que tenía conciencia de hallarse en una encrucijada. Su manera de abrirse a lo nuevo sería dejando atrás la derrota y la amargura.

EL CASAMIENTO DE SHIVA Y SHAKTI

Como ya hemos tocado el concepto de matrimonio sagrado, ahora podemos expandir ese concepto pensando en las energías de Shiva y Shakti. Es totalmente inadecuado decir que Shiva es macho y Shakti, hembra, puesto que esos términos limitan a Dios, que no puede ser limitado. La mente se ve limitada a ver lo masculino y lo femenino como polos opuestos, pero Shiva y Shakti están casados desde antes de los albores de la creación. Son un todo divino que decide expresarse adoptando la apariencia de masculino y femenino.

Tú y yo hacemos lo mismo. Aunque mi cuerpo sea masculino, mi ser interior se identifica con el espíritu como un todo y, por lo tanto, mi alma debe incluir tanto a Shiva como a Shakti:

Shiva es silencio. Shakti es poder.
Shiva es creatividad. Shakti es creación.
Shiva es amor. Shakti es amante.

Estas cualidades no son opuestas, sino complementarias, lo cual constituye una descripción perfecta de matrimonio sagrado. El amor maduro consiste en poder verte en el amado y al amado en ti mismo. Aferrarte a estereotipos sexuales, defender tu virilidad o tu feminidad, hacer críticas al otro sexo por causar problemas, equivale a traicionar la base sagrada del matrimonio.

Un matrimonio sagrado extrae su pasión de su carácter inclusivo. La pasión por otra persona se esfuma, pero la pasión por la vida misma es eterna.

Cuando se conectan dos energías cósmicas, Shiva y Shakti, el flujo de pasión brinda un potencial creativo ilimitado. Los polos de silencio y poder crean cierta tensión entre ambos, como el ansia experimentada entre hombre y mujer, que sólo se satisface con el intercambio de amor. La corriente que los conecta es la fuerza creativa del universo, que no se concentra en lugar alguno tanto como en ti. Tú eres la tierra por la que debe fluir esa corriente; no necesitas de nadie más. Sólo cuando Shiva y Shakti se casen en ti podrás ingresar en un matrimonio sagrado con otra persona.

Dejemos aparte a Shiva, por ahora, puesto que esa energía es más abstracta que Shakti. Analicemos por qué Shakti es femenina. Por mucho tiempo, nuestra cultura ha asignado a la mujer el papel de actuar como compañera, madre, asistente y suplicante, nunca el de ejercer el poder por sí misma. Sin embargo, en el sentido védico, el poder es siempre creativo y la creatividad, siempre sexual. El mundo nació de un acto sexual divino; por lo tanto lo femenino, como dador de nacimiento, es el vehículo natural del poder.

Shakti puede ser sumamente visceral y física, como lo sabe cualquiera que haya presenciado un nacimiento. En el momento del parto, la habitación entera se carga de una energía cruda y vibrante que emana directamente de la madre; la aparición del bebé se asemeja, más que nada, al nacimiento del mundo en miniatura. Aunque el feto se ha ido gestando en el vientre a lo largo de nueve meses, esa brusca aparición de un ser humano completamente formado es milagrosa. Ésa es la concepción de Shakti que albergo en mi mente: la fuerza que puede crear partiendo de la nada.

Shakti puede transformar totalmente, disolviendo los rasgos de nuestro paisaje interior para reemplazarlos por los que crea. Los yoguis aseguran que, durante la meditación, hay un cosquilleo que sube por la columna (su nombre esotérico es *Kundalini*, uno de los mil nombres de la divina madre). La presencia de esa energía brinda conocimiento directo de Dios, percepción de otros mundos y fusión extática con lo divino. Pero si no eres yogui ni parturienta, ¿cómo es la experiencia de Shakti?

Shakti es el poder oculto que convierte la materia en vida. Es la chispa divina, el flujo del amor de Dios.

Quien esté conectado con el espíritu tiene Shakti, que se manifiesta de las cinco maneras que manifiesta Dios Misma. (Para simplificar, utilizaré en adelante la palabra *Dios*, aplicando sufijos y pronombres femeninos cuando me refiera a la diosa Shakti.) Tal como describen los antiguos *Shiva Sutras*, «enseñanzas sobre Shiva», los cinco poderes son:

Chitta Shakti: conciencia de Dios.
Ananda Shakti: felicidad de Dios.
Icha Shakti: deseo o intención de unirse con Dios.
Gyana Shakti: conocimiento de Dios.
Kriya Shakti: acción dirigida hacia Dios.

Si la voz de Dios hablara contigo, transmitiría Sus poderes en frases sencillas y universales:

Chitta Shakti: «Soy.»
Ananda Shakti: «Soy feliz.»
Icha Shakti: «Quiero.»
Gyana Shakti: «Sé.»
Kriya Shakti: «Actúo.»

Si un niño viniera a preguntarme «¿Cómo me hizo Dios?», le respondería con esas cinco frases, pues así fue como Dios se hizo a Sí Misma o, al menos, cómo se nos dio a conocer; en cada etapa del dar a luz emergió una nueva exclamación de descubrimiento. Primero Se experimentó a Sí Misma como existencia («¡Soy!»); luego, como gozo creativo («¡Soy feliz!»), como deseo palpitante («¡Quiero!»), como mente cósmica («¡Sé!») y, finalmente, como fuerza moldeadora que da forma a todas las cosas («¡Actúo!»). Como ninguna de ellas, salvo «Soy», existía hasta entonces; cada una fue una revelación.

Todas estas cualidades tienen aplicación universal. Ocurre que el vocabulario proviene de la tradición Shiva-Shakti, pero todo flujo de espíritu (de amante a amante, de la mano del pintor a su tela, del músico a su instrumento) puede expresar el poder espiritual. Un paisaje de otoño en tonos pardos bajo un cielo encapotado parece descolorido, pero pintado por Rembrandt tiene una tremenda Shakti: su *kriya* o acción está vinculada con el espíritu. Por escrito, las obras de Shakespeare son tranquilas, pero en las manos de un Olivier o un Gielgud, la Shakti que brota del escenario es eléctrica.

Un matrimonio sagrado extraería también su pasión y su energía de las cinco Shaktis, en el mismo orden en que Dios Misma las descubrió. Poner en claro tus prioridades espirituales significa preservar primero el ser y luego la acción. «Ser», en este caso, significa identificarse con el espíritu; «acción» significa identificarse con la carrera, los logros y el diario tira y afloja de la vida. «Soy» viene primero porque hace del momento presente el más perfecto para vivir. «Soy feliz» permite celebrar la vida con el corazón lleno de alegría. «Quiero» hace que los deseos atesorados se hagan realidad. «Sé» permite confianza y autoaceptación totales; «actúo» hace de la creatividad el propósito de cada día.

Estos cinco poderes forman una cascada, que se vierte como agua desde el espíritu inmanifiesto al mundo material. Tagore empleaba casi la misma analogía al preguntar, poéticamente: «¿Donde está la fuente que arroja estas flores en tan incesante estallido de éxtasis?» En una bella línea expresa el misterio con increíble exactitud. ¿Cuál es el origen del infinito despliegue de la abundancia de la naturaleza? Las flores están fuera; en cambio la fuente está dentro, en la esencia divina. Para comprenderlo es preciso convertirse en esa fuente; debes tener la seguridad de que el flujo de la vida puede manar a borbotones a través de tu ser, con toda su fuerza. Ese estado de conexión es existencia suprema. Cuando te unes a la danza cósmica, te impregnan por completo los poderes de Dios como madre-creadora.

Veamos ahora cada uno de esos poderes por separado.

Chitta

Chita es la conciencia de Dios en su forma más simple. La mente, cuando no está ocupada con pensamientos y emociones, descansa en sí misma. La conciencia simple es una cualidad divina, pues en Chitta se retiran las distracciones que disfrazan el espíritu. En lugar de asuntos complejos y conflictos, percibes el amor como realidad única. Comprendes que siempre has sido alimentado y sostenido; ya no necesitas justificar tu existencia. La cualidad más primordial de Dios es este silencio, esta autosuficiencia: no necesitar de nada más. Si imaginamos la creación como un cordel vibrante sujeto a un punto fijo, ese punto fijo está aquí. Simplemente, Chitta es.

Ananda

Se considera que Ananda es la primera cualidad de Dios que se manifiesta en la creación, a partir del silencio primordial. Su bienaventuranza, amor y paz son los más sutiles, pero también los más potentes de entre los poderes creativos de Shakti. Captar este hecho supone una tremenda iluminación espiritual. Ananda brinda la solución para todo sufrimiento: en vez de tener que luchar contra el dolor, cualquiera puede viajar hacia su interior y hallar un plano de conciencia a donde no pueda llegar el sufrimiento. Ananda es el rostro impertérrito de Dios. Cuando haces realidad en ti mismo este aspecto del espíritu, el amor incondicional se torna tan natural como el respirar.

Icha

En la tradición de Shiva existe un bello dicho: Dios creó al mundo a partir de «Su dulce voluntad», que fue puesta en las manos de Shakti. El equivalente sánscrito de «voluntad» es *icha*, que también significa «deseo» o «intención». La voluntad es el plano que emerge después de la felicidad o bienaventuranza, pues cuando estás lleno de gozo, todo lo que desees debe estar alineado con lo divino. En este plano, no hay deseos erróneos ni conductas caprichosas que puedan dañarte o perjudicar a otros. Se puede imaginar a Dios mirándose en un espejo que la rodea por todas partes, de modo tal que dondequiera que mire ve su propio reflejo. Aparte de esto no hay nada que ver; por lo tanto, cuanto Dios crea es sólo una forma modificada de Su propia bienaventuranza. Icha es como el arco que lanza la vida hacia fuera, dotándola de propósito y dirección amantes.

Gyana

El conocimiento sobre Dios es directo o indirecto. Indirectamente podemos leer las escrituras, escuchar sermones y consultar a las autoridades para, a partir de todas esas fuentes, llegar a la razonable conclusión de que Dios existe. Pero un dios así no transmite amor a la tierra. Por lo tanto, nada substituye a gyana, que es el conocimiento directo de lo divino. En vez de tener pensamientos sobre Dios, compartes Sus propios pensamientos, que sólo pueden versar sobre Sí Misma. Pero esto no es egocentrismo cósmico. Confirma el hecho de que el conocimiento espiritual es esencial; la verdad, la confianza, la devoción y el amor están dentro de nuestros pensamientos. Gyana es la mente en comunicación con el espíritu.

Kriya

La última Shakti es la más visible. Al actuar, Dios dio existencia al mundo material. *Kriya* no es lo mismo que *karma*, aunque las dos palabras significan «acción». Karma es la acción nacida de causa y efecto; es una acción que acentúa el aislamiento. Kriya es acción inspirada por el espíritu; deroga el aislamiento y origina comunión. En la India, el santo que ha entrado en trance exhibe una kriya; las palabras inspiradas de su boca, los gestos de sus manos, las expresiones faciales y hasta la respiración serán también kriyas. Las escrituras védicas contienen miles de descripciones que detallan con exactitud qué kriya corresponde a cada estado interior (la sonrisa del Buddha y su mano levantada, con el pulgar y el índice en oposición, son sólo dos ejemplos). Pero, en un sentido más amplio, el cambio de conducta que presenta quien ha realizado a Dios, pasando de la violencia a la paz, del conflicto a la serenidad, del egoísmo al altruismo, se produce en el reino de kriya. Ésta es la última cascada de lo divino hacia la creación. La inmovilidad de la conciencia pura se derrama en bienaventuranza; la bienaventuranza, en voluntad; la voluntad, en conocimiento y, finalmente, el conocimiento en acción. Se ha revelado por completo la quíntuple naturaleza de Shakti.

EL SILENCIO DE SHIVA

Si nuestra formación cultural dificulta ver a Shakti como femenina, el silencio de Shiva (inmóvil, sin causa, inefable, no apegado), difícilmente nos parece el modelo del poder masculino. Sin embargo, poder masculino no equivale a conducta masculina. La agresividad del guerrero no corresponde a Shiva, quien no tiene necesidad alguna de invadir, conquistar, imponerse, adquirir ni competir. Aunque el *Bhagavad-Gita* lo llama «el destructor de mundos», lo que esto significa es que Shiva, en el final de la creación, absorbe al universo de nuevo en sí mismo. Éste no es un acto violento, así como tampoco es violento el hecho de que tu cerebro reabsorba las sustancias neuroquímicas que formaron tu último pensamiento; en ambos casos se han sentado las bases para una nueva creación, un pensamiento nuevo.

Cuando menos, Shiva es un nombre familiar en Occidente, donde se lo conoce como uno de los tres dioses primordiales de la India, junto con Brahma y Vishnú. Cada uno fue concebido como forma particular de lo divino: Brahma es el creador del universo; Vishnú, el conservador; Shiva, el destructor. Pero sería un error, tal como acabo de explicar, pensar que Shiva es algún tipo de vengador apocalíptico, ni siquiera un ser aparte de nosotros.

Dios está dentro; esa división en tres partes de lo divino es sólo una imagen o metáfora de algo que no se puede dividir. Como analogía, piensa cómo surge en la mente una imagen: la cara de un ser amado, por ejemplo. La imagen es creada, se mantiene por un instante y luego desaparece. Por ende, podríamos dividir la mente en creadora, conservadora y destructora, pero la experiencia real de pensar es continua e ininterrumpida.

Lo mismo sucede con el espíritu, al que experimentamos siempre como totalidad; a diferencia de la mente, al espíritu no se le puede asignar un sitio, tal como asignamos la mente al cerebro por conveniencia. Dios no está aquí ni allá, dentro ni fuera. Se entiende mejor a Shiva concibiéndolo como omnipresencia, una conciencia silente que lo impregna todo. De los triples dioses, sólo Shiva se equipara a Dios, porque Dios lo impregna todo.

En la organización de las cosas, a Shiva le fue dada Shakti, para que llevara a cabo el proceso de creación física. Esto evoca llamativamente el código de vida incluido en cada célula del cuerpo. Existe bajo la forma de ADN, que es silente, inactivo y está fuera de la vista; pero también bajo la forma de su gemelo bioquímico, el ARN, que emergió del ADN para llevar a cabo todos los procesos celulares que construyen el cuerpo en el plano básico de las enzimas y las proteínas. También la fisiología del cerebro es a un tiempo silenciosa y activa: en el córtex yacen acumulados miles de millones de recuerdos, que emergen cada uno como memoria expresada. Si expandes esto a escala cósmica, el resultado es Shiva, cuyo potencial creativo sigue siendo infinitamente mayor que cualquiera de sus expresiones, aun cuando esas expresiones toman la forma de galaxias y universos enteros.

Shiva aporta conciencia pura a un matrimonio sagrado. Su invisibilidad convierte toda acción en una acción de Dios.

¿Qué sería, exactamente, una acción de Dios? ¿Una intervención milagrosa, una voz proveniente de la cumbre? Millones de personas han esperado en vano esas señales. Pese a mis intentos de sacar a Shiva del reino de lo abstracto, sería fácil imaginarlo como un fantasma, un concepto espiritual sin carne ni huesos. Los cinco sentidos exigen esa carne y esos huesos. Cuando prestas atención a las cosas de «ahí fuera», evalúas su realidad por medio de la vista, el oído, el tacto, el gusto y el olfato. Sin embargo, en la práctica espiritual existe algo llamado segunda atención, que te hace percibir cosas inalcanzables para los sentidos.

La segunda atención te hace cobrar conciencia del espíritu. Obra por medio de la intuición; a veces se lo llama «videncia» o «don», aunque estos términos implican una facultad sobrenatural. En realidad, el espíritu no deja de enviarnos señales a todos, pero no las recibimos porque no hemos desarrollado la segunda atención. Una vez desarrollada, la intuición es tan real como cualquier otra facultad.

¿Qué tipo de señales busca la segunda atención? El espíritu es universal y constante, como la gravedad, pero no tiene restricciones físicas. Shiva se reserva la total libertad de ser lo que desee, cuando, donde y como lo desee. La segunda atención puede detectar las cinco acciones que, según los clásicos textos de Shiva, son características de Dios cuando Él se comunica con el mundo:

Dios crea.
Dios destruye.
Dios protege y conserva lo que ha sido creado.
Dios cubre u oculta Su propia naturaleza.
Dios revela o descubre Su propia naturaleza.

Como la mente india no es lineal, no ve contradicción alguna en hacer de Shiva el destructor en una de sus formas y, en otra, el omnipresente creador y conservador del mundo. Las cinco acciones de Shiva son el marco de trabajo de cualquier experiencia espiritual que se pueda tener; la dotan de forma y significado. Como el significado es completamente personal, no hay dos personas que deban concordar en cuanto a qué acción se ha manifestado en un momento dado: se trata de una comunicación privada entre yo y Yo.

Mis propias convicciones en este aspecto se remontan a hace casi treinta años. Al iniciar mis estudios de medicina veía cadáveres por todas partes, pero era raro ver morir a alguien; esperaba con temor esa experiencia.

Una de mis iniciaciones a la muerte se produjo en las salas públicas de cierto anticuado hospital de Nueva Delhi. Yo estaba de ronda y tenía que hacer los exámenes físicos asignados a los estudiantes de segundo año. Era ya entrada la noche y tuve que despertar a mi paciente de un sueño profundo; no había otra alternativa, pues debía realizar el examen antes de su operación, programada para las cuatro de la mañana. Mi paciente era un desconcertado aldeano del Punjab, que soportó mi manoseo sin disimular el nerviosismo.

—Ya casi he terminado —le aseguré.

Me levanté, retirando el frío estetoscopio de su pecho. En vez de cubrirse nuevamente con la bata, el hombre miró boquiabierto por encima de mi hombro. Me volví bruscamente; en el vano de la puerta se tambaleaba una mujer, con la cara blanca como la tiza. Estoy seguro de que el aldeano punjabi la tomó por un fantasma. La mujer trató de hablar, pero no surgió palabra alguna: sólo un ruido, mezcla de graznido con gorgoteo. Corrí; llegué apenas a tiempo para sujetarla en el momento en que se derrumbaba.

En momentos como ése, la reacción inmediata de un médico es sospechar un ataque cardíaco.

—¡Equipo de emergencias! —chillé a la enfermera de noche, que había aparecido en escena. Ella corrió al teléfono para llamar a la unidad coronaria. Sostuve a la mujer durante los dos minutos que tardaron en llegar; tenía los ojos cerrados. De pronto dejó de respirar. En medio minuto inicié las técnicas manuales de reanimación, pero tuve tiempo para ver con claridad que se estaba muriendo.

Pese al controlado frenesí con que pedí ayuda y le descubrí el pecho, me sobrevino cierta serenidad; me era imposible determinar si yo presenciaba esa calma o si la calma me presenciaba a mí. Tenía una leve pero clara sensación de que algo pasaba en el aire, acompañado por una oleada de paz. Antes de que pudiera pensarlo, toda la experiencia desapareció con la aparición del equipo de emergencias, tragada por una frenética actividad. Un residente de primer año, armado del fibrilador, se hizo cargo de todo, apartándome más o menos a empujones.

Al ponerme de pie vi a dos hombres que miraban por encima de mi hombro; eran el aldeano punjabi y otro paciente, de más edad, que yo no había visto hasta entonces.

—Volved a la cama, por favor —dije—. Lamento mucho que hayáis tenido que pasar por algo tan perturbador.

Los hombres no se movieron; tampoco parecían perturbados en absoluto. Uno de ellos murmuró algo en dialecto; luego, el de más edad me dijo:

—No se preocupe. No pasa nada.

Mi paciente punjabi volvió a murmurar algo y el otro me tradujo:

—Ella le estaba agradecida.

—¿Por tratar de salvarla? —logré decir.

—No, no. Por sostenerla en brazos. De ese modo, tuvo menos miedo de partir.

Dicho eso, los dos volvieron a la sala en penumbra para acostarse.

Este incidente me resulta inolvidable por tratarse un

ejemplo del dicho: detrás de toda acción hay oculta una acción de Dios. Mi percepción de la emergencia fue primitiva, pero la segunda atención, a través de mis dos pacientes, me dijo lo que necesitaba oír. El espíritu quiso hacerme saber que la paz de la muerte es real.

Ahora que el momento ha pasado, comprendo que el mensaje era mucho más profundo: Dios está presente en la muerte. Para saberlo, tuve que madurar en segunda atención y, por lo tanto, aprender la verdad básica sobre Shiva: oculta dentro de toda acción hay una acción de Dios.

Conocer a Dios es un proceso que se desarrolla con el tiempo. No es una experiencia súbita que concluya de una sola vez. Es imposible terminar con Dios; los momentos de reconocimiento sólo sirven para acercarte a Él. En cada suceso de tu vida puede estar oculta una posible epifanía sobre el amor, que se comunica contigo desde la fuente. Como en el caso de Shakti, hay algunas fórmulas verbales sencillas para indicar qué acciones de Shiva trata de impartir:

Creación: El amor de Dios es nuevo.
Destrucción: El amor de Dios está más allá de la muerte.
Conservación o protección: El amor de Dios mantiene.
Ocultamiento: El amor de Dios está más allá de la forma.
Revelación: El amor de Dios existe en forma.

El espíritu no deja de enviarnos, al mundo relativo, señales de su intención. Si la segunda atención es lo bastante aguda, puedes cobrar conciencia del espíritu que se cruza en tu camino, descendiendo hacia ti, elevándote o susurrándote la verdad varias veces al día. Todas éstas son comunicaciones silenciosas de Shiva, cuya naturaleza es silencio. Comparado con Shakti, Shiva está más retirado de la creación como voluntad o acción, más cerca de la creatividad pura como potencial. Pero estas cinco acciones no tocan el mundo. El silencio tiene una voz que dice algo parecido a estas cinco cosas.

Creación

A partir de mi fuente en el amor, creo situaciones que imparten lecciones. Éstas son siempre lecciones sobre el amor. Nada es creado fuera de mi espíritu, sólo desde dentro.

Destrucción

Destruyo las impurezas que te impiden percibir el amor. No hay obstáculos que no hayan sido creados por mí mismo, pese a lo que puedan decir las apariencias. Como se originan dentro de mí, los obstáculos son creados a partir del amor; una vez que encuentras un plano de entendimiento más profundo, los obstáculos desaparecen.

Protección

Mientras una situación dada sea necesaria para una finalidad espiritual, la mantengo y la protejo. Para esta acción no es pertinente calificar una situación particular como buena o mala; protejo la vida por sí misma, sin juzgarla.

Ocultamiento

Oculto quien soy, si eso es necesario para el crecimiento. Si ya te conocieras totalmente como espíritu, no habría camino ni crecimiento. Por ende, en determinados momentos hay cosas que permanecen ocultas. En mi papel de ocultador, dispongo los pasos del camino.

Revelación

Me revelo según sea necesario para abrir nuevas posibilidades. El tiempo y el espacio están en constante despliegue. Si desplegaran, simplemente, más tiempo y más espacio, habría una incesante repetición de lo conocido. Pero tiempo y espacio son sólo cortinas que ocultan el drama dispuesto tras ellas. El drama es el despliegue del espíritu, que se produce mediante la revelación.

Si escuchas la voz que pronuncia estas líneas, llama la atención que ese «yo» se pueda interpretar como Dios, espíritu, amor o, simplemente, tu propia naturaleza. Estás simultáneamente en contacto con todos esos planos, aunque tu mente, insensibilizada por su condicionamiento, no te permita verlo así. Shiva no se oculta, puesto que no hay lugar para que el Único se oculte.

> *La mayor señal del amor de Dios es que quiere ser conocido.*

Ahora llegamos a nuestra más profunda definición de pasión: la pasión es el libre flujo de conciencia, desde lo inmanifiesto hasta lo manifiesto. Tu existencia en la tierra te convierte en hijo de amor de la pasión de Shiva por Shakti y de ella por él. Tu vida se presenta como un tapiz de sucesos exteriores que lo abarcan todo, desde el nacimiento hasta la muerte. Pero toda esta actividad depende por completo del flujo invisible de la conciencia que opera en todos los planos.

> *Shiva y Shakti están eternamente casados, porque ambos están hechos de conciencia. Uno es conciencia que reposa en silencio; el otro, conciencia que fluye en creación.*

A esto me refería al decir que tú eres la pasión misma, pues te casas con el silencio y el poder, las dos polaridades entre las cuales fluye la conciencia. Sin el flujo de la conciencia, todo lo que hay en ti y a tu alrededor se derrumbaría en un montón de materia muerta. Cuando aspiras a ingresar en un matrimonio sagrado con quien amas, estás expresando nada menos que tu propia naturaleza.

El milagro del amor es que experimentar una pizca de amor por otra persona puede revelar súbitamente lo divino. Hace falta ese diminuto cambio de percepción para recuperar el infinito. Cuando yo deje de prestar atención al aislamiento y siga al amor, la persona que amo se reflejará en mi ser. Experimentaré un fluir de exuberancia, exaltación y gozo desde su fuente silenciosa. Las manifestaciones del amor se multiplicarán, porque mi amante me resultará sagrado; por eso se llama santo al amor: porque expresa integridad.

PRÁCTICA DE AMOR

Prestar atención al espíritu

Si el espíritu te envía señales, ¿cómo hacer caso de ellas? La segunda atención tiene mucho en común con la intuición y la creatividad. Es bien sabido que ambas son facultades de la mente humana. Desde el punto de vista espiritual, eres un eterno creador. La más ínfima situación de tu vida no se forja «ahí fuera» sino «aquí dentro», partiendo de la fuente de la realidad, que es la conciencia. Quienes creen que el mundo material hace que sucedan las cosas son, simplemente, creadores inconscientes: no han asumido la responsabilidad de ser autores de su propia vida.

La segunda atención te permite asumir la autoría de tu vida, instalándote en el centro del diario proceso de fabricar la realidad que percibes. Como todos creemos, por condicionamiento, que el funcionamiento de la naturaleza es independiente de nuestros pensamientos, sueños, deseos y sentimientos, reclamar la autoría de nuestra realidad es un proceso gradual.

Todas las señales del espíritu cumplen la misma finalidad: devolverte la vida que te corresponde como creador.

La actitud que tiene hacia la vida quien funciona como creador se basa en estas cinco convicciones cardinales, pocas de las cuales te habrán sido reveladas, a menos que hayas tenido mucha suerte:

1. Soy un recipiente vacío. La inspiración me llena todos los días, pero no estoy aquí para aferrarme a nada de lo que venga a mí.
2. Estoy aquí para pasar la energía de un estado a otro. Con suerte, paso de un estado inferior a uno superior, puesto que mi razón de ser es dirigirlo todo hacia el espíritu.
3. No necesito dominar el flujo de la realidad. Me inclino hacia donde el espíritu me impulse.
4. Es la plenitud del espíritu lo que provee, no mi ego.
5. Si vivo desde la fuente de la creación, a mí sólo puede venir el bien. Todo espiritual proviene del amor.

Llegar a estas creencias y hacer que te sirvan de algo es un objetivo en el que el espíritu puede ayudarte. La sociedad en general no está armonizada con ese tipo de vida; por eso los artistas y los verdaderos amantes deben alejarse en buena medida del marco aceptado de las creencias sociales. La sociedad apoya la lucha, la competencia y el ego, lo cual significa que apoya el aislamiento. El punto de vista del aislamiento es muy convincente: millones de personas pasan todos sus días tratando de sobrevivir. Pero vivir en aislamiento no es amor; por definición, no puede llevarte a la unidad.

El espíritu es tu mejor y único aliado en la búsqueda de unidad. Las tácticas del no-amor jamás te llevarán al amor.

En el siguiente ejercicio aprenderás a transmutar las creencias y conductas de la separación en las del amor, utilizando las señales que el espíritu envía siempre.

La voz del espíritu está en constante competencia con otras voces interiores; el resultado de tu vida depende de cuál de esas voces escuches. Puesto que las voces interiores son constantes, estudiándolas durante un período no mayor a cuarenta y ocho horas resulta posible estimar qué espera una persona de la vida.

Lee las aseveraciones siguientes y marca las que te hayan sucedido a ti en los dos últimos días.

1. Temí que algo no me diera resultado.
2. Resolví una situación actuando con más amabilidad de la que sentía.
3. No logré descubrir qué pensaba sobre determinada cosa.
4. Tuve dudas sobre qué siente por mí una persona de mi intimidad.
5. No dije la verdad cuando debía hacerlo.
6. Alguien me ofendió, pero lo dejé correr.
7. Me acosté preocupado, tuve un mal sueño o sufrí de insomnio.
8. Alguien me falló.
9. Pensé en lo bien que vivía antes y lamenté no poder volver atrás.
10. Me sentí frustrado por cierto aspecto de mi vida que está fuera de control.
11. Me arrepentí de algo que había dicho.
12. Me sentí a disgusto con mis sensaciones.
13. Hablé mal de alguien a sus espaldas.
14. Me quejé a alguien que no podía resolver mi situación.
15. Alguien me molestó, pero no lo enfrenté.
16. Tuve miedo de pedir lo que deseaba.
17. No dije: «Te quiero.»

18. Me sentí mal conmigo mismo.
19. Al ver el telenoticias, pensé que las cosas estaban empeorando mucho.
20. Nada parecía ir bien.

Cada marca vale un punto. Calcula tu puntuación total, que entrará en una de estas tres amplias categorías:

0-5 puntos. Vives en el presente y no escuchas las fuertes voces interiores de miedo o culpa. El valor que te asignas se basa en expectativas reales. No estás empantanado en las emociones pasadas ni tratas de purgar viejos errores. Tu falta de estrés puede maravillar a otros, pero tú te esfuerzas por mantenerlo así todos los días.

6-15 puntos. Tiendes a escuchar voces interiores que no son tú mismo, sino expresiones de tu miedo, enojo y desencanto. Tienes la costumbre de no ser totalmente sincero sobre tus emociones, ni ante ti mismo ni ante los demás. La falta de fe en ti mismo es un problema que crece en ti según aumenta el estrés. Si te ves obligado a elegir entre lo que realmente deseas hacer y lo que te parece mejor para evitar peligros o tener que entenderte con otros, prefieres la segunda alternativa. En momentos de conflicto o crisis, te evades mirando la televisión o quejándote a tus amigos, en vez de sentarte a pensar qué puedes hacer para cambiar la situación. Dices cosas como «Todo se arreglará», cuando en el fondo tienes miedo de que no sea así.

16-20 puntos. Te cuesta determinar dónde terminan tus voces interiores y dónde empiezas tú. Detestas la confrontación, pues te obliga a ser sincero contigo mismo o con otros. Para ti es muy importante entenderte con los demás. Te descubres diciendo cosas que no piensas; haces promesas de las que después te arrepientes. A veces, al mirar a tu alrededor, te preguntas qué clase de amigos tienes y piensas que, en realidad, no los conoces; eso significa que no intimas con la gente ni permites que intimen contigo. Te resulta demasiado fácil culpar a tus padres; también deseas acudir a ellos cuando las cosas se ponen difíciles. Tus convicciones centrales aún no han aflorado, pero si lo hicieran creerías que sobrevivir es un asunto peligroso y que el amor tiene poca fuerza en este mundo.

Toda esta cuestión de las voces interiores es sumamente compleja, pero desde el punto de vista del espíritu la única voz interior que hace falta seguir es la del Yo superior. Para comprobar si la estás escuchando, lee la siguiente lista de aseveraciones y marca cuáles se han aplicado a ti en los dos últimos días:

1. Decidí iniciar por mi cuenta algo que me interesa.
2. Tuve una idea estupenda.
3. De repente, se me ocurrió la solución a un problema.
4. Dije: «Te quiero.»
5. Me saqué de encima algo que deseaba decir hacía tiempo.
6. Me tragué el orgullo y admití que estaba equivocado.
7. Di apoyo a alguien que tenía dudas o deseaba hacer un cambio difícil.
8. Defendí mi posición, aunque me sentía nervioso al respecto.
9. Pese a lo que digan las noticias, pienso que la vida vale la pena.
10. No culpé a nadie.
11. No me quejé.
12. Me analicé profundamente.
13. Hice que alguien se sintiera mejor que antes consigo mismo.

14. Vi algo bueno en alguien que previamente me había causado una mala impresión.
15. Tuve confianza y resultó.
16. Vi justificada mi fe en Dios.
17. Tuve un momento de gran claridad mental.
18. Me perdoné o fui amable conmigo mismo.
19. Pese a la tentación, no me precipité a sacar conclusiones.
20. Me sentí en paz.

Anota un punto por cada frase que hayas marcado y calcula el total.

0-5 puntos. Basas tu vida en valores que no son los espirituales. Tal vez no tengas conciencia de esto, porque tienes éxito, dinero y una buena vida familiar... o quizá ya lo sepas. Sea como fuere, tu clima interior está dominado por la rutina. La creatividad y la sensibilidad no ocupan puestos muy altos en tu lista de valores; tampoco te consideras creativo. Analizarte en profundidad no es algo que hagas con frecuencia, pues tienes miedo de lo que puedas descubrir. «Amor» significa, para ti, que otra persona satisfaga tus necesidades. Es probable que te definas como ateo, pesimista o escéptico.

6-15 puntos. Asistes a la iglesia o, al menos, crees en Dios; pero no tienes un fuerte vínculo personal con el espíritu. No te impulsan el éxito ni el dinero, lo cual te brinda cierta paz mental, pero no has hallado una verdadera pasión en tu interior. Los problemas no te abruman mientras no sean demasiado serios, pero tampoco esperas descubrir grandes innovaciones ni logros creativos. Te conformas con permanecer en un prudente término medio, aunque a veces temes el futuro. «Amor» significa, para ti, una familia segura, un cónyuge devoto y sentirte a gusto con la gente.

16-20 puntos. Estás armonizado con el espíritu. Las creencias religiosas convencionales te interesan mucho menos que la participación activa en tu propio estilo de vida creativo. Tu fe en Dios se basa en la experiencia, pero al mismo tiempo te consideras autor de tu propia existencia. Aunque puedes sentirte sacudido por una crisis, cuando las emociones se despejan buscas los resultados positivos y casi siempre los encuentras. No piensas en función de la seguridad, sino de lo que quieres ser y hacer: sigues tu estrella. «Amor» significa para ti una fuerza más allá de la personalidad que se ve y se siente dondequiera que mires, si prestas la suficiente atención.

En la mayoría de los casos, una puntuación alta en cualquiera de estas pruebas se corresponde con una puntuación baja en la otra, pues seguir la voz del espíritu es lo opuesto a seguir las voces del miedo, la cólera y la duda. La voz del espíritu es más difícil de seguir, pues no suena alta ni exigente, mientras que la voz del miedo, por ejemplo, es sumamente alta y a veces abrumadora en su insistencia. Otras voces provienen del pasado: en realidad, tus pensamientos no te pertenecen, sino que los has tomado de las figuras de autoridad que en otros tiempos tuvieron influencia sobre ti. Estas voces dicen: «Te conviene hacer esto»; lanzan advertencias y a menudo castigan. Otras voces del pasado expresan hábitos y creencias. Cuando alguien exclama «Si me escucho a mí mismo oigo hablar a mi madre», lo que en verdad quiere decir es que se está imponiendo un sistema de creencias adoptadas; la fuente de esas creencias (padre, madre, entrenador, maestro, gurú) tiene aún una voz en tu cabeza y repite los postulados a los que te aferras.

Pero eres tú quien se aferra. Eres tú quien decide qué voz escuchar y cuál rechazar. La gran mayoría de las veces, la gente no escucha la voz que la hace feliz o le inspira amor. Se deja llevar a resultados desdichados y faltos de amor por seguir la voz equivocada y pasa muchísimo tiempo en terapia, básicamente para quitarse de la cabeza esas voces erróneas.

El siguiente ejercicio te ayudará a reconocer cuándo es el espíritu el que te habla y cómo prestarle atención.

SEGUNDA PARTE

Para deshacerte de las voces interiores negativas, de nada sirve discutir con ellas, ignorarlas o fingir que no existen. Se requiere un proceso de desprendimiento; la Práctica de Amor «Dejarse llevar» (página 193) detalla el funcionamiento de este proceso. Aquí veremos cómo armonizarse con la voz del espíritu. No es fácil escuchar al espíritu cuando te encuentras enredado en tus antiguas creencias y en tu condicionamiento social, por los siguientes motivos:

- El espíritu no es verbal, como los otros pensamientos. Se presenta como un esclarecimiento, un «¡ajá!», que te muestra las cosas bajo otra luz.
- El espíritu no discute ni trata de persuadir. Te muestra lo que es real en una situación dada, pura y simplemente.
- El espíritu no dice: «Si no haces esto, sucederá aquello.» No hay ultimátum ni amenaza.
- El espíritu no se comunica en términos de bien y mal. Te apoyará en lo que decidas.
- El espíritu siempre te hace sentir más a gusto contigo mismo, pero puede presentar alternativas que requieran coraje, paciencia y fe.
- No puedes obligarlo a hacer nada. Habla cuando quiere, pero ten la seguridad de que lo hará en el momento debido.
- El espíritu jamás proviene de nada que no sea amor. Si buscas una manera de vengarte, de demostrar que

estás en lo cierto, de oponerte o de vencer a otros, de castigar, la voz que escuchas no es el espíritu.

Estas líneas orientadoras te permitirán armonizarte con tu segunda atención. La primera atención está dominada por los hechos exteriores, por expectativas en cuanto al modo en que deberían desarrollarse las cosas y por antiguos condicionamientos; si detectas alguna de estas influencias sabrás que no estás en el espíritu. Cada vez que tengas una duda al respecto, formúlate las siguientes preguntas:

¿Me siento enfadado o nervioso?
¿Tengo sospechas o dudas?
¿Me siento abrumado por lo que sucede a mi alrededor?
¿Otra persona está tratando de decidir por mí?
¿Siento el cuerpo tenso o incómodo?
¿Esto me ha sucedido anteriormente? ¿Me estoy limitando a repetir un episodio anterior?
¿Necesito que las cosas se resuelvan de determinada manera?
¿Me siento amenazado?

Todas éstas son señales de tu ego, muy alejadas del espíritu, pese a que siempre actuamos basándonos en ese tipo de señales. Es en *ausencia* de estas señales del ego cuando te habla el espíritu. Un tipo de señal no puede convertirse en el otro. Para transmutar una conducta basada en el ego a otra basada en el espíritu, se requiere cultivar la segunda atención. Si actúas según el espíritu, obtendrás resultados que no esperabas, tales como:

Tus temores ya no se harán realidad.
Tu felicidad ya no dependerá de las expectativas.
Te sentirás a salvo.
Te sentirás amado.

Cuando empiezas a escuchar al espíritu sólo puedes incrementar el amor; la pasión por la vida aparecerá espontáneamente. Somos como recipientes vacíos que se rellenan interminablemente con espíritu. Estar enamorado de alguien es compartir ese flujo inagotable. El amor comparte conciencia y ser; es una comunicación silenciosa que une más y más a dos personas, en una realidad desconocida fuera de su intimidad. Ambas han reclamado su vida convirtiéndose en autoras de su propia realidad.

EN NUESTRA VIDA

Cortejando a la Diosa

—Seguramente usted no querrá escuchar mis problemas —comenzó Amy—. Otra esposa llorona y aburrida. ¿Cuántas ha conocido en su carrera de médico? ¿Cien, mil? —Se la notaba atribulada.

—¿Usted se siente aburrida? —le pregunté.

Los ojos se le empañaron.

—Poco importa lo que yo sienta —dijo. Tras veinte años de matrimonio con un alto ejecutivo de San Diego, llamado Fred, Amy se tenía por una esposa descartada.

—¿Fred sale con otra? ¿Quiere el divorcio? —pregunté.

Ella sacudió la cabeza.

—No sé lo que quiere. Últimamente nos vemos poco. Estoy sola hasta que lo traen en el coche, después de las seis, si es que viene. Por la atención que presta a lo que sucede a su alrededor, es como si tuviera un teléfono móvil implantado en la oreja. Y, cuando se acuesta, es para dormir.

—¿Cree usted que a Fred le gustaría cambiar esta situación? —pregunté.

—¿Para qué? Lleva una vida estimulante. Yo soy un aburrido excedente de su pasado. —Se la veía triste, pero en vez de llorar suspiró, encogiéndose de hombros.

—Es la segunda vez que usted habla de aburrimiento —señalé—. ¿Es algo que podamos analizar?

Amy se encogió de hombros y apartó la vista.

—Supongo que sí —dijo.

—Como a todos nos resulta más fácil mirar hacia fuera que hacia dentro —dije—, rara vez ponemos en tela de juicio la existencia de personas y situaciones «aburridas». Cuando alguien se queja de que su matrimonio se ha vuelto aburrido, el remedio habitual es externo: la mujer decide mostrarse más seductora; compra un camisón transparente, apaga las luces y pone música romántica; el marido llega a casa con bombones y flores y jura llevarla a bailar.

Amy esbozó una sonrisa, como diciendo: «Ya hace tiempo que pasamos por eso.» Proseguí:

—Estos gestos, al ser externos, sólo pueden ser superficiales. El núcleo del problema no es una relación aburrida (y, por lo tanto, un compañero aburrido), sino el no haber descubierto de dónde proviene la pasión y cómo se la mantiene viva. Usted está hablando de un desvanecimiento de la pasión. ¿Realmente todo corre por cuenta de Fred? ¿Hasta qué punto lo encuentra estimulante?

—Eso no parece importar —dijo Amy—. A él no le interesa.

—Usted se siente más culpable que él —apunté—. Pero no me sorprendería que, en este momento, él se sintiera tan poco deseable como usted.

Amy se mostró sorprendida; obviamente, estaba resignada a un matrimonio tedioso y había asumido ella sola toda la culpa.

—Antes de preguntarse adónde fue la pasión —dije—, debe preguntarse por qué se fue. La pasión es el flujo de la vida, en toda su exuberancia natural. No se esfuma sin más: se bloquea; usted debe preguntarse qué la bloqueó. —No esperé respuesta, pues la veía desconcertada—. La respuesta casi siempre se encuentra en el pasado. Hasta cierto punto, todos hemos aprendido a encarar la pasión con cautela, como si pudiera hacernos daño. Un censor inconsciente, dentro de nuestra cabeza, decide si nos está permitido sentir pasión.

—Siempre he sospechado que Fred me considera fría —dijo Amy—. Nunca nos pusimos de acuerdo sobre cuánto sexo es «normal».

—Entonces, ¿fue encasillada con quienes desean demasiado poco? —Su silencio fue elocuente—. Esta cuestión de si hay demasiado sexo o demasiado poco es una táctica de distracción. Lo normal es lo que dos personas consideran cómodo, siempre que haya amor. El verdadero problema, ¿no sería que, como a usted el sexo no la satisfacía mucho, fue queriendo cada vez menos?

—Fred no es tan campeón como cree —dijo Amy, con súbito resentimiento. Y se mordió los labios.

—Fred es muy competitivo —señalé—; para ese tipo de hombres, el desempeño es muy importante. La ternura no les resulta fácil, como tampoco la sensibilidad para con la compañera. Pero siempre se puede desviar la culpa aduciendo que la mujer es poco sexuada o que el hombre tiene demasiada libido. Una vez más, la cuestión real no es si demasiado o si demasiado poco. Es cuánta emoción creemos poder expresar sin peligro mediante la actividad sexual; en otras palabras: cuánto se oponga usted a la pasión.

—Yo no me opongo a la pasión —protestó Amy.

—Se opone a sus emociones, lo cual viene a ser lo mismo.

El sexo consiste siempre en emociones. El buen sexo consiste en emociones libres; el mal sexo consiste en emociones bloqueadas.

—¿Y qué es lo que bloquea el flujo de la emoción? Usted y Fred sienten ese bloqueo como aburrimiento.

—Quizá yo sea aburrida, nada más —apuntó ella.

—No; eso es culpa, que a su vez reprime mucha ira —le dije—. El aburrimiento nunca es una sensación primaria;

surge de una reacción mucho más básica, un dolor interior que la ha desconectado de sí misma. El aburrimiento comienza cuando usted no se permite experimentar estímulo emocional, o se permite demasiado poco; de ahí brota la reacción de insipidez, letargo y depresión.

»Escuche: todo lo que usted quiere recibir de Fred puede brindárselo usted misma. —Amy me miró con incredulidad—. Asignar sus frustraciones a su compañero es como asignarle su felicidad, sólo que a la inversa; ni una cosa ni la otra darán resultado. ¿Dónde puede hallar pasión, sino en sí misma? Una vez que la haya encontrado, podrá dar a Fred lo que desea que él le dé a usted. Ésa es siempre la solución.

Sugerí que dialogáramos más sobre las emociones, dejando a Fred completamente fuera de la conversación, por el momento.

—¿Cómo se siente ahora consigo misma? —pregunté.

—Me da miedo decirlo —respondió ella, con una media sonrisa.

—Porque va a decir «aburrida», ¿verdad? —Asintió—. El aburrimiento es una especie de entumecimiento —señalé—. Quien dice «No siento nada», en realidad está diciendo: «Ya no sé qué siento.»

Obviamente, había tocado un punto sensible. Amy empezó a hablarme de las noches en que temía no sentir nada por Fred, en que el acto de amor era tan superficial que ella sólo deseaba terminarlo de una vez.

—Pero ¿cuál era el sentimiento al que usted renunciaba? —pregunté—. Si mira con atención, verá que era dolor. Es la sensación más natural en cualquier persona, hombre o mujer, cuya pareja no está haciendo el amor de verdad. El amor no es llegar al orgasmo; sino entregarse al otro. Y Fred no parece haber sido nunca capaz de entregarse.

—No creo que siquiera conozca el concepto —observó Amy, con suavidad. Obviamente, nadie había explicado nunca a Fred que la esencia de la comunicación consiste en prestar atención a las emociones ajenas. Pero me pareció que antes era necesario analizar los sentimientos de Amy... o la falta de ellos.

—Tratemos de entender algo —sugerí—. ¿Por qué uno siente determinada cosa y otra persona, algo distinto? Debemos regresar a toda esa cuestión de los límites. La mayoría aprendió en la primera infancia que era preferible ser frío y controlado a ser emotivo. Llegamos a equiparar la pasión con emociones «demasiado fuertes» para nuestro propio bien. A los niños se les enseña a respetar los límites emocionales impuestos por los padres. Generalmente, esta enseñanza no es directa, pero tampoco hace falta. El pequeño no necesita libros de texto para aprender pronto a reconocer cuándo está llorando «demasiado», riendo «demasiado» o siendo «demasiado ruidoso».

»Sin embargo, toda emoción es espontánea por naturaleza; eso significa que se agotará si le permitimos seguir su curso. No es posible llorar en demasía: simplemente, lloramos hasta que hemos terminado, lo cual sucede cuando se agota la energía subyacente del dolor. Tampoco es posible reír, enojarse o sufrir sin medida.

Los límites que imponemos a todas nuestras emociones se originaron en la molestia de nuestros padres. Formamos nuestros límites reaccionando a ellos. También se nos enseñó a reconocer cuándo una emoción era «demasiado». Ellos heredaron su sentido de lo adecuado y no tuvieron más alternativa que transmitírnoslo.

—Esto significa —dije a Amy— que nuestra vida emocional no es totalmente nuestra. Nos llega de segunda y hasta de tercera mano. Cada lágrima que usted derrama, cada arranque de ira, cada carcajada, refleja los márgenes emocionales dentro de los cuales se sentían a gusto sus padres y sus abuelos, «gente distinta de usted».

Mi súbito énfasis sobresaltó a Amy, llevándola a reflexionar por un momento.

—¿Y qué debo hacer? ¿Perder los estribos, enloquecer? Tengo demasiados años para esos juegos.

—No digo que todos los despliegues emocionales sean adecuados, aunque lleguen a la exageración. Pero si se nos hubiera permitido descubrir nuestras emociones sin inhibiciones exteriores, tampoco llegarían a la exageración; la naturaleza respeta sus propios límites.

Se puede establecer un paralelo con la presión arterial. Cuando el cuerpo necesita recurrir a él, el sistema vascular se contrae y se dilata, lo cual provoca una presión arterial muy alta cuando estamos excitados o cuando hacemos ejercicios violentos, por ejemplo, y una muy baja en períodos de relajación o creatividad. Estas variaciones difieren extremadamente de la presión arterial «normal»; sin embargo, son completamente naturales. El cuerpo sabe cómo satisfacer sus propias necesidades, a pesar de lo que nosotros, arbitrariamente, consideremos normal. La «normalidad», para la naturaleza, es lo que nuestro organismo necesita en un momento dado a fin de mantener el equilibrio.

Liberamos las emociones para devolver el equilibrio a la psique; y la psique, entregada a sus mecanismos naturales, no tiene dificultades para determinar cuándo es adecuado reír, llorar, estallar de cólera o temblar de miedo. La pasión es, simplemente, el libre flujo de la energía emocional natural.

—Lo que sugiere todo esto —dije— es que aquí hace falta terapia emocional. Pero ¿y si Fred no cree que exista problema alguno? ¿Y si a él le resulta demasiado peligroso explorar las emociones? En vez de depender de él, estudiemos la pasión desde un punto de vista espiritual, con el objetivo de ver si es posible recuperarla. ¿No es ése el problema, al fin de cuentas? La reacción de Fred es un mero reflejo de lo que sucede espiritualmente en su interior.

Amy aceptó con titubeos tomar esa dirección. Era obvio que las viejas dificultades emocionales del matrimonio no se resolverían con esa conversación, pero los problemas espirituales eran mucho más profundos.

—Si pudiéramos desprender la capa de sentimientos negativos que hay en su interior —dije—, descubriríamos un núcleo más profundo. ¿De qué está compuesto ese núcleo? Hay muchos factores relacionados: la creencia de que la separación es inevitable, la costumbre de aislarse, el viejo derrotismo que les impide tratar de volver a conectarse. No obstante, si observamos todos estos planos, surge un diagnóstico asombrosamente sencillo.

Nos sentimos aburridos cuando no podemos admitir que tenemos deseos.

—A menos que permita que los deseos sigan su curso —dije—, la existencia le resulta fútil. Es un estado que no le fue infligido por su esposo: usted misma lo creó. La futilidad es un estado depresivo que significa: «Lo que yo deseo no importa.» Esto, a su vez, se vincula con creencias similares, tales como «Lo que yo sienta no cambia nada» y «Lo que yo diga no merece atención». El denominador común de todas estas versiones es que «usted carece de poder». Quien carece de poder piensa que el deseo es inútil, pues jamás le será satisfecho; por lo tanto, ¿para qué molestarse en desear?

Amy es una mujer inteligente; no se le pasaba por alto el hecho de haber subordinado su poder a Fred. Como sucede con casi todos los deprimidos, no tenía una Shakti propia. En ella estaban muy mermados los cinco poderes de los que todos deberíamos tomar fuerzas.

En vez de «Yo soy», pensaba: «¿Merezco estar aquí?»
En vez de «Yo soy feliz», pensaba: «No siento nada.»
En vez de «Yo quiero», pensaba: «No puedo.»
En vez de «Yo sé», pensaba: «Dudo.»
En vez de «Yo actúo», pensaba: «No sé qué hacer.»

¿Adónde había ido su Shakti? Las raíces de la impotencia eran profundas. Algunas personas piensan que fueron despojadas del poder por sus padres, por el destino, por Dios. En realidad, cada uno se quita el poder a sí mismo. Es imposible existir sin deseos, los deseos que Shakti utiliza para guiarnos de un logro a otro. Pero si negamos el deseo, Shakti se ve reducida a la inutilidad. Se requiere un esfuerzo activo para que el deseo parezca desaparecer.

La pasión no se esfuma. Debe ser reprimida.

El aburrimiento es sólo la cara pasiva de este esfuerzo por mantener el deseo fuera de la vista, la máscara de indiferencia aplicada a la enorme batalla interna. Para creer que jamás obtendrás lo que deseas se requiere un enorme odio contra ti mismo. Hace falta mucho trabajo para mantener esos sentimientos bajo control, pues aun si estás sinceramente convencido de que no mereces desear, la vitalidad de la vida no se dejará detener por completo.

Quienes se han aislado de la pasión entregan su lealtad a otra cosa que sea casi igual de fuerte. Como el flujo de la vida no se detiene, es preciso recurrir a una fuerza contraria que se le oponga: la fuerza contraria del miedo. Es muy común tener miedo a la vida cuando nos quejamos de hastío.

El miedo, en cualquier plano de la psique, hace que resulte mucho más difícil confiar en que no hay peligro en la pasión. Si mi esposa me critica, una voz de advertencia que apenas percibo disminuirá mi deseo de ella. Si mi esposo está insatisfecho con mi manera de administrar la casa, la inhibición no me permitirá expresar plenamente mis necesidades sexuales. De este modo, los obstáculos de todos los días activan cuestiones existenciales.

En una relación donde dos personas han permitido que la guerra subterránea entre miedo y deseo perdure demasiado, suprimir la pasión se convierte en un verdadero objetivo de vida. En el retorcido sistema de valores del miedo, «intimar demasiado» se presenta como un problema, no como la solución. Tal como la naturaleza nos creó, buscar placer es normal; en cambio, la persona temerosa busca evitar el dolor.

—Aunque usted no pueda admitirlo —dije a Amy—, su meta en la vida es estar aburrida. El aburrimiento no es algo que le caiga del cielo; usted lo está utilizando en su búsqueda de seguridad. ¿Por qué no echa a Fred de casa? ¿Por qué no le arroja un florero o se derrumba en llanto?

Amy me miró, atónita.

—No podría —murmuró, con la cara tensa por las lágrimas que no derramaba.

Con más suavidad, señalé:

—Las cosas no mejorarán porque arrojemos alguna luz sobre este oscuro dilema. En estos momentos, su posición ante el río de la vida es mantenerse de pie en la ribera, tratando de no caer en él. Pero ¿puede sobrevivir sin caer?

»La solución espiritual para el aburrimiento es abrirse a lo mismo que se ha temido: el constante flujo de deseo que quiere expresarse a cada momento.

Cuando admitimos que deseamos, nos sentimos incitados a retornar a la pasión.

Si enamorarse resulta tan apasionado, el motivo es simple: el deseo ya no es algo que se pueda aceptar o rechazar. El idilio supera las barreras de la inhibición. Su poder erótico es demasiado para que el miedo y la represión puedan retenerlo. En un plano más profundo, la gente nunca se enamora por casualidad. Simplemente, se cansa de vivir sin pasión y, tras haber tomado esta decisión inconsciente, se abre una vez más y se permite recibir amor.

Sin esperar a enamorarte, puedes reavivar la pasión imitando este proceso. Cuando en una relación se ha perdido la pasión, ambos miembros de la pareja deben admitir sinceramente que tienen deseos. Esto puede ser difícil, por supuesto; si cada uno de ellos opera bajo la convicción «Estoy harto de ti», será doblemente difícil decir: «Te deseo.» El paso crítico es eliminar por completo a tu compañero como causa del problema y asumir la responsabilidad de tus propios sentimientos.

La cuestión esencial no es «estoy harto de ti», sino «estoy harto». Al excluir la culpa de la ecuación, excluyes la amenaza. Esto tiene mucha importancia, pues resulta imposible no temer a quien atacas mentalmente.

—Usted debe dirigir todos sus esfuerzos a descubrir lo que realmente necesita y, después, a sentir que merece satisfacer esos deseos —dije a Amy—. El abismo entre usted y sus deseos es como un colchón que apaga las sensaciones. La única solución es salir del aburrimiento a fuerza de sentir.

»Si es sincera en la búsqueda de sus propios sentimientos, dará con el amor, aunque sólo sea una diminuta chispa de atracción y deseo. Por muy entumecida que esté una persona, siempre existe algún rastro de deseo. En vez de pensar que esos vagos impulsos son demasiado insignificantes para dejarse llevar por ellos, siga el camino opuesto. Ponga sus flamantes sensaciones a los pies de su amado; exprésele bondad de las maneras más nimias, elogie hasta la más humilde de sus cualidades, sonría exteriormente cuando sienta la chispa de una sonrisa interior. De ese modo, alentará a toda emoción nueva y frágil para que se crea legítima y con derecho a existir.

Por primera vez en toda la conversación, Amy pareció sentirse alentada.

—En realidad, Fred no sabe que aún lo amo —dijo, muy vulnerable.

—Y de nada servirá esperar que él adivine lo que usted piensa —advertí—. Se ha roto la trama de ternura que en otros tiempos los conectó, pero le aseguro que se la puede volver a tejer.

Partiendo de un «te amo», se abren gradualmente los canales de la pasión. La relación que parece frustrar y matar el deseo se convierte en una curación del deseo.

—Tengo un nombre especial para el tipo de curación que le sugiero —dije—. Se llama «cortejar a la diosa». Lo que usted desea, en último término, no es a Fred ni una vida sexual mejor. Usted desea el retorno del espíritu interior, que es el retorno de Dios. El lado apasionado de Dios es Shakti, la diosa. Cuando ella se casó con Shiva, la pasión fue su regalo de bodas. Y sigue siendo el regalo que hacen las mujeres a los hombres, pues el principio femenino es deseable por naturaleza. Excita la conciencia con el estímulo sexual y los anhelos. Funde los opuestos con la unión y convierte el caos en danza. Usted tiene un derecho natural a ser esa pasión.

—Dicho así, se diría que puedo serlo —dijo Amy, riendo por primera vez.

—Si no se siente una con la diosa —dije—, cortéjela para que regrese. Conquístela antes de intentar conquistar a nadie más. Adéntrese en el miedo y el dolor; practique el desprendimiento de sus antiguas convicciones; aprenda a perdonarse; busque ocasiones para ser bondadosa con su ser interior; reclame la propiedad de lo que es bueno en usted, no sólo de lo que es malo; déjese llevar adonde el entusiasmo pueda llevarla, pues la fuente del entusiasmo es siempre la pasión.

»El espíritu espera que usted se le una. Ella está fuera de los límites que usted se ha impuesto. No hay pasión tan grande que ella no pueda contener; usted no corre peligro de perderse jamás por aspirar a lo infinito. Ella es el más tierno de los infinitos, que sólo desea protegerla y llevarla en brazos desde el miedo hasta el amor.

7

Éxtasis

Hasta ahora hemos visto cómo basar una relación en el amor mediante la entrega, el no-apego y la renovación de la pasión. Cuando dos personas han hallado esa base de amor duradero están listas para la siguiente etapa del camino, que podemos llamar ascensión. La ascensión se basa en la capacidad del amor para expandirse más allá del mundo de las limitaciones, hacia el mundo de lo ilimitado. Antes de la ascensión, «yo» se refiere a un solo individuo, aislado en el tiempo y el espacio. Después de la ascensión, «yo» se refiere a un ser que observa el tiempo y el espacio sin sentirse atrapado por ellos: ha cruzado una ranura del tiempo para hallar lo atemporal. Antes de la ascensión, «tú» significaba alguien a quien se podría amar, pero con el que jamás te podías fundir. Después de la ascensión, «tú» significa una parte de uno mismo, tan íntima como el aliento. Antes de la ascensión, «nosotros» representaba una pareja que se encontraba en la mutua necesidad. Tras la ascensión, «nosotros» no tiene ningún sentido, puesto que la unión es completa.

Ascender es un proceso, como enamorarse o mantener una relación. No te ves transportado a «otro mundo». Este mundo se transforma en un paraíso de plenitud, siempre en paz, siempre en amor. El proceso de la ascensión no requiere nada nuevo de tu interior, salvo dejar llevarte más y más, hasta que no quede nada de qué desprenderse; la ascensión es la última etapa en la renuncia al apego y al aislamiento. Quien asciende ha logrado lo que Cristo recomendaba: estar en este mundo, pero no ser de él.

Según asciendas, tu amor se convertirá en éxtasis.

Sentir éxtasis es el privilegio de quienes han recorrido el sendero hasta este punto en que se inicia la ascensión. Si aún no has llegado tan lejos, el éxtasis no está dentro de tus sentimientos normales. Puedes conocer el gozo, el deleite, la exuberancia, la satisfacción y la felicidad; pero éstas son sólo sombras del estado extático. Existe como ideal más o menos inalcanzable por medio de cualquier emoción que pueda captar el ego.

El hecho de que el éxtasis nos lleva más allá del ego está implícito en las raíces de la palabra misma: en griego, *ekstasis* significa «estar fuera». Esto se puede interpretar de dos maneras distintas. O bien el éxtasis requiere que uno salga de sí mismo; o bien está a nuestro alrededor, esperando que reparemos en él. Aquí hay algo más que una sutil diferencia. ¿Es preciso ir a algún sitio en busca del éxtasis, realizar un viaje extraordinario a reinos desconocidos? Esto es lo que parecen hacer los místicos y los poetas, que traen sus experiencias extáticas como carga preciosa asumida en una tierra exótica. ¿O acaso el éxtasis está tan próximo que lo ignoramos porque nadie nos ha enseñado a tocarlo?

El éxtasis es la etapa final de la intimidad contigo mismo.

Antes de la ascensión, la intimidad se logra acercándose a otro. Ese acercarse implica un abismo, pero tal como hemos visto hasta ahora, ese abismo que parece existir entre «yo» y «tú» está dentro de cada uno. Por lo tanto, lo que los amantes curan cuando se aman íntimamente es, en realidad, la relación consigo mismos. Desde siempre has buscado amarte, curarte, perdonarte y hallar a Dios en ti mismo. Todas las relaciones exteriores, que van y vienen en el tiempo, sirven a esta relación eterna. Tarde o temprano, tu búsqueda acaba. Llega un momento en el que experimentas una función, como describe Emily Dickinson tan exquisitamente:

> *La Gota que se debate en el Mar...*
> *olvida su propia localidad...*
> *como yo... hacia Ti.*

Ése es el instante cristalino en que el puro amor se funde en pura devoción religiosa, pues el éxtasis es más poderoso que cualquier aislamiento; el ego cede paso al puro flujo del ser.

En sánscrito, el estado permanente de éxtasis recibe el nombre de *Moksha*, que suele traducirse como «liberación». Sería igualmente correcto llamarlo «ascensión», pues la llegada al final del viaje del amor te identifica con el puro observador, testigo y vidente que te ha acompañado en cada paso del camino, apenas por encima y más allá del mundo del ego y sus necesidades. Moksha pone fin a la atadura kármica; anula la memoria, el deseo y la identidad individuales en el océano cósmico. No obstante, de algún modo misterioso, la liberación no es extinción ni aniquilación, sino un nuevo nacimiento, un nacimiento a la plenitud. Cuando adviene moksha, el individuo comprende nítidamente tres cosas:

> Yo soy Eso,
> tú eres Eso,
> todo es Eso.

Estas simples aseveraciones, enunciadas por primera vez hace milenios en los Upanishads de la India, son las revelaciones más íntimas que el espíritu puede impartir a los humanos. La palabra *Upanishad* deriva de una frase sánscrita que significa «sentarse junto a», lo cual hace referencia a lo mucho que debemos acercarnos a Dios a fin de comprender estas enseñanzas.

«*Yo soy Eso*» es la primera revelación. Anula toda separación entre el alma y Dios. Éste es el momento en que la gota se disuelve en el océano, en que una persona mira todo lo bueno y lo malo de su existencia, la lucha entre la luz y la oscuridad, el contraste de la virtud y el pecado, y lo ve todo como equivalente. Todo lo que importaba a la mente queda reducido a un juego del Ser dentro de sí mismo. «Yo soy Eso» significa: «Soy el Ser y nada más.»

«*Tú eres Eso*» es la segunda revelación. Denota la naturaleza sacra del bienamado, pues «Tú» es a un tiempo Dios y amante. En esta revelación se tiende un puente entre dos almas; no hay posibilidad de separación, pues la percepción del «Yo» se funde en la percepción del «Tú». Dos respiran realmente como uno; la visión celestial del Creador se vuelve personal. Uno puede contemplar a todos como un padre amante.

«*Todo es Eso*» es la tercera revelación. Es una expansión de las dos primeras revelaciones que abarca a cada partícula del universo. Esta expansión entrega la unidad total, pues el ego individual descubre que, en realidad, es ego cósmico. «Yo» no es ya una mota aislada, un punto de vista limitado por el tiempo y el espacio. En vez de sentir que habito un cuerpo, me percibo como conciencia infinita que se expande con infinita celeridad a través de dimensiones infinitas.

Para que estos tres toques de moksha se mantengan, son precisas una extremada pureza y refinamiento de conciencia. Los más grandes maestros y santos de la historia han sido capaces de esta liberación; es la gesta que cada uno asume cuando inicia el camino al amor. Sin el éxtasis, la experiencia de liberación podría parecernos imposiblemente lejana, dada su increíble magnitud. Al final del *Bhagavad-Gita*, Krishna, que ha estado representando el papel de auriga del guerrero Arjuna, accede a mostrarse tal como es. Abre la boca, en la que aparecen todos los mundos y todas las criaturas vivientes, infinitos universos en expansión tan rápida que el mortal Arjuna se tambalea, al borde de la extinción.

Sin embargo, moksha sólo representa un cambio de conciencia, una percepción final de quiénes somos. Por lo tanto, los esclarecimientos del éxtasis se relacionan mucho más con la expansión final de la conciencia que con ningún sentimiento o emoción, por notables que éstos parezcan.

El éxtasis te pone por entero fuera de los límites de tu ego.

En el éxtasis, te conoces a ti mismo como ego cósmico, ilimitado en tiempo y espacio.
El fin del viaje del amor retorna a la fuente de toda la conciencia, el poder y el ser.

Moksha no es un final, sino un comienzo: sólo empezamos a vivir plenamente después de la liberación.

Un alma liberada es un ciudadano del universo.

En la cultura occidental no hay un equivalente adecuado de moksha; el sinónimo más aproximado podría ser «redención». Moksha une el yo y el alma en el casamiento místico que, en términos cristianos, es la unión con el Redentor. Se dice que los ángeles se encuentran en ese estado, lo cual da origen a la extática alabanza de Dios. Sin embargo, el problema con la redención es que, en general, se trata de un estado futuro, posterior a la muerte; por ende, es mucho más místico que moksha, que se puede lograr aquí y ahora.

Tras haber dicho que la liberación es como un nuevo nacimiento, me gustaría relatar la historia de alguien que pasó por ese nacimiento: mi místico amigo Drew. «Místico» es un término que se ha adherido a Drew desde el día en que nos conocimos. Fue en un curso de meditación, hace años; Drew llamaba mucho la atención. Vestía un blanco dhoti indio, sandalias y más sartas de cuentas que yo sólo había visto llevar a los yoguis de los Himalayas. Cuando todo el mundo se reunía para las presentaciones, ocupando las sillas dispuestas ante el escenario al aire libre, él se sentaba en la pose del loto bajo un grupo de árboles, en una colina cercana. No conocía a nadie tan firmemente plantado en «el otro mundo»; al hablar, volcaba deslumbrantes experiencias de planos astrales y visitaciones angélicas. La última vez que supe de Drew, estaba en Nepal y había hecho sus votos a una orden monástica, en medio de las montañas. En cierto modo, yo lo envidiaba por la vida que había escogido.

Un día me llamó para preguntarme si podíamos encontrarnos. Se presentó en mi casa sin cuentas, sandalias ni dhoti, vestido con pantalones holgados y camisa deportiva. Conversamos; no tardé en descubrir que ya no visitaba a psíquicos ni a adivinos de ningún tipo; en realidad, los fenómenos paranormales le inspiran ahora una indiferencia total. «No he renunciado a todo eso —me dijo—. Algo más profundo ocupa su lugar.» Y procedió a relatarme una experiencia decisiva que había tenido, tan poderosa que le cambió la vida.

—Aunque no me conoces muy bien, siempre he sido ambicioso, algunos dirían que extremadamente. Luché por entrar en la mejor escuela superior, en la mejor universidad, en el mejor club estudiantil. No recuerdo cómo me enganché con la idea del misticismo y la iluminación (quizá por alguna novia o un viaje con LSD), pero una vez embarcado en ello no iba a renunciar sin convertirme en algo mágico: hechicero, guerrero, vidente, psíquico y profeta, si llegaba a tanto.

»Todo eso era ego galopante, ahora lo comprendo, pero por entonces mis experiencias eran bastante fantásticas: luces, felicidad, voces angélicas. Y, mientras tanto, no se me ocurría que cuanto experimentaba era pura y simplemente una cosa: mis propias expectativas. El misticismo era un drama estupendo y yo estaba en el centro, absorbiéndolo todo. Hablábamos de diez años de extraordinarias visiones. De pronto, un día en que caminaba por una perfecta colina verde, en Vermont, todo se derrumbó.

»Fue como si me absorbiera un sumidero. Mi cabeza empezó a dar vueltas vertiginosamente y tuve que sentarme. No sabía si estaba cayendo por un agujero o si la tierra se hundía bajo mis pies. Fue una sensación terrorífica. Súbitamente me dio pánico darme la vuelta, pues esperaba ver el cielo abierto en un torbellino que se tragaría al mundo. Cerré los ojos y me acosté, rezando para que eso, fuera lo que fuese, llegara a su fin.

»Pasó cerca de una hora. Tal vez perdí la conciencia durante ese tiempo (no tenía reloj), pues aun cuando sentí que volvía a la realidad me zumbaba la cabeza. Me levanté, aún muy vacilante, y bajé la pendiente hacia mi cabaña; el aturdimiento duró unos días, continuaba desorientado. ¿Qué opinas de eso?

Yo lo había estado escuchando sin hacer comentarios.

—Bueno —dije—, si un paciente viniera a relatarme ese tipo de experiencia, creo que no emitiría juicio alguno sin pedir una tomografía de cerebro y elaborar un perfil psiquiátrico.

—¡Eso es! O bien me estaba muriendo por un tumor cerebral, o bien había sufrido un ataque psicótico. Eso es exactamente lo que me dije. Corrí a la biblioteca de la aldea, a revolver como enloquecido entre unos viejos textos de medicina. El caso es que no veía doble ni se habían repetido los fuertes mareos. Mis pensamientos no eran desordenados ni vertiginosos. Las explicaciones clínicas no parecían aplicarse a mi episodio. Gradualmente desaparecieron los síntomas, pero no sin dejar rastro.

»Estaba cambiado. Era como si alguien me hubiera arrancado el tapón para vaciarme de... ¿de qué? Líquido de baterías. No me quedaba carga alguna: ni ambición, ni curiosidad, propósito o impulso. No me encontraba razón de ser, y mis experiencias místicas habían desaparecido por completo. Si cerraba los ojos para meditar, ya no veía luces; no me expandía fuera de mi cuerpo ni veía a los ángeles. Durante varios días experimenté un gran nerviosismo, como si fuera a caer presa de los demonios, pero eso tampoco sucedió. Y si no eran tumores, locura ni castigo divino, ¿qué era? Me quedé esperando la respuesta.

—¿Y la recibiste? —pregunté.

—Sí, pero no del modo que yo esperaba. La respuesta fue un proceso que comencé a llamar «cirugía del ego». Ese dramático momento, allá en la montaña, fue como si un cirujano invisible me hubiera abierto el pecho; una vez abierto, ya no pude volver a cerrarme. En esa empecinada búsqueda del éxtasis infinito que fue mi vida espiritual, no se me había ocurrido pensar que el espíritu está hecho justamente con esas cosas que uno no quiere enfrentar. Como la mayoría, yo no quería sentirme triste, nervioso, impotente, indigno de amor u hostil. Quería «Eso», la gran culminación espiritual. Pero lo que había obtenido era hasta la última mota de tristeza, ira, nerviosismo y todo lo que yo creía haber dejado atrás.

—Debió de haber sido un período difícil —comenté.

—Eso es muy poco decir. Quienquiera que fuese el cirujano, hurgó profundamente, buscando todos los secretos ocultos, todos los depósitos tenebrosos de culpa y vergüenza. Había mañanas en las que nada me parecía peor que convivir conmigo mismo. Pero cuando caí en la cuenta de que el cirujano era yo, que trabajaba conmigo mismo, me habitué a lo que estaba sucediendo. En algún plano profundo me había dado permiso para cruzar la noche oscura del alma.

»Resulta irónico, pero yo siempre había pensado que acercarse a Dios era escalar una montaña, para aproximarse tanto que Él dijera: «Ah, ya veo que has llegado.» Entonces, con una sonrisa de aprobación, me tomaría de la mano para izarme al cielo. La escena tiene un solo problema: ¿Qué pasa con las partes que uno deja atrás? Nunca esperé que Dios me dijera: «Trae también tu vergüenza y tu culpa.» Para mí, ser espiritual significaba expulsar el yo «malo» e impulsar el yo «bueno» hacia el cielo.

—Pero eso implicaría —observé— que Dios rechazaría tu yo «malo» y sólo amaría a tu yo «bueno». Ese Dios no podría ser un Dios de amor. Sería un Dios de ego, pues eso es justamente lo que hace el ego sin cesar: rechazar lo malo y aceptar sólo lo bueno.

—Exactamente —dijo Drew—. Supongo que por eso me costó tanto enfrentar la cirugía del ego. Cuando esas cosas horribles quedaron a la vista (los fantasmas del sótano, las llamo) no tuve más remedio que aceptarlas otra vez. No te imaginas lo repugnante que me pareció al principio. Porque nuestros secretos sucios siempre nos parecen horribles, por muy comunes que resulten para los demás.

—No creo que el bloqueo principal esté en lo horrible de lo inconsciente —sugerí—. Antes bien, está en nuestro miedo a perdonar. Estás hablando de perdonarte a ti mismo, para poder aceptar nuevamente tus energías tenebrosas y convertirlas en amor. ¿Y si eso falla? ¿Y si no puedes librarte de ser tan feo, sucio, pecaminoso e indigno como lo aseguran tus peores opiniones? Esa perspectiva es tan terrorífica que hasta los más pequeños defectos se agrandan hasta el punto de parecer monstruosidades.

Drew asintió con la cabeza y guardó silencio por un momento.

—A veces temía no poder sobrevivir. Una voz interior exclamaba constantemente: «Te vas a morir. No puedes soportarlo más.» Pero sabía que no iba a morir. Eso, al menos, había aprendido en mi vida espiritual. Volví a mi antiguo trabajo de corredor de bolsa y, que yo sepa, nadie sospechó siquiera lo que me estaba pasando.

Notó que me divertía el tipo de trabajo escogido.

—Recuerdo que te gustaba la literatura —dijo—. ¿No dijo Hawthorne algo así como que un hombre puede andar por el mundo con el aspecto de ser un hombre como cualquier otro, mientras alberga en la cabeza las ideas más extraordinarias?

—En sus diarios, creo. Pero eso se podría aplicar tanto a los psicópatas como a los visionarios —señalé.

—Cierto, pero el hecho es que lo aparentemente normal puede ser muy descabellado por dentro. Cosa que yo no había entendido mientras correteaba por allí, tratando de convertirme en visionario. Bajo la calle con mi portafolio y me pregunto: «¿Un árbol es un árbol? ¿Un rascacielos es un rascacielos?» Si estas cosas son «normales» es porque parecen objetos sólidos e independientes, pero no lo son. Son manojos de energía extraídos de la infinita sopa de energía del universo, igual que tú y yo. Por ende, en algún plano, tú y yo no sólo estamos vinculados a ese árbol y a ese rascacielos. Tú y yo «somos» ese árbol y ese rascacielos. Y eso, nada más, es lo que sabe el místico.

—Has franqueado el abismo —dije, conmovido e impresionado a un tiempo.

—Algo así. ¿Alguna vez te sentaste junto a un río, completamente solo, tratando de sentirlo? No puedes, por supuesto. Aunque pienses que estás sintiendo el río (su corriente, su callada hondura, su cambio constante, que circula sin oposición de aquí para allá), en realidad sólo te sientes tú mismo. Si puedes aproximarte lo suficiente a él (y es muy difícil aproximarse a esas sensaciones), la dulzura de estar sentado junto al río proviene, en realidad, de un diminuto punto de tu corazón. Ese punto de dulzura es perfectamente inmóvil; no se estira para buscarte, pero tampoco te abandona jamás. ¿Qué hay en ese dulce punto?

—Todo —dije.

—Todo, sí.

Callamos, disfrutando de ese momento de comunión. Luego Drew dijo:

—La cirugía del ego llegó a su fin. En cierto momento el proceso me escupió hacia fuera. En realidad no puedo decir que yo haya hecho nada, pero de algún modo había pasado por el crisol. Y ahora, más allá de las llamas, ¿qué era yo? Era real. Es asombroso cómo cambia todo cuando uno descubre que no es falso; para la mente racional yo soy real, por supuesto. Lo das por sentado. Pero en ser real de verdad, ahí está el gozo, la revelación, el éxtasis.

Por imposible que parezca transmitir el éxtasis mediante el pobre poder de las palabras, podemos percibir cómo es, pues todos vivimos a partir de ese dulce punto del corazón. No importa lo que parezca estar sucediendo fuera: todos queremos asirnos a ese punto por siempre jamás. Lo tocamos en el amor, a veces en el sexo, a menudo en momentos de suprema creatividad. Cuando logramos establecernos allí definitivamente, la transformación va más allá del yo para cambiar el mundo.

El éxtasis convierte este mundo en el mundo de Dios.

El don más importante que nos brinda el éxtasis es, quizá, la certidumbre de nuestra condición divina, tal como lo evoca Whitman en su poema «Canto a mí mismo».

Sé que la mano de Dios es la precursora de la mía,
y sé que el espíritu de Dios es hermano mayor del mío,
y que todos los hombres jamás nacidos son también mis
hermanos
... y las mujeres, mis hermanas y amantes.

Estas palabras provienen de una directa e innegable fusión del yo y el amor. La sensación de fundirse que acompaña al éxtasis no está destinada a ser pasajera; cuando permaneces abierto al espíritu, te conviertes en espíritu; entonces tu estado natural es el amor universal. Es cierto que, en toda relación amorosa, en momentos de gozo intenso se funde algún tipo de límite. Se cruza hacia un lugar donde los rastros de la personalidad disminuyen hasta tornarse tan leves que el ego se funde en el flujo del amor, como esa gota que retorna al océano.

Pese a que sólo un pequeño porcentaje de personas se enamora en un día dado, los amantes no han hecho ningún viaje extraordinario, comparable al de esos viajeros místicos que solemos llamar extáticos. El intenso gozo del idilio es una experiencia alcanzable, un paso en el mismo camino que los místicos recorren hasta mucho más allá. Ha llegado el momento de que veamos cuál es el destino final.

Variedades de éxtasis

En vez de utilizar una palabra tan vaga como «místico», exploraremos las diferentes experiencias que, a lo largo de la historia, han sido calificadas como extáticas. En primer lugar, el éxtasis se puede considerar como experiencia física. Tal es el plano en el que se ha fijado nuestra cultura, hasta tal punto que una droga ha recibido el nombre de «éxtasis», presumiblemente porque promete esa experiencia. En el más crudo de los sentidos, se supone que el placer sensual, llevado a sus límites, nos lleva hasta el éxtasis. Los libros sobre técnicas eróticas se presentan como manuales para el éxtasis.

Pero en todos estos casos se ha pasado por alto el verdadero carácter del éxtasis, pues no se ha producido ninguna transformación duradera. Una droga puede alterar el estado bioquímico del cerebro, imitando las sensaciones espontáneas que se presentan en los estados de éxtasis, pero la experiencia está desprovista de sentido. Las ondas cerebrales alteradas no equivalen al esclarecimiento poético de este exaltado fragmento de Salomón:

> *Mi corazón se partió, y una flor*
> *apareció; y surgió la gracia;*
> *y dio fruta para mi Dios.*

Estos versos son de una sensualidad suprema; las imágenes, innegablemente sexuales. Sin embargo, el poeta no confunde su éxtasis con mero placer, por muy profundo y embriagador que resulte. Declara:

> *Y mi ebriedad fue iluminación,*
> *intimidad con tu espíritu.*

Sin esta iluminación, sería justificable equiparar el éxtasis con una intensidad sensorial como la que pueden provocar las drogas. No es mi intención dejar a un lado el placer. Los amantes que se pueden entregar libremente a la intimidad sexual también pueden superar la experiencia de las parejas inhibidas. El placer no está garantizado, ni mucho menos, en una sociedad que aún no se ha enfrentado a la culpa y la vergüenza que empañan el deseo sexual. No obstante, los límites que se funden en la experiencia del éxtasis son de otra clase. Como lo declaran los versos más famosos de Salomón:

Y por ti son nuevas todas las cosas;
me has mostrado todas las cosas refulgentes.
Me has otorgado la perfecta paz;
me he convertido en algo similar al Paraíso.

Para que todo se torne nuevo y refulgente se requiere mucho más que sensualidad. En todo caso, un intenso contacto sexual lleva al alivio y el agotamiento; la «pequeña muerte» del orgasmo es una forma de olvido, no un elevarse de la conciencia. En esto no podemos permitirnos el lujo de mostrarnos absolutos. La energía sexual es neutra; la moldeamos según nuestras propias intenciones. A algunos amantes les resulta posible utilizar el orgasmo como medio para alcanzar elevados estados de conciencia; sin embargo, aun en estos casos, las visiones, las sensaciones y las emociones provocadas no son necesariamente extáticas. Son lo que los amantes hayan hecho de ellas.

El que las cosas sean nuevas y refulgentes se relaciona estrechamente con la percepción. Esto nos lleva a la segunda definición amplia del éxtasis, que es «mítico» o «arquetípico». Por la percepción ordinaria, cada uno se ve a sí mismo en términos no míticos, ensombrecidos como estamos por la abundancia de actividad mundana. Ulises no tenía que vérselas todos los días con los embotellamientos; Atenea no tenía que preguntarse cómo pagar la hipoteca. Pero tal como lo señaló Carl Jung hace tiempo, bajo el torbellino de la actividad cotidiana, nuestras motivaciones inconscientes habitan el mundo mítico.

En nuestro interior, cada uno de nosotros es un dios o una diosa primordial. Lo sabemos sin saberlo, en la medida en que obedezcamos nuestros impulsos míticos sin traerlos a la conciencia. El esfuerzo por imponerse en una fusión de empresas participa de la gesta heroica, tanto como el de los Argonautas que buscaban el Vellocino de Oro; quien escala el Everest lo hace impulsado por la misma ambición de alcanzar la morada de los dioses que Ícaro cuando vuela hacia el sol. En términos míticos, el éxtasis es un viaje sagrado hacia el inconsciente como submundo, heroicamente retratado de incontables maneras: Plutón raptando a Perséfone, Orfeo rescatando a su desposada de entre las tinieblas del Hades.

Si la definición física de éxtasis se queda corta por falta de sentido, la definición mítica coquetea excesivamente con lo intelectual. A través del arduo proceso de sacar lo inconsciente a la luz, una persona puede llegar a sus raíces míticas, pero está por ver si eso la llevará al éxtasis. Según el lenguaje de los arquetipos, el éxtasis se puede rastrear hasta el dios griego Dionisio, cuyos devotos participaban de orgías rituales, utilizando el vino y la sexualidad para alcanzar estados alterados. En el sitio sagrado de Delfos, un secreto culto de mujeres llamadas ménades (término derivado de la palabra griega que significa «locura»), alcanzaban estados extáticos de frenesí por medio de ritos, entre los que se incluían el desollar animales vivos a sangre fría para devorarlos.

Aún miramos con malos ojos esas orgías dionisíacas, suponiendo que sus participantes llegaban a salvajes excesos de alcoholismo y promiscuidad. No obstante, para los pensadores míticos, nada más lejos de la verdad. La adoración de Dionisio, según nos dicen, no consistía en los excesos y en la violencia, sino en alcanzar el éxtasis divino. Este frenesí no era un fin en sí mismo; era lo tenebroso del viaje lo que lo tornaba necesario. En todo caso, las orgías son ahora, en realidad, grandiosas metáforas del quebrar la cáscara de la conciencia vigilante para despertar a la durmiente divinidad interior.

Tal vez sea cierto. Muchas tradiciones antiguas utilizan los estados extremos para impulsarse hacia visiones sagradas. Los chamanes nativos que se atraviesan el cuerpo o se retiran a los sitios más inhóspitos intentan ponerse en contacto con las fuerzas primordiales interiores. Sus ritos y las orgías de Dionisio no están tan lejos de la cópula de los amantes que ansían llevar el sexo a la intensidad del éxtasis. Para sacerdotes y devotos, el éxtasis que alcanzan por medio de ritos devotos puede tener mucho sentido. El inconsciente es un paisaje muy rico; los arquetipos son muy reveladores en cuanto a nuestro yo primordial. Sin embargo, los mensajes del mito suelen parecer prefabricados, faltos de la inmediatez del verdadero éxtasis. Es raro encontrar a un pensador mítico que haya recapturado los estados divinos de los antiguos en los que ha estado pensando.

EL VERDADERO ÉXTASIS

Esto nos lleva a la tercera definición del éxtasis: liberación espiritual. El éxtasis espiritual no es una sensación ni una idea, sino un cambio de percepción gracias al cual se establece contacto directo con el espíritu. El estado de éxtasis no se expresa necesariamente por ningún tipo de apasionamiento. El mandato bíblico: «¡Basta ya!; sabed que yo soy Dios» es una invitación al éxtasis.

Prefiero la definición espiritual, pues incluye la física y la mística. El ejemplo más famoso de éxtasis espiritual es, probablemente, el de santa Teresa, quien soñó que un ángel venía a atravesarle el corazón con una flecha dorada. Describe esta experiencia en términos intensamente físicos: como un dolor ardiente, casi insoportable, hasta que se transforma extrañamente en un placer igualmente intenso. Los ingredientes míticos del ángel y la flecha son inconfundibles si pensamos en el Dios Eros, con su carcaj y su arco. Teresa, en su éxtasis, sintió nada menos que el abrazo íntimo de Dios; los tonos eróticos y míticos de su experiencia no le restan divinidad. Su éxtasis, de suprema espiritualidad, puede incluir cualquier tipo de interpretación.

Lo que suele tornar el éxtasis tan intenso y extremo no es la experiencia en sí, sino el alcanzarla. No es preciso tomar al pie de la letra las imágenes comunes de Dios o de un ángel que descienden del cielo para atravesar, destrozar y penetrar al extático; sólo sirven para recordarnos las muchas capas que nos aíslan del contacto con el espíritu. Recibir el don del éxtasis es una experiencia exquisita, como dice un notable fragmento de cierto manuscrito ortodoxo griego que data de mil años atrás:

> *Pues si Lo amamos genuinamente,*
> *caminamos dentro del cuerpo de Cristo*
> *donde todo nuestro cuerpo, todo él,*
> *hasta sus partes más ocultas,*
> *se realiza en gozo como Él,*
> *y Él nos vuelve completamente reales.*

Estas sensuales líneas, que provocaron espanto y controversia en su época, fueron escritas por un oscuro monje al que conocemos como Simeón, el Nuevo Teólogo. Su descripción del espíritu como amor penetrante y transformador, que convierte cada célula en esencia divina, todavía suena demasiado íntima para resultar cómoda:

> *Despertamos en el cuerpo de Cristo*
> *como Cristo despierta nuestros cuerpos...*

> *Muevo la mano y, maravillosamente,*
> *mi mano se convierte en Cristo, se convierte en todo Él...*

> *Muevo el pie y, de inmediato,*
> *aparece Él, como un relámpago.*

Simeón tenía perfecta conciencia de que su amorosa intimidad con lo Divino sería tomada por blasfema (pasó sus últimos años exiliado en una remota aldea turca, condenado por las autoridades eclesiásticas), pero ahora reconocemos en sus escritos la total sinceridad de un verdadero amante. Para Simeón, «todo lo que nos parecía oscuro, áspero, vergonzoso, mutilado, feo, irreparablemente dañado, es en Él transformado y reconocido como íntegro, como encantador y radiante bajo Su luz».

Naturalmente, parece la voz de un santo, y de un santo muy extático. Pero creo que la misma visión está abierta para todos nosotros; todos somos amantes que tratan de alcanzar la perfección. La alcanzamos, como enseña Simeón, cuando «despertamos como el Bienamado en cada rincón del cuerpo». En tiempos de Simeón, estas palabras violaban la creencia dogmática de que el cuerpo era perverso y corrupto. En nuestra época, se aplica el prejuicio opuesto: un amante es alguien cuya atracción es básicamente física, sexual. En ambos casos se ha pasado por alto la fusión de cuerpo y espíritu.

Sin embargo, hay momentos en que aparece el gozo penetrante del amor, pese a los dogmas. Tocar al alado o verlo, simplemente, puede parecer súbitamente asombroso, un relámpago, como dice Simeón. Pero la misma sensación puede penetrar el corazón saliendo de la nada, pues el amor es inherente a la vida misma. A mi modo de ver, Emily Dickinson, cuyos amantes fueron todos imaginarios, es una verdadera amante. Escribe:

No la «Revelación» —esto— es lo que espera
sino nuestros ojos desprovistos...

Éste es un mensaje de sabiduría comprimida; nos dice que no esperamos el día de la redención, sino nuestra propia percepción.

La exquisitez del verdadero éxtasis no puede surgir, a menos que podamos contenerla; la mente está tan absorta en la implacable actividad que la quietud rara vez dura más de un instante. El cuerpo, por naturaleza, también es activo e inquieto. Puesto que actividad y quietud son antónimos, el cuerpo suele registrar cierto grado de agitación y hasta de molestia cuando se alinea con el espíritu. La reputación que el éxtasis tiene de ser físicamente intenso contribuye a que los devotos hayan recurrido al frenesí y a las mutilaciones, a fin de duplicar la abertura al éxtasis: confunden el síntoma con la causa.

Lo divino no tiene nada que ver con el dolor. El espíritu no puede ser sensual, pues permanece fuera (*ekstasis*) del tiempo y el espacio. Nuestros cinco sentidos no pueden llevarnos a la morada del éxtasis. Pero cuando el verdadero éxtasis comienza a manifestarse, nuestros sentidos reaccionan, decididamente. La reacción es completamente individual e imprevisible, ya que la apertura intensamente erótica de uno es, en otro, un aterrador derrumbe de las defensas. Lo que yo experimento como expansión del alma hacia el espacio infinito puede ser, para ti, una horripilante caída en el vacío.

Cuando decimos que el éxtasis es como la gota que se funde nuevamente en el océano, debemos aclarar que cada uno de nosotros es la gota y el océano al mismo tiempo, sólo que en diferentes planos.

Éxtasis es el desprendimiento de la individualidad para volver a la integridad. Todo lo que te acerque a la integridad te acerca al éxtasis.

Creo que ahora hemos encontrado el secreto del éxtasis. En general, no nos consideramos técnicos supremos de lo sexual; tampoco podemos identificarnos fácilmente con el extraordinario misticismo de los santos. El éxtasis jamás será algo común, pero cuando entendemos su verdadero carácter es posible ponerlo a nuestro alcance. Aunque a menudo se experimenta en las situaciones más extremas, el éxtasis es una cualidad del espíritu tan natural como cualquier otra. Para recuperarlo, no es preciso ahondar en las penumbras de un mítico pasado. Basta con un paciente trabajo de crecimiento interior.

Promover la quietud interior es promover el éxtasis. No es preciso engañar ni manipular al ser interior para lograr esa quietud. La mente es como un corredor: sólo tiene que aminorar la marcha para caminar y luego aminorarla más hasta quedar inmóvil. Este proceso de pasar de la actividad a la quietud es la meditación, descrita de una manera sencilla, pero a la vez muy profunda. Podríamos modificar el mandato bíblico: «Permanece inmóvil y conoce el éxtasis.» No hay un solo camino para llegar a esa quietud de la meditación, pero cualquier meditación, para ser genuina, debe llevar la mente más allá de su carácter superficial, que es inquieto y caótico, hacia su carácter más profundo: la paz que supera toda comprensión.

ALCANZAR EL ÉXTASIS

Emerger a la quietud es algo que puede suceder en cualquier circunstancia concebible. Arjuna alcanzó su moksha en un furibundo campo de batalla, tras la sanguinaria matanza de familia contra familia. Los santos medievales la hallaban en un completo aislamiento del mundo. En este mismo instante alguien la está descubriendo en una ruidosa ciudad o mientras contempla el mar. El desprendimiento nunca es incidental ni accidental. En cuanto a éxtasis, los gustos vienen y van, pero alcanzar la quietud total de la mente significa recorrer el sendero espiritual hasta su término, con fe y disciplina.

La expansión de la conciencia es el camino al éxtasis.

La expansión de la conciencia es un término amplio; cubre casi todo lo que he analizado hasta ahora, pues el camino al amor trata justamente de esa expansión. El amor te arranca a los límites del ego; cuando estás dedicado a actuar desde el amor puedes vivir en el espíritu. Muchos de los temas más importantes ya han sido cubiertos:

Ver a tu amado como espejo de tu Yo superior.
Rendirte al amor como fuerza orientadora.
Desprenderte del apego al falso yo y sus necesidades.
Dedicar todos los días a alcanzar la verdadera unión y a curar las heridas del aislamiento.

Incontables personas viven con sus seres amados sin seguir ninguno de estos principios; su amor no proporciona una base lo bastante fuerte como para escapar del viejo condicionamiento. Mientras no descubren el camino espiritual, pocos pueden escuchar la voz del espíritu, que habla intuitivamente. Si la percibes, ya te encuentras en un estado de éxtasis permanente e inconmovible. Pero sólo en momentos en que se esfuman tus límites llegas a tener destellos de realidad. Entonces se hace posible el conocimiento directo e intuitivo; puedes verte a ti mismo tal como eres: sublime y extático. Hace miles de años, los Upanishads expresaron en una bella metáfora nuestra doble naturaleza:

Dos pájaros, uno de ellos mortal, inmortal el otro, viven en el mismo árbol. El primero picotea la fruta, dulce o amarga; el segundo mira sin comer. Así, el yo personal picotea la fruta de este mundo, desconcertado por el sufrimiento, siempre con hambre de más; pero cuando conoce al verdadero Yo, el Dios resplandeciente, la fuente de la creación, todas sus ansias se aquietan.

Los dos pájaros del árbol, el yo y el Yo, son inseparables; los dos se posan en el mismo árbol (el cuerpo) enfrentados a la misma fruta (el mundo material). No obstante, pese a la proximidad, el pájaro que ansía la fruta no conoce a su compañero. Se requiere un despertar para revelar el Yo; si bien en cierto sentido es sobrecogedor, por ser el «Dios resplandeciente», en otro sentido es sólo nuestro íntimo amado, que ha montado guardia fielmente desde un principio, esperando sólo que lo viéramos. Una vez que lo vemos, todo en la vida cambia. Como declaran los Upanishads, la vida del yo, una vez unida con el Yo, se eleva a un plano bendito:

El bien y el mal desaparecen;
deleitándose en el Yo, jugando como un niño con el Yo,
él hace lo que se requiere, cualquiera sea el resultado.

Cuando surge la comprensión de uno mismo ya no hay esfuerzos ni batallas. El espíritu te guía para que hagas lo que se requiere, según tu propia constitución. En realidad, el amor universal sólo requiere una cosa: que el dulce punto del corazón se expanda hasta que la bienaventuranza y la paz se hayan convertido en la naturaleza de nuestra vida. Esto sucede primero dentro del individuo; luego, en las relaciones basadas en el espíritu; por fin se extiende a familias y sociedades enteras.

Un solo punto del corazón puede expandirse hasta liberar el mundo.

El éxtasis no es, por lo tanto, una sensación individual, sino un fugaz vistazo a la integridad que espera ser vista por doquier. Los Upanishads lo dicen muy explícitamente:

El Yo está por doquier, surgiendo como un fulgor de todos los seres, más vasto que lo vasto, más sutil que lo más sutil, inalcanzable, más cerca que el aliento, que el latir del corazón.

Nuestros sentidos nos dicen que respiramos y que el corazón late; pero existe un aliento dentro del aliento, que es el espíritu (en términos cristianos se lo ha llamado *afflatus*, el aliento de Dios).

Por cercano que pueda estar un espíritu, siglos enteros de prejuicios culturales han hecho necesario que redescubramos nuestro conocimiento intuitivo y directo de él. Para esto se pueden emplear muchas disciplinas y técnicas, en especial la meditación. En este libro me he concentrado en la expansión de la conciencia que se puede lograr por medio del amor, motivado por la trágica ausencia de amor que vemos a nuestro alrededor. Sin embargo, la ruta hacia el Yo no está cerrada por ningún flanco (lo trascendente está «más cerca que el aliento, que el latir del corazón») y, por suerte, existe una multitud de enseñanzas por las que guiarnos para poner los pies en el sendero.

En realidad, el sendero no asciende en ningún punto del tiempo ni del espacio. El yo sigue siendo yo, el ego es siempre ego, los sentidos son sentidos. ¿Por qué ir a ningún lugar para captar lo que ya se tiene tan cerca? El misterio es que este «sendero sin senderos», como lo llaman los maestros, genera una inmensa transformación. Hay una enorme diferencia entre quienes viven en el amor y quienes apenas lo tocan alguna vez. La mayor diferencia es, quizás, esa cualidad llamada éxtasis, la sensación real de respirar el aliento de Dios y palpitar con Su corazón.

No quiero traicionar la intimidad del éxtasis; es la más privada de las aventuras amorosas. El ser se convierte en tu amado; a esto sigue tu fusión con otra persona, con toda naturalidad. Si fuera preciso trazar algún tipo de patrón para determinar cómo se alcanza el éxtasis, sería en términos muy generales, como lo que sigue:

Llega un momento en que la búsqueda termina y comienza la realización. Primero la mente cobra conciencia de su propia actividad, manteniéndose aparte de ella. Por lo general, estamos inmersos en nuestro propio diálogo interior; el torrente de pensamientos, deseos, temores y fantasías que nos corre por la mente nos mantiene fijados. Ingresamos en un drama mental sin conclusión. De nuestra participación obtiene la mente su inquieta energía. Basta con estar fijado en el propio drama mental para que éste comience a tomar impulso.

Sin embargo, hay momentos en que la fijación no es tan seductora. Una parte de ti mismo se aleja de la actividad mental; la primera etapa del éxtasis es, justamente, esta vaga conciencia de ser testigo del drama, en vez de participante comprometido. El observador ha empezado a poner una ligera distancia entre sí mismo y lo observado.

El segundo paso es el apaciguamiento de la mente. Esto no se logra por la fuerza ni con acción alguna. Hacer algo es lo opuesto de apaciguarse. Como hemos pasado toda la vida activos, el «no hacer» nos resulta muy poco familiar. La mayor parte de las veces sucede por casualidad: de buenas a primeras, notas que ha cesado el torrente de conciencia, como si alguien hubiera cerrado un grifo. Si la actividad sexual se asocia con tanta frecuencia al éxtasis es porque constituye una de las pocas ocasiones en que la mayoría puede apartarse por completo de la mente. Lo busquemos o no, lo que crea quietud en la mente es, simplemente, que el observador puede mantenerse ausente por más de un momento.

Esta distancia entre el observador y lo observado se produce tan rara vez que la segunda etapa del éxtasis es muy poco frecuente. Para la mayoría, esas excursiones fuera de la actividad mental duran sólo unos pocos segundos. Pero si logramos alcanzar la segunda etapa, ese apaciguamiento cobra un aspecto sorprendente. La atención nos revela que el silencio tiene su propio dinamismo. La mente quieta, aunque desprovista de pensamientos, se estremece y vibra de igual modo. Existe una especie de trémula expectación que puede tomar una de dos direcciones: ya nacerá un nuevo pensamiento, que traerá nuevamente el diálogo interno, ya el leve estremecimiento del silencio llevará a un silencio aún más profundo.

Detenido allí, en el umbral del éxtasis, no puedes hacer que tu mente escoja un camino o el otro. Hasta quienes han experimentado muchas veces el silencio mental, como sucede en la práctica prolongada de la meditación, no pasan a voluntad más allá de la antecámara del silencio. Pero si la mente decide zambullirse en el silencio más profundo, se ha llegado a la tercera etapa. Este silencio más profundo no tiembla; ni la más ínfima actividad puede perturbarlo. Se lo experimenta como el más suave de los terciopelos negros, como la caverna más intensamente oscura. Quien haya llegado hasta allí estará realmente «fuera». Por supuesto, sería igualmente correcto decir que se está dentro, pues entre lo interior y lo exterior se ha perdido la diferencia. Se está, simplemente, allí donde está el éxtasis.

La cuarta y última etapa no requiere nada nuevo de tu parte. Una vez que tu atención ha sido capturada por el profundo silencio, la transformación interior está completa. Lo que suceda a continuación surgirá por su propio impulso. Uno se encuentra cara a cara con el Ser puro, con la pura conciencia, con el gozo puro. Según el término sánscrito antiguo, se revela *sat chit ananda*, la eterna conciencia de la bienaventuranza. Un santo cristiano podría llamar a esta misma experiencia «el rostro de Dios». El poeta del Canto de Salomón lo expresa en los términos del amante:

> *Mis ojos están radiantes de tu espíritu;*
> *mi nariz, llena de tu fragancia.*
> *Mis oídos se deleitan con tu música,*
> *y mi rostro está cubierto de tu rocío.*

Pero éstas son sólo imágenes. El mero hecho de que el éxtasis exista es la promesa que aviva nuestra fe en el camino hacia el amor; las veces en que podemos degustarlo son el agua que refresca nuestra búsqueda. Apoyamos nuestra fe en los maestros contemporáneos que han alcanzado el objetivo. Aunque ellos se diferencien de nosotros, visten la misma carne, los mismos huesos; actúan, se mueren, respiran y viven como todos los demás. Sólo secretamente, en el alma realizada, tienen la absoluta certidumbre de que, como los dos pájaros del árbol, son el Yo, mientras que nosotros somos el yo.

Con frecuencia vuelvo a unas pocas páginas de diálogo entre un discípulo indio y su maestro, que me expresan claramente este contraste. El discípulo se resiste a la idea de que haya algo más allá del mundo de los sentidos. Él es quien pregunta; quien responde es el maestro Sri Nisargadatta Maharaj, del sur de la India.

P: Tu mundo ¿está tan lleno de cosas y de gente como el mío?

R: No, está lleno de mí.

P: Pero ¿ves y oyes como nosotros?

R: Sí, parezco ver, oír, hablar y actuar, pero para mí eso es tan natural como para ti la digestión o la transpiración...

P: Si eres el mundo, ¿cómo puedes tener conciencia de él?

R: La conciencia y el mundo aparecen y desaparecen juntos; por ende, son dos aspectos del mismo estado... Mientras la mente está allí, tu cuerpo y el mundo están allí. Tu mundo es producto de la mente, encerrado en ella; es subjetivo, fragmentario, temporal, personal; pende del hilo de la memoria.

P: También el tuyo.

R: Oh, no. Yo vivo en un mundo de realidades, el tuyo es de imaginaciones. Tu mundo es personal, privado, imposible de compartir, íntimamente tuyo. Nadie puede entrar en él, ver como tú ves, oír como oyes, sentir tus emociones ni pensar tus pensamientos. En tu mundo estás verdaderamente solo, encerrado en tu sueño siempre cambiante, lo que tú tomas por vida. Mi mundo es un mundo abierto, común a todos, accesible a todos. En mi mundo hay comunidad, esclarecimiento, amor y calidad real; el individuo es la totalidad... Todos son uno y el Uno es todo.

Aunque en el curso de los años he leído muchas veces este fragmento, nunca deja de conmoverme en un plano más hondo que la emoción, el recuerdo y hasta el esclarecimiento. Me siento frente a frente con lo real, abrumado de respeto por esa persona para quien el mundo material es una ínfima mota que pasa por su mente. Pero también es alentador saber que esos grandes maestros fueron, en un principio, gente común. La única diferencia entre ellos y cualquiera de nosotros es que los maestros pusieron el pie en el camino, iniciando el viaje hacedor del alma que deja el tiempo atrás. Tarde o temprano el sendero termina y se derrumban los cimientos de nuestro mundo, que se afirman en la memoria y la mente, dejando un nuevo mundo de inimaginable realidad. Es comprensible la intensa curiosidad del discípulo de Maharaj sobre el aspecto de ese mundo nuevo, pero su maestro sólo podía responderle desde un lugar ajeno a las palabras:

P: ¿Cómo sabes que estás en el estado supremo?
R: Porque estoy en él. Es el único estado natural.

P: ¿Puedes describirlo?

R: Sólo por la negativa, como carente de causa, independiente, no relacionado, indiviso, no compuesto, inconmovible, incuestionable, inalcanzable por medio del esfuerzo... no obstante, mi estado es sumamente actual y, por lo tanto, posible, realizable y alcanzable.

Para algunos, esta descripción puede resultar desalentadora, plagada de paradojas. ¿Cómo se puede alcanzar lo inalcanzable? ¿Cómo puede ser real lo indescriptible? Sólo puedo volverme hacia esos dardos de luz que se lanzan hacia nosotros desde ese mundo: los momentos de éxtasis que aquietan toda duda y acallan todas las preguntas. Se requiere mucho tiempo para que tales experiencias, nacidas en el más profundo silencio, puedan traducirse en tiempo y espacio. Es muy difícil llenar de éxtasis una vida colmada por el caos. No obstante, mientras estás atrapado en el momento extático, toda la realidad parece un milagro. La raíz misma de la palabra «milagro» nos recuerda que se deriva del latín *mirare*, «contemplar embelesado». No existe mejor definición del éxtasis.

Para quienes han logrado alcanzar el éxtasis, no hay motivos para pedir más. No hay otra transformación que lo abarque todo; tras regresar al mundo cotidiano, el don mayor parece ser, no la intensidad del gozo recordado, sino la revelación de la verdad. Un momento de auténtico éxtasis desprende las dudas de toda una vida; comprendes, de una vez por todas, que el espíritu es real. Sabes por propia experiencia que eres la esencia divina. En ese sentido, el éxtasis es la más inmediata, pero también la más remota de todas las experiencias. Es inmediata por ser innegable; es distante porque se requerirá de toda una vida para asegurar el éxtasis como realidad permanente. Por suerte, el viaje en sí crea éxtasis, por ser el camino hacia el amor.

PRÁCTICA DE AMOR

Cultivando la inspiración

Una de las más bellas pruebas del éxtasis es la que aparece en un momento de inspiración. Ya he analizado ciertas señales del espíritu que sugieren la existencia de una realidad más allá de la percibida por los cinco sentidos. Pero la inspiración es mucho más que una sugerencia; cuando te sientes inspirado, te encuentras lanzado a un mundo donde los objetos y los hechos comunes están llenos de luz, como iluminados desde dentro. Esta luz interior es la verdad; cuando vemos súbitamente la verdad obtenemos esclarecimiento, claridad y objetividad.

El esclarecimiento te permite conocer tu propio corazón.

La claridad te permite aceptar sin ilusiones.

La objetividad te permite mirar con compasión a una persona o una situación.

En esos momentos de triunfo en que te dices «Eso fue una verdadera inspiración», las tres cualidades se unen; la «sensación» causada por esa unión es el éxtasis. Lamentablemente, la mayoría no alcanza siquiera unas pocas de estas cualidades sino en una etapa avanzada de la vida, cuando la maduración de la experiencia permite que caiga lo que obstaculizaba la inspiración, sobre todo la fantasía, la proyección y la crítica. Aun así los momentos de inspiración pueden ser raros. Pero la raíz de la palabra «inspirar» significa «tomar aliento»; esto implica que la inspiración debería ser algo tan simple y natural como la respiración. Cuando decimos que alguien ha escrito un poema de amor por inspiración, nos referimos a que el poema brotó naturalmente de sus sentimientos, sin que nada se interpusiera. No hubo lucha entre la mente y el corazón.

> *La inspiración es ese estado en el que mente y corazón se conectan.*

Los siguientes ejercicios enseñan a convocar la inspiración para hacerla propia mucho antes de llegar al final del camino.

PRIMERA PARTE: UN MOMENTO INFINITO

Todos los maestros espirituales han declarado que el hogar del espíritu es el momento actual; no es preciso postergar nada de lo que se pueda obtener bajo la forma de sabiduría, amor y visión. Sin embargo, todos postergamos el día en que seremos amorosos, sabios e inspirados por nuestra propia visión. Esto implica que el momento actual es un sitio al que resulta muy difícil llegar, pese a que, obviamente, ya estemos en él.

> *Cada segundo es una puerta a la eternidad. Y la puerta se abre por medio de la percepción.*

Lo que vuelve infinito cada segundo es su potencial; lo que lo vuelve finito es la visión que tenemos de ese potencial. Piensa en un momento inspirado de tu vida en que hayas ejecutado el movimiento perfecto, dicho la palabra perfecta, concebido la idea perfecta. ¿Qué te hizo tan diferente en ese momento?

Estabas abierto a algo nuevo.

No estabas reviviendo el pasado ni anticipando el futuro.

Te sentías optimista y abierto; no te protegías.

Dejaste que sucediera, fuera lo que fuese.

Te sentías conectado.

A continuación, pregúntate si ahora sientes lo mismo. En caso afirmativo, te hallarías en un estado muy sencillo, aunque extraordinario: estarías en el momento.

Son las mismas condiciones previas las que nos ponen a todos en el momento, tanto a Leonardo y a William Blake como a una persona vulgar, como a ti y a mí. Un genio como Blake puede ver «el infinito en un grano de arena», mientras que una persona vulgar tal vez se sienta simplemente optimista y libre de preocupaciones. Sin embargo, las diferencias son mucho menos importantes que las similitudes. Si te parece imposible que puedas ver el infinito en un grano de arena, prueba la siguiente meditación (que se puede hacer imaginariamente, sin arena, en el caso de que no tengas ese elemento a mano).

Sostén en la mano un grano de arena (cualquiera servirá, sea arena de playa o de alguna pecera) y deja que tu mirada descanse sobre él. Repara en su color y en sus facetas, en cualquier leve destello, en la nitidez de sus bordes. Hazlo rodar entre los dedos; llévatelo a la lengua para percibir cualquier sabor a sal o a tierra que pueda tener. Éste es el grano de arena que te presentan tus cinco sentidos; la mayoría opinará que no hay mucho que ver en tan humilde objeto.

Ahora concibe ese grano de arena como punto rodeado de espacio. ¿Qué cantidad de espacio puedes imaginar? Existe el cuarto en el que estás sentado, que se expande hasta abarcar tu casa; la casa, en el vecindario; el vecindario, en la ciudad. Deja que tu mente vea estallar esa súbita expansión. Ahora existe el espacio del planeta entero, el sistema solar, la galaxia y, más allá, la oscuridad. Permite que ese espacio se expanda también y piensa que no hay bordes en el espacio exterior ni límites en el tiempo. El espacio no tiene límites, porque el cosmos se expande a una velocidad tremenda, a cientos de miles de kilómetros por minuto, lo cual en términos humanos es apenas inferior a la velocidad de la luz. No puedes tomar una fotografía del cosmos para averiguar dónde está en este momento, porque en el borde de avanzada expansiva el universo se curva sobre sí mismo. Debe ser así; de lo contrario habría algo fuera del espacio, cosa que no puede ser.

Esto significa que tu grano de arena es el centro del universo.

Ahora repite la meditación utilizando el tiempo en vez del espacio. Contempla tu grano de arena y toma nota de la hora exacta. Imagina la parte anterior del día que se extiende hacia atrás y el resto del día que se extiende hacia delante. Ahora expande el marco temporal, incluyendo un día antes y uno después, una semana, un mes, un año. Imagina el tiempo como un círculo en expansión y deja que se expanda a la velocidad que desee. ¿Existe un límite para esta aceleración? Mentalmente puedes visualizar al instante el momento del Big Bang; no me refiero al hecho en sí, que está más allá de la comprensión mental, sino al tiempo que necesitas para traer el acontecimiento a la mente. De igual modo, si quieres imaginar una estrella tal como existirá dentro de diez mil millones de años, tu mente puede adelantarse instantáneamente hasta ese punto.

Tu grano de arena es el centro del tiempo, que se expande infinitamente en todas direcciones.

Si tanto el tiempo como el espacio están centrados en un solo grano de arena, eso significa que has visto el infinito... o lo más parecido que se puede mostrar tu percepción actual. El paso siguiente es realizar esta meditación sin la idea de tiempo y espacio. Deja la mente en blanco y permite que la sensación de tiempo y espacio, un solo círculo en expansión, huya a la carrera desde un punto. Retén en la mente ambos extremos, el punto y el círculo, sin soltar ninguno de los dos. No te esfuerces ni trates de visualizar; esto debe ser tan natural como sea posible. Deja que el círculo huya desde el punto hasta desaparecer, hasta que ya no puedas retener ambas cosas en la conciencia.

Percibe el estado de tu mente:

¿Está abierta, vigilante y alerta?
¿Revive el pasado o anticipa el futuro?
¿Está indefensa?
¿Permitiste que tu meditación tuviera lugar sin convertirla en algo?
¿Te sentías conectado?

Es posible que notes cualquiera de estas cosas, todas o ninguna. Esto no es una prueba, sino una manera de ir más allá de los límites. El valor de ver el infinito en un grano de arena es personal; puedes sentir deseos de reír o experimentar una profunda quietud; tal vez te venga a la mente una bella imagen o un sedoso vacío; puedes experimentar éxtasis o inspiración. Concédele un poco de tiempo (esta meditación abre la mente, aflojando los viejos límites de tu ego sin que debas encararlos psicológicamente).

El grano de arena es importante. Utilizas este punto de concentración para escapar de la red del tiempo y el espacio.

Más allá de esa red se extiende lo abierto, que es potencial puro. En ese potencial todo es posible. Es la puerta del momento presente, que conduce a la eternidad.

SEGUNDA PARTE: HEBRAS EN EL TEJIDO DEL AMOR

En el camino hacia el amor la inspiración crece. Los momentos de esclarecimiento que marcan las primeras etapas del camino no son tan profundos como los que vienen con la visión madura. Esto refleja un cambio de conciencia, pero al mismo tiempo se produce un cambio de realidad. Por ser infinita, la realidad espiritual es infinitamente flexible. Puede acomodar cualquier perspectiva. Todas las perspectivas son válidas, pero las que se acercan más a Dios contienen una mayor proporción de sus cualidades: verdad, compasión, aceptación y amor.

Tu conciencia es tu contribución a la realidad. Lo que percibes como real se torna real.

Cuando dos personas se unen en el amor, tejen una trama de conciencia. Si esa trama es fuerte, ambos la han hecho así; cada pensamiento, cada acto amoroso es una hebra agregada al tejido. En sánscrito, «hebra» se dice *Sutra*, palabra que también tiene un sentido metafísico. Un sutra es un aforismo o fórmula que expresa alguna verdad fundamental sobre la conciencia. Cuando Rumi dice: «El amor es el mar donde se ahoga el intelecto», está pronunciando un sutra. Expresa una verdad desde su plano de conciencia y, al mismo tiempo, teje la verdad agregando una hebra que nadie había añadido antes. En un momento de claridad y esclarecimiento, Rumi sintió dentro de sí que su intelecto ya no luchaba contra el amor, sino que era absorbido por él, como si se ahogara en el mar. Su sutra refleja esa experiencia y, al mismo tiempo, nos la evoca cuando la leemos.

Tú y tu amado tenéis momentos privilegiados en los que comprendéis qué es vuestro amor. Nadie más ha tenido nunca las mismas revelaciones, exactamente, porque ambos sois personas únicas. Vuestras inspiraciones son sólo vuestras, aunque desde hace miles de años se producen esclarecimientos similares. Es importante que asumáis la propiedad de vuestras revelaciones. Necesitáis saber qué creéis, hasta dónde habéis progresado en el sendero común, cuánto crecimiento habéis compartido. Los sutras pueden deciros todas estas cosas.

El siguiente ejercicio consiste en tomar nota de tus inspiraciones a medida que se presentan. El amor crece cuanto más se habla y se piensa en él, cuanto más se expresa. Aunque los momentos de esclarecimiento apenas duran un instante, son las piedras de toque de algo eterno, la relación entre el yo y el Yo. En este momento tu Yo quiere que sepas del amor, pero también de la verdad, la compasión, la confianza, la aceptación y la devoción. Éstas son las hebras con las que se teje la trama de la conciencia.

Escribir sutras

Consigue una libreta para anotar tus sutras y otros que te resulten inspiradores. No pretendas anotar sólo tus pensamientos inspirados. En cualquier momento el espíritu está listo para impartirte enseñanzas sobre ti mismo; bastará con que reserves un momento en el que te sientas receptivo; en general da buenos resultados dedicarle cinco o diez minutos a primera hora de la mañana.

Siéntate con la libreta y una estilográfica y relaja la mente. No te obligues a asumir un estado de inspiración; basta con la intención de expresar «lo que sabes». No me refiero a la información de tu cerebro, sino a lo que sabes desde el fondo de tu corazón: una chispa de verdad, un mensaje de tu Yo. Si al principio las palabras no surgen con facilidad, tal vez te convenga comenzar con una apertura común; por ejemplo: «El amor es...» o «Mi Yo quiere hacerme saber que...». Cuando tengas un poco de práctica, no podrás dejar de escribir: una vez que se inicia la comunicación tiende a manar a torrentes.

El objetivo de tus sutras no es parecer sabios o poéticos, sino simplemente expresar dónde estás. Son pocos los que pueden igualar el brillo de Rumi, pero tu estado de conciencia es tan cierto para ti como el suyo lo era para él. Lo bello de registrar tu visión espiritual es que tendrás el inmenso placer de ver cómo crece. Cada hebra es valiosa; ninguna de ellas puede ser retirada del tejido del amor sin que éste pierda. Por lo tanto, ten en cuenta lo precioso de tu propia conciencia y deja que tus inspiraciones sean una manera de reclamar la propiedad de tu vida espiritual.

He aquí algunos sutras que he escrito en mis propias libretas en el curso del último año. Los anoté en ratos libres: en aviones, mientras esperaba el equipaje perdido o sentado junto al mar en días soleados, cuando deseaba estar con mi Yo y escuchar su voz. Hay aquí casi cien sutras: una buena cosecha para un año tan atareado. Una vez leídos todos, me sorprendió que expresaran tan completamente el material de este libro. Son, pues, como cristales de los que brotaron y crecieron páginas enteras. No te los ofrezco para que los leas de una sola vez, sino para marcar el progreso de un alma, según se desarrollaba a lo largo de un breve período. Si pudiera expresar un deseo, sería el de tejer eternamente esta trama de conciencia. ¿Hay perspectiva más apasionante que la perspectiva de verdades que aún no conocemos?

LECCIONES PARA AMANTES

Hay tres cosas absolutas que no pueden ser destruidas:
la conciencia, el Ser y el amor.

Estarás enamorado cuando sepas que eres el amor.

El amor es el impulso de la evolución que expande la vida.

Todo deseo de crecer sigue el flujo del amor.

Si bloqueas tus deseos, bloqueas tu vía de crecimiento
natural.

El crecimiento es la voluntad de permitir que la realidad
se renueve a cada instante.

El amor es el comienzo del viaje, su final y el viaje en sí.

El camino del amor está en todas partes y en ninguna parte.
No hay sitio al que puedas ir que esté desprovisto
de amor, ni lugar que puedas abandonar que no sea ya amor.

El amor no se basa en cómo actúas o sientes,
sino en tu plano de conciencia.

En la dualidad, el amor viene y va; en la unidad
sólo hay amor.

El amor personal es una forma concentrada del amor
universal; el amor universal es una forma expandida
del amor personal.

Amar a otra persona no es distinto de amar a Dios.
Lo uno es una ola; lo otro es el océano.

La mente juzga lo que está bien o está mal. El amor brinda sólo bien.

Todas las plegarias reciben respuesta. Las que la reciben antes son las que piden entendimiento.

Los deseos son satisfechos según tu nivel de conciencia. Cuando la conciencia es pura, todo deseo se satisface por completo.

Una plegaria es una solicitud hecha por una pequeña parte de Dios a una gran parte de Dios.

Los sueños se hacen realidad cuando se los retiene calladamente en el corazón.

No cuentes tus sueños al mundo: susúrralos al amor.

Desde un corazón puro se puede lograr cualquier cosa. Si quieres saber qué está haciendo el universo, escucha subrepticiamente cada uno de tus deseos.

Todo es el propio espíritu, que se observa a sí mismo a través de los ojos de diferentes observadores.

El amor está en todas partes, pero en algunos lugares está bloqueado por el miedo.

Lo que no contiene amor debe de contener una ilusión.

Atraviesa todas tus ilusiones y descubrirás que eres sólo amor.

Las otras personas son espejos de tu propio amor. En la realidad no hay otros: sólo el Yo bajo otras formas.

El aislamiento es meramente una idea. En su núcleo, la realidad es unidad.

Cuando culpas y criticas a otros, estás evitando alguna verdad sobre ti mismo.

Todo en el mundo exterior contiene un mensaje sobre el mundo interior.

Las imágenes y los sonidos de la naturaleza son recordatorios de una creación amante.

El verdadero cambio viene acompañado por un nuevo esclarecimiento.

El esclarecimiento es un impulso del amor que disuelve alguna vieja huella.

Los esclarecimientos brindan verdad, que es amor en acción.

El amor es como el agua: si no corre, se estanca.

Si creas un espacio abierto dentro de ti mismo, lo llenará el amor.

Contempla el amor todos los días. Las reflexiones amorosas hacen que el corazón crezca.

El amor adopta muchas formas; a ti te corresponde elegir cuál deseas expresar.

La más elevada expresión del amor es la creatividad.

La inocencia es la capacidad de dar y recibir amor sin aferrarse.

Amar inocentemente es permitir que los otros expresen quiénes son.

Nadie está equivocado. A los ojos del amor, todos obramos lo mejor que podemos, cada uno desde su propio nivel de conciencia.

Nos parece que los otros están equivocados cuando la perspectiva ajena no coincide con la nuestra.

Todos los desacuerdos son resultado de haber comprendido mal el nivel de conciencia ajeno.

Nosotros mismos creamos todos los obstáculos al creer en la ausencia de amor.

Una vez que decidas rendirte, no tendrás enemigos.

La entrega no significa ceder ante otro, sino ceder ante el amor.

Todos los deseos son espirituales cuando se los ve en su plano más profundo.

El amor no es el opuesto del odio. Por ser íntegro, el amor no tiene opuestos.

La negatividad se origina en el vacío abierto allí donde se ha excluido el amor.

Los vacíos se producen allí donde uno teme verse a sí mismo.

La vida parece aleatoria en la superficie, pero en un plano más profundo está completamente organizada.

El poder organizador del amor es infinito.

El cosmos está estructurado para que provoque
el crecimiento; se crece siempre hacia una mayor cantidad
de amor y felicidad.

La solución nunca está en el plano del problema;
la solución es siempre amor, que está más allá
de los problemas.

Las cosas malas no nos suceden por casualidad; nosotros
las atraemos para aprender una lección.

El amor crece sobre la base del dar.

Dios tiene una infinita capacidad de dar. Nosotros
la limitamos mediante nuestra propia percepción carente
de amor.

El amor nunca obliga. El amor es inteligente y sólo
te brinda lo que necesitas.

No hay castigo divino. Lo que parece ser un castigo
de Dios es un reflejo de nuestra propia resistencia.

El perdón se origina en la conciencia acrecentada.
Cuanto más ves, más fácil es perdonar.

El perdón del corazón se produce cuando en la mente caen
los muros del aislamiento.
El amor es atención sin crítica. En su estado natural,
la atención sólo aprecia.

La persona que llamas enemigo es un aspecto exagerado
de tu propio yo tenebroso.

El yo tenebroso parece ser lo opuesto al amor. En realidad, es el camino hacia el amor.

El espíritu es apasionado; sin pasión, nadie puede ser realmente espiritual.

El despertar del verdadero amor consiste en hallar paz dentro de la pasión y pasión dentro de la paz.

La energía sexual es neutra. Puede ser amante o falta de amor: depende de cómo la uses.

El sexo se puede usar para expandir el amor o para dejarlo fuera. El eros más elevado es tomar a Dios como amante.

Cuando el sexo es plenamente amoroso, experimentas lo divino a través de tu pareja.

El amor sexual, energizado por el amor absoluto, es el éxtasis.

El éxtasis es el más primordial de los estados de energía.

¿Por qué el sexo es tan poderoso? Porque estamos constantemente en búsqueda del estado de éxtasis original. Toda la realidad está contenida en el momento presente.

El verdadero amor está aquí y ahora. Lo que puedas recordar o anticipar es sólo una sombra del amor.

Para ver amor en el momento, debes limpiar las ventanas de la percepción.

Si pones toda tu atención en el momento, verás sólo amor.

Cuando el amor es reemplazado por un objeto,
el resultado es la adicción.

Si eres adicto a otra persona, estás tratando a esa persona
como objeto.

El tiempo no es enemigo del amor, sino del ego.

Con el paso del tiempo el amor cambia, pero jamás
disminuye. Siempre está presente en su plenitud.

El amor es el Ser eterno en el núcleo de la individualidad.

El amor puede crear un mundo sano y sacro.
Los dos son lo mismo.

Sentir la belleza es conocer la verdad. Conocer la verdad
es estar enamorado.

El amor baila en la frescura de lo desconocido.

El amor no necesita de la razón. Habla desde la sabiduría
irracional del corazón.

Un corazón que ha aprendido a confiar puede reposar
en el mundo.

EN NUESTRA VIDA

Una casa de luz

—Creo que todas las parejas empiezan deseando corresponderse mutuamente; es lo natural, ¿no? Es decir: nacemos correspondiendo a un algo, hasta que nos alejamos.

La voz de Elise se oía en la penumbra. Ella, Kent (su esposo) y yo estábamos sentados fuera, en Nuevo México. Las luces largas del anochecer recortaban las colinas en sombras azules, estribación tras estribación, llenándolas de oro para luego vaciarlas otra vez.

—La cuestión del amor se reduce a descubrir cuál es el lugar que te corresponde —continuó Elise—. Para mí nunca ha sido fácil; aun cuando conocí a Kent me pregunté dónde acabaríamos.

—No es un comienzo muy alentador —observé.

Ella se echó a reír.

—Comenzamos con una luna de miel horrible. Eso fue lo que opinamos los dos. Planes precipitados, grandes desacuerdos sobre adónde ir. Cuando por fin acepté el sueño de Kent, que era viajar a París para la luna de miel, pasamos las dos primeras noches varados en un aeropuerto aislado por la nieve, a las afueras de Chicago. ¿Tú no te preocuparías con semejante comienzo?

—Seguramente las cosas mejoraron —dije.

—Sí y no. —Era Kent quien hablaba ahora en la oscuridad—. Teníamos muchos deseos de trabajar juntos en una pequeña empresa propia, pero cuando llegamos aquí la economía estaba en crisis. Terminé malgastando la mayor parte del tiempo en casa, mientras Elise trabajaba en la ciudad, atendiendo un mostrador. Era el peor momento para estar separados; cuanto más tiempo pasaba sin trabajar, más me deprimía. La vida era bastante imposible.

—Dicen que no se puede vivir sólo de amor —comentó Elise—. Dios sabe que lo intentamos, pero una trae tanto equipaje emocional cuando se casa... Sobre todo nosotros, que habíamos vivido solteros hasta la cuarentena. Éramos más difíciles de complacer que un gato satisfecho.

Los dos se echaron a reír. Cinco años después, nadie habría sospechado que esa pareja hubiera pasado por una luna de miel horrible ni por los problemas posteriores. Rara vez he conocido a dos personas que parecieran corresponderse tan auténticamente. Lo primero que llama la atención del observador es que Elise y Kent han aprendido a hacer del amor un juego. Les brillan los ojos cuando se miran, ríen con facilidad y encuentran incesantes fuentes de interés en su vida. Su casa, en el desierto de Nuevo México, está atestada de obras de arte tradicional; para comprar cada una de esas piezas viajaron a un país exótico, a fin de conocer personalmente al artista.

Era acogedor entrar en esa casa, tan llena de luz que a veces costaba recordar que hubiera paredes. Cada objeto tenía su historia y su nombre. *Ambrose* era un armadillo tallado en madera, con metro ochenta de longitud, proveniente de las tierras altas de Guatemala; *Matilda*, un peludo coyote de terciopelo pardo, sentada a la mesa con aspecto absurdamente tierno. Todo en el ambiente de la pareja representa una extensión del amor que se tienen.

—Si tuviera que hablar de vosotros —comenté—, diría que os parecéis peligrosamente a la pareja perfecta.

—No tenemos miedo de proclamar lo que tenemos de

bueno —aseguró Elise—. Cuando se han cumplido los cincuenta se tiene derecho a eso.

—Es que sabemos sobrevivir —intervino Kent.

—¿Lo cual significa...? —pregunté.

—Como Elise, por muchos años yo también pensé que corresponder a otra persona era difícil. En parte, era algo personal; en realidad no tenía idea de lo que era una relación íntima, me asustaba la perspectiva de intimar con alguien. Pero también me encontraba en el fuego cruzado de una cultura en la cual el hombre debe ser duro fuera de su casa y romántico cuando vuelve al hogar. El amor y el poder son difíciles de mezclar.

Tomamos esto como línea de partida para una conversación que duró varias horas.

—Estoy de acuerdo —dije—. Pero creo que no se trata sólo de ser duro o blando. Aquí hay en juego una cuestión espiritual. Los seres humanos son los únicos seres vivos que nacen con una naturaleza superior y una inferior. En diferentes momentos, la una puede convenir a determinada situación mejor que la otra.

—¿Qué quieres decir con «superior» e «inferior»? Esos términos me ponen nerviosa —dijo Elise.

—En Occidente, «superior» e «inferior» se equiparan a sagrado y profano: la parte más próxima a Dios y su opuesto, la que vive entre los animales. El sexo, por ser profano, es inferior; el amor, por ser sagrado, es superior. Pero, de hecho, el sexo y el amor son procesos; son maneras de sentir y hacer.

»En la India se enseña que por todo circula la misma fuerza, el *Prana*. En términos cristianos, *Prana* es el «aliento de Dios», que transforma en vida la materia muerta e inerte. Pero aunque Prana es la misma energía dondequiera que fluya, se colorea. Como sexo, la fuerza vital no es igual que cuando es amor.

—Pero ¿por qué llamar a esto «superior» e «inferior»?

—preguntó Kent—. Hacer el amor con alguien, ¿es inferior a dar limosna a los pobres? El amor es siempre amor.

—Idealmente, así es. Si pudiéramos estar en el flujo del amor, las diferenciaciones no importarían. Pero tal como todos hemos descubierto, si un hombre ama su trabajo y le dedica todas las horas del día, su esposa no considera que eso compense su ausencia; la falta de amor de una parte sigue siendo penosa. Por ende, la cuestión radica en cómo restaurar el amor en todos los planos.

»En primer lugar, debo explicar de qué planos estoy hablando. En la India se enseña, desde hace miles de años, que los seres humanos viven en siete planos. Se los visualiza como siete ruedas o *chakras* dispuestos a lo largo del cuerpo, comenzando por el chakra más bajo, en la base de la columna, y terminando con el más alto, en la coronilla.

Nada de esto era novedad para Elise ni para Kent, que habían leído mucho sobre metafísica.

—¿Y esto nos llevará al amor? —preguntó Kent—. En Occidente no son muchos los que se zambullen en el conocimiento esotérico, ¿verdad?

—No nos dirigimos hacia allí —advertí—. Si descartamos los detalles, lo que describimos aquí es una simple división entre las energías superiores y las inferiores. Los tres chakras de abajo están localizados por debajo del corazón. Se relacionan con la supervivencia, el impulso sexual y el sentido del poder. Si sólo viviéramos en estos tres chakras, los seres humanos seríamos fieros, autoprotectores e instintivos.

»Encima del corazón están los tres chakras superiores, dedicados a la voluntad, la intuición y la libertad. Si sólo viviéramos en estos centros, los seres humanos nos consideraríamos divinos. No iríamos a la guerra, no lucharíamos por sobrevivir ni crearíamos enemigos. ¿Por qué, pues, se divide nuestra naturaleza de una manera tan radical?

»La respuesta se encuentra en el corazón, el chakra que

está a medio camino entre lo superior y lo inferior. El corazón es el mediador, el que elige, el centro del sentimiento. Mira las energías superiores e inferiores y su reacción es siempre la misma: las ama a ambas. La función del corazón no es etiquetar nada como bueno o malo; él no juzga ni rechaza. Por amor, mezcla lo alto y lo bajo para crear algo nuevo: un ser humano completo, totalmente en paz con todos los aspectos de sí mismo.

—Pero ¿por qué nos esforzamos tanto? —preguntó Elise—. Ese esquema tiene una bella simetría; según mi experiencia, eso significa que probablemente no funciona.

—¿Quién puede determinarlo? —repliqué—. El problema es que muy pocos llegan a probar si pueden casar lo más alto y lo más bajo. Si he de ser brutalmente franco, nuestra sociedad está empantanada en los dos chakras inferiores. El sexo y la supervivencia dominan nuestra conciencia. Elogiamos a los traficantes de poder, peros rara vez a los hombres de paz; consideramos débiles e inferiores a los que carecen de poder; rara vez recompensamos el progreso espiritual.

—Creo que esa descripción es muy correcta —dijo Elise, irónica.

—Este desequilibrio se refleja en el modo en que siguen surgiendo la agresión y la violencia para resolver los problemas, lo cual significa que los dos chakras inferiores se han visto amenazados —apunté—. Cuando algo se ve amenazado, se activa; así funciona la vida. ¿Cómo se hace para activar las energías superiores? ¿Qué haría falta para poner fin a una guerra con compasión? La respuesta es sencilla, en verdad: los seres humanos actuarán desde su naturaleza superior cuando se conviertan en seres completos. Lo que hoy llamamos ser humano es, en realidad, sólo media persona.

»La única manera de llegar a estar completo es recurrir al corazón para que empiece a fundir lo superior con lo inferior. De nada servirá apartar de la vista la violencia y la agresión, ni fingir que podemos amar sin enfrentar esas zonas oscuras de la psique donde rondan constantemente el miedo y la inseguridad.

Ya era de noche; el cielo estaba lleno de estrellas, más esplendorosas que las que se ven en la ciudad. Callé, esperando ver qué recepción merecía esta perspectiva.

—Creo saber adónde vas —dijo Kent—. El corazón une dos energías opuestas, como tú las llamas, hasta que no tienen más remedio que enfrentarse. ¿Qué sucede entonces?

—Una sola cosa —dije—. Se obtiene una relación. En vez de vivir en dos mundos separados, lo alto y lo bajo deben mirarse mutuamente. ¿No es eso lo que sucede en el matrimonio? Uno pone todo su ser bajo la mirada de otra persona y, a su vez, ve lo mismo. Cada uno se convierte en espejo del otro; al mirar esos espejos, lo que se ve es sexo, supervivencia, voluntad, emoción, propósito y amor. Todo está allí, aunque no integrado. Los fragmentos no coinciden del todo; por lo tanto, lo que se obtiene es conflicto y dolor.

—¿No es inevitable? —preguntó Kent—. Amar es sobrevivir a las heridas que otra persona puede infligirnos y lamentar las que infligimos a nuestra vez.

—Desde luego, eso es inevitable —dije—. Pero ¿por qué exponer nuestro yo vulnerable, frágil y conflictivo a otra persona? ¿Por qué mirar al espejo? Después de todo, la imagen puede ser bastante brutal.

—Miramos porque deseamos amar —apuntó Elise.

—Exactamente. El espejo de la relación refleja amor, no siempre ni con toda su pureza. Pero el reflejo está ahí, todos los días. Esto es lo que, según creo, sucede en toda relación en la que el amor está vivo. Las energías que nos obligan a actuar ante el peligro, el miedo, la inseguridad y la duda son sumamente familiares. Son como una vieja casa oscura a la que regresamos cuando las cosas se nos complican demasiado. Parece arriesgado dejar la casa para ver qué hay afuera; aun así, debemos abandonarla si queremos ser amados.

»Así que corremos el riesgo. Salimos a la luz y nos ofrecemos al ser amado. Esto nos hace sentir maravillosamente; es distinto de todo lo que habríamos podido imaginar en nuestra vieja casa oscura. Pero, cuando las cosas se vuelven difíciles, entramos nuevamente a la carrera; preferimos la familiaridad del miedo y la falta de amor a la vulnerabilidad del amor, hasta que, finalmente, nos sentimos lo bastante a salvo para salir a intentar nuevamente el amor.

»Tal es, esencialmente, el ritmo de toda relación íntima: riesgo y retirada. Repetimos este ritmo una y otra vez, aceptando el amor y rechazándolo hasta que, finalmente, sucede algo milagroso. La vieja casa oscura deja de ser necesaria. Miramos a nuestro alrededor y descubrimos una casa nueva, una casa de luz. ¿De dónde salió? ¿Cómo la construimos? Fue construida con el amor del corazón, que ha estado tejiendo silenciosamente la naturaleza inferior y la superior, mezclando miedo, ira, supervivencia y protección con las energías de la devoción, la confianza, la piedad y la aceptación.

—Y es entonces cuando correspondes a otra persona —dijo Elise—. Te sientes lo bastante a salvo como para vivir con ella sin retroceder a los viejos lugares oscuros.

—Sí —dije—. Si dos personas provienen del amor, por muchas cosas que deban superar, tarde o temprano la casa de luz quedará terminada. Ése es el proyecto que se asume calladamente en todas las relaciones íntimas. Lo trágico es que en nuestra cultura no se enseña a ver de este modo el amor y el matrimonio; por eso no son muchos los que llegan a terminar su casa.

Nos quedamos en silencio; la conversación estaba casi terminada. Yo nunca había hablado así. Experimentaba una oleada de gratitud hacia esas personas, que habían creado un sitio seguro en el que pudieran emerger tales palabras. Las palabras son frágiles cuando están atadas a emociones tiernas; es raro encontrarse en un lugar que fortalezca la fragilidad del amor.

—Si realmente amamos a otra persona —dije—, no nos

asusta permitir que ella mire el espejo que sostenemos. No hay otra manera de crecer. Y no tememos reclamar a cambio nuestra porción de amor, pues también hemos mirado al espejo. El misterio último del amor es que, al mirar profundamente en tu interior, descubres quién eres; pero luego, ese yo se regala como ofrenda de amor.

»No quiero obsequiar a mi amada la mitad de mí mismo. Por lo tanto, debo hallar mi integridad. Para saber quién soy en realidad debo ponerme en contacto con el espíritu en todo: en momentos de silenciosa meditación, en la belleza de lo natural, al practicar la ausencia de crítica, al apreciar este precioso instante en el tiempo. Debo ver mi vida como una obra en marcha. Nada en mí es jamás definitivo.

»Sabedor de que mi camino es la búsqueda de amor, debo dedicar todos los días algún tiempo a esta búsqueda. Debo poner a mi amada por encima de mí mismo, a fin de merecer una visión de su sacralidad. Debo pisar suavemente en el camino, tener paciencia con los contratiempos y no dañar a nadie que me bloquee el paso. Debo experimentar mi sombra y aprender de ella a fin de dejarla atrás.

»Debo ver todo lo que esté en mí, sin rechazar nada por miedo o desdén. Debo recordar mirar siempre un poco por debajo de la superficie, pues una flor no es sólo una flor: es lluvia y arco iris, nubes, tierra y la inmensidad del espacio. Luego debo verme a mí mismo de igual manera.

»Así, con todo esto, es como se construye una casa de luz. Una voz débil nos llama desde el exterior de nuestra vieja casa oscura, diciendo: "¿No ves la vastedad de tu corazón? ¿No percibes que eres suficiente, que no necesitas de nada ni de nadie? ¿Hay algo más deseable que estar aquí y ahora, saboreando el infinito en el momento?" Escuchar esta voz por un instante es experimentar amor. Escucharla por siempre jamás es experimentar toda la vida en la luz del amor. Lo que ponemos entonces a los pies del ser amado es un tesoro, el tesoro de quienes en realidad somos.

—Me gustaría pensar que hemos construido una casa de luz —dijo Elise. Se había levantado para ir a la cocina. Kent le estrechó la mano al pasar. Estoy seguro de que intercambiaron una sonrisa entre las sombras nocturnas que se iban agrupando suavemente. No temían poseer cada uno la mejor parte del otro. Así les sucede siempre a quienes han aprendido a vivir desde el corazón.

En conclusión: «Eres amado»

—¿Puedo ayudarle?

Al oír la voz de la mujer aparté la vista del suelo, donde se mezclaban vidrios rotos, agua y papel empapado. Había cientos de personas que corrían a coger sus aviones y yo no necesitaba ayuda.

—Puedo hacerlo yo, gracias —dije.

—No es molestia; sólo será un segundo —dijo la mujer.

Y sacó de su bolso, milagrosamente, una toalla con la que se arrodilló a secar el suelo. Se me había roto una botella de agua mineral dentro del bolso, en el aeropuerto. El vidrio, al estallar, había desgarrado el fino nailon y derramado en el suelo el contenido chorreante. Lo único que hallé para limpiar el desastre fue papel higiénico, en el baño de caballeros más cercano.

—Ya está —dijo la mujer—. No era tan grave.

—Usted es inglesa, ¿verdad? —pregunté.

Asintió con una sonrisa.

—Me llamo Laurel.

Mientras Laurel terminaba eficientemente de limpiar, tuve tiempo de observarla. Era una mujer de aspecto deslucido, con las mejillas llenas de marcas de viruela y el pelo castaño desaliñado, sin maquillaje, con un cárdigan gris estirado. Los dos nos incorporamos; noté que ella hacía un leve gesto de dolor. Cogí la toalla de papel para arrojarla a un recipiente de basura, junto al baño de caballeros. Laurel recibió mi agradecimiento con una ligera inclinación de cabeza. Cuando le ofrecí acompañarla hasta su puerta, vaciló.

—Sería muy grato —dijo.

Recogimos nuestras cosas para dirigirnos hacia las puertas de embarque. No pude sino reparar en su marcada cojera. «Una mujer nada hermosa —pensé—, y muy buena.» Me pregunté qué habría hecho a Laurel tal como era. Cuando llegó a su puerta, resultó que el vuelo a Londres tenía media hora de demora. Entablamos conversación.

—Voy a visitar a mi madre —dijo ella—. Ya es muy mayor y no tan alegre como antes. Entre la osteoporosis y la lluvia... Supongo que eso es lo que le ha tocado en la vida.

—¿Va mucho por allí? —pregunté.

—¿Yo? No he ido en veinte años, si los cálculos no me fallan. —Debí de haber puesto cara de sorpresa—. Es que en casa no me querían mucho. Me fui en cuanto pude abandonar legalmente la escuela. Mi familia es de clase trabajadora. Cuando me lesioné la pierna (iba en la moto de mi novio), les resultó demasiado difícil tenerme allí. Normal, supongo.

Algo en mí se sentía muy dolorido.

—¿Dice usted que la echaron porque estaba inválida? —pregunté.

—Eso es un poco dramático. Usaba bastón cuando hacía falta, nada más. —Laurel había recitado todos esos acontecimientos con voz serena, libre de amargura.

—¿Y por qué quieren que vuelva ahora, después de tanto tiempo?

—En realidad, no es exactamente así. Sólo quiero hacerles saber... bueno, lo que todo el mundo necesita saber. —Miré a Laurel; parecía ansiosa, como si hubiera decidido contarme algo especial—. Hace poco me sucedió algo importante. Fui a un congreso de mujeres que se celebraba en la montaña. Vivo en New Hampshire; me mantengo cuidando niños y cosas así. Una mujer a quien le cuido el hijo tenía que ir a ese congreso, pero no pudo y me ofreció su lugar. A última hora decidí ir. Ya ve usted que yo ni siquiera pertenecía a ese grupo.

—¿Eso es importante para entender lo que sucedió después? —pregunté.

—¡Bingo! Me gustaba estar en las montañas y tener una habitación tan bonita, pero lo demás, los grupos de discusión y esas cosas, francamente me superaban. Sólo la última noche tuve valor para ir a uno. ¿Y qué le parece? Nos pidieron que cerráramos los ojos e imagináramos un día muy triste de nuestro pasado. Creo que se llama terapia emocional o algo así. Bueno, cerré los ojos e imaginé el primer día en que me llevaron a la escuela. Debía de tener cinco años; lloraba tanto que no podían desprenderme de las faldas de mi madre. Ella me regañaba por ser tan chiquilla. Creo que le avergonzaba mi manera de actuar.

»Entonces nos dijeron que abriéramos los ojos y escogiéramos a cualquier desconocida de entre las presentes para acercarnos a ella e intercambiar experiencias. Me armé de coraje y escogí a una mujer de aproximadamente mi edad que estaba sentada en el rincón. Cuando le conté mi experiencia, ella me miró con los ojos dilatados y extraños.

Tuve una súbita premonición de cómo terminaría ese relato. Aunque noté un hormigueo en la piel, me contuve.

—Casi tartamudeaba cuando me contó su propia experiencia —dijo Laurel—. ¿Y qué cree usted? Era exactamente igual a la mía. Entonces le pregunté: «Usted también es de Inglaterra, ¿no?» Ella asintió. «Soy Vicky —dijo, muy emocionada—. ¿No me recuerdas, Laurel?»

»Retrocedí, asombradísima. Entonces me acordé; aquel día había otra niñita tan asustada como yo, llorando a grito pelado. "¿Quieres decir que tuvimos la misma experiencia? ¿Ibas a buscar a una desconocida para contárselo?", pregunté. Vicky asintió con la cabeza. ¡Imagínese! No sabíamos si reír o llorar.

—Asombrosa coincidencia —dije.

—No, es un «recordatorio» asombroso —replicó Laurel—. Yo me empezaba a desanimar porque estaba sola, sin familia. Ya se sabe. Y de pronto sucede eso tan asombroso, y yo caigo en la cuenta de que era imposible estar sola. ¿Lo ve? Tuve que contener la emoción.

—Sí —dije—. Por asombrosa que sea su experiencia, Laurel, lo más importante es que usted comprendiera de qué se trataba.

—Oh, sí —aseguró ella—. Se trata de Dios. Tiene que ser así.

No hay nada tan conmovedor como un recordatorio de que el espíritu está con nosotros. Esa mujer se había visto envuelta en la trama de delicada atención que nos encierra a todos, aunque no lo sepamos. Rumi se expresaba literalmente al decir:

> Hay alguien que cuida de nosotros
> detrás de la cortina.
> En verdad, no estamos aquí.
> Ésta es nuestra sombra.

La trágica ilusión de la vida cotidiana es que confundimos sombras con realidad. Es imposible estar fuera de la trama tejida por el amor; en esos momentos en que los hechos nos arrojan demasiado hacia el olvido, llega un mensaje que nos dice: «Eres amado.»

—Por eso usted piensa que a su madre le gustaría saber que no está sola —dije. Laurel asintió—. Pero usted no le debe nada.

—Se lo debo todo —contradijo ella—. Pero cuando la deuda dura mucho tiempo, la gente se olvida.

—¿No importa que ella la haya querido tan poco?

—¿Cómo voy a saber eso yo? —se extrañó Laurel—. Quizá no sepa demostrarlo.

Aún me asombra la frecuencia con que el espíritu nos envía pistas sobre la verdadera naturaleza de la vida. Interpreté aquello como una pista sobre la compasión, el valor más cercano al amor mismo. Ser compasivo no es apiadarse: es extender nuestro cuidado a otros sólo porque vemos su necesidad. En general, damos porque eso mejora la imagen que se tiene de uno mismo o porque esperamos algo a cambio, aunque es difícil ser totalmente sincero al respecto. Laurel «daba porque debía hacerlo»; eso es el amor en acción, que no duda de sí mismo. No porqué el otro merezca tu compasión. Si puedes darla, la das a quien la necesite.

El camino hacia el amor no termina con la ascensión, como si ésa fuera la etapa fija y definitiva. La ascensión continúa tanto tiempo como vivas. A través de ella, los ideales de confianza, perdón, devoción y compasión maduran hasta convertirse en una dorada cosecha, cuya simiente fue plantada años antes de tu primera lección sobre el amor. Y cualquiera que sea el aspecto que revela en un momento dado, madura porque así debe ser.

—Mucha gente diría que usted tiene derecho al rencor —comenté a Laurel.

—Sólo la gente rencorosa —corrigió ella, sin darle importancia.

Nos separamos ante su puerta; por algún motivo, noté que llevaba una de esas raídas novelas de misterio en rústica que tanto apasionan a los británicos.

—Ese libro dice mucho sobre usted —dije, sonriendo.

—¿De veras?

—Sí. Dice que a usted le gusta buscar pistas.

Salí hacia mi avión, pero esa extraña mujer me ha inspirado a terminar este libro escribiendo sobre la compasión.

No creo que sepamos muy bien qué es la compasión. En Occidente, la palabra misma induce a confusión: la raíz latina de la palabra significa «sufrir con». Sin embargo, la compasión no tiene por qué consistir en sufrir con otra persona. La raíz de la compasión es estar en contacto con el amor de Dios. Tratar de ejercer la compasión sin este vínculo sólo llevará al fracaso. Si te veo sumido en gran aflicción, concentrar mi atención en tu sufrimiento equivale a participar de él, con lo cual disminuirá la cantidad de amor que pueda dedicarte.

Para ser plena, la compasión debe estar fundada en el amor incondicional, que no está vinculado a sufrimientos de ningún tipo. Pienso en todo lo que podría haber disuadido a Laurel de ese viaje: su impedimento físico, la injusticia con que había sido tratada, su obvia falta de dinero. Pese a todo, allí estaba para transmitir el mensaje: «Eres amado.»

Lo notable era que Laurel se viera en un plano de igualdad con otros que bien podrían haberle inspirado resentimiento. La compasión, además de estar vinculada al amor de Dios, ve a todos igualmente vinculados a él. Aunque en la actualidad estés sufriendo, no estás huérfano de amor. Puesto que Dios es compasivo, la experiencia del dolor nunca es un castigo. En algún rincón de tu interior, hay amor. Es difícil percibir amor en el sufrimiento mientras se padece; muchas veces tampoco se lo ve como lección para el crecimiento.

Es aquí donde la compasión tiene su valor más grande; me permite intervenir y recordarte que eres amado, no en teoría sino en carne y hueso. Todos sentimos agudamente el dolor cuando éste se presenta; queda poco espacio para reflexionar sobre el valor espiritual de lo que estamos padeciendo. Pero el hecho de que la mente se vea dominada por el dolor no niega el propósito del amor. Llegará un momento, un estado de conciencia que trascienda el sufrimiento. Será el espíritu quien domine a la mente. Trayéndote compasión, te aseguro que no has sido abandonado; sólo te encuentras ante una difícil encrucijada en el viaje del amor.

En cada etapa del amor deberíamos tener en cuenta el objetivo. Unir idilio, relación y ascensión es un código de la compasión, que se expresa de este modo:

Sé bondadoso contigo mismo y con el prójimo.
Ven del amor cada vez que puedas.
Habla de amor con otros. Recuerda a cada uno tu propósito espiritual.
No renuncies nunca a la esperanza.
Recuerda que eres amado.

Si practicas estas pocas cosas, te abrirás para recibir cada lección del camino en el espíritu en que se brinda: como expresión del amor divino. Los horrores del mundo son innegables; pocos sueñan siquiera que puedan desaparecer. Pero así será, porque el amor es la realidad suprema, y comparado con ella todo lo demás es pasajero, fugaz e irreal.

El amor que buscas te está buscando en este preciso instante. Tus ansias, tus profundas fantasías de ser amado son meras sombras de la dulzura por la que el espíritu quiere amarte. Sé sincero en tu búsqueda; mantente alerta a los momentos en que el amor se te manifieste. Eres el único medio con que cuenta el amor para dominar a cuanto se le opone; por lo tanto, eres infinitamente precioso a los ojos del espíritu. Los mensajes del amor pueden no ser claros para nadie de los que te rodean, aun los más íntimos. Eso no importa; están destinados a ti, sólo a ti. Ten la seguridad de que así es.

Y por encima de todas las cosas, sé como Laurel. No dejes de buscar las pistas.

Índice

Deepak Chopra y el Centro Chopra para el Bienestar de Carlsbad, California, ofrecen una amplia variedad de seminarios, productos y programas educativos en todo el mundo. Además, el Centro Chopra ofrece programas para revitalizar cuerpo y mente y otros servicios en el balneario diurno. Cualquiera puede venir a rejuvenecerse, ampliar conocimientos o hacer una consulta médica.

Para más información sobre clases de meditación, cursos de salud y bienestar, programas de instructor certificado o sesiones en tu zona, contacta con el Centro Chopra para el Bienestar escribiendo a 7321 Estrella De Mar, Carlsbad, California, 92009-6725, EE.UU. Llamando por teléfono al 1 888 424-6772 (sin coste adicional), o al (760) 931-7566.

Para recibir un número suplementario de la revista mensual del doctor Chopra, *Infinite Possibilities for Body, Mind & Soul*, o suscribirte, llama al 800-829-3356. También puedes escribir a Att. Deepak Chopra, Infinite Possibilities for Body, Mind & Soul, Aptdo. de correos 420051, Palm Coast, FLORIDA 32142-0051.